U0035650

TIME
OFF
TO DO :

你的留白時間

希望你喜歡這本書，也希望它為你帶來了助益。我們很樂意聽取你的想法！如果你有關於休息、高層次閒暇或休息態度的故事要分享，或者只是說聲「嗨！」，請發送電子郵件至：hello@timeoffbook.com。

你也可以在 timeoffbook.com 上了解更多關於留白時間的資訊以及我們的最新進展。我們還為你準備了一個互動性評量，你可以在這裡評估最適合你的「留白時間」。

在 timeoffbook.com/find-my-rest-ethic 上找到你的休息態度。

關於作者

麥克斯．法蘭佐（Max Frenzel）是一位人工智慧研究人員、作家和數位創意人。在倫敦帝國學院的獲得量子資訊理論博士學位並在東京大學擔任博士後研究人員後，麥克斯參與了多家科技新創公司，專注於人工智慧研究和產品設計的結合。最近，他對人工智慧和深度學習在創意、設計和音樂領域的應用感興趣。麥克斯參與的一些人工智慧藝術作品在倫敦的巴比肯中心等地展出，他也經常就人工智慧和創意等主題進行公開演講。在休息時間，麥克斯喜歡喝咖啡，試圖精進麵包烘焙技巧，並製作電子音樂，在東京各地表演。你可以在 www.maxfrenzel.com 聯繫他。

約翰・菲茨（John Fitch）是一名企業教練、天使投資人（指提供創業資金以換取可轉換債券或所有者權益的富裕個人投資者）和作家。他是一個正在康復中的工作狂，為以前的自己寫了這本書。約翰在德州大學奧斯汀分校學習商業和媒體。他以數位產品設計為職業，並且是活躍的天使投資人，主要投資於將大多數人不喜歡的平凡工作自動化的科技。他相當關注未來工作型態，並樂觀地認為每個人都有機會在不久的將來加入創意圈。他透過舉辦晚餐聚會、訓練柔術、到新的地方短途旅行、耕種西瓜、演奏音樂和與他的伴侶跳舞來培養偉大的想法和靈感。你可以在 www.john-fitch.com 聯繫約翰。

關於繪者

鈴木瑪莉亞（鈴木まりや）出生於奈良，在加州長灘學習插畫。目前在東京擔任插畫師。她為許多來自世界各地的音樂家、食品專業人士、書籍和雜誌創作作品。除了印刷媒體，還與室內設計師合作，繪製壁畫。工作之餘，喜歡到城裡四處游走，畫下那些吸引她的人事物。你可以在 www.mariyasketch.com 聯繫她。

致謝

約翰欠許多人一頓飯或一杯飲料，他們幫助他培養共同撰寫本書的勇氣。首先，感謝家人向他展示了耕種、烹飪、舉辦一頓豐盛的晚餐派對，到戶外踏青，以及獲得新視野是多麼美好。

其次，要感謝世界各地的朋友，他們在這本書出版之前就已經體現了休息態度。他們沒有對約翰說教，告訴他長時間工作有多麼不好，而是透過帶他去登山，強迫他加入鼓樂圈，多點一杯雞尾酒，一起在中午鍛鍊身體，以及鼓勵他過更簡單的生活，幫助他從工作中走出來，享受時光。

第三，他想感謝這本書的讀者，因為你不僅透過休息從生活中獲得了更多的東西，而且還因此創造了更多有趣的工作。不要讓自己過勞，謝謝你努力改變。

麥克斯尤其要感謝他的的媽媽莫妮卡（Monika），總是無條件地支持，讓他找到自己的道路，沒有任何壓力地去遵循他人的成功理念。她從來不催促他更努力地工作，而是經常問他是否有足夠的時間休息，無論是學習還是工作的時候。她對書的熱愛也影響了麥克斯，使他從小就深愛閱讀。這些因素引導麥克斯走上最終促成這本書的道路，謝謝您！

麥克斯還要感謝他的朋友黃于洋。建議他開始寫作、分享他的想法，並且不斷鼓勵他持續寫作。作為麥克斯的「責任夥伴」，讓他堅持自己的目標和承諾。最重要的是，她總是在那裡，傾聽他關於寫作上的困難以及生活中的大小事。更感謝他所有朋友持續的支持和鼓勵，特別是鎌田靜香，提醒他如何度過一個慵懶的星期六，並幫助他在寫這本書的一些艱難時期保持沈靜。

瑪麗亞要感謝約翰和麥克斯邀請她參與這個有意義的計畫，在如此剛好的時間，為她剛接觸的概念起了個名字「留白時間」。她非常感謝父母，他們一直告訴她，她可以追求自己渴望的生活。如果不是他們，她成為一名專業插畫師的夢想可能在成長過程就逐漸消失了。

她也要感謝她所有的朋友，他們用最自然的方式實踐了留白時間，並在她壓力最大的日子，引導她看見那些她沒注意到的事物。她很感激身邊有這些有耐心的朋友。

最後，要感謝所有故事被寫進這本書的人，他們用休息精神、引人入勝的故事，以及實踐留白時間的方法和步驟，激勵了我們把留白時間融入自己的生活。

目次

7 有意識的反思

8 像個孩子一樣玩樂

9 豐富行囊的旅行

10 擺脫科技制約

11 未來的工作型態

1

留白時間

當你瘋狂運轉卻心力交瘁、原地踏步，
把留白當作一種生活方式，
給自己一點空間、一點時間，傾聽內心的聲音。

切換生活樣態，反思存在、空間與工作的意義

試著想像以下這些狀況：

- 你到住家附近的公園或步道散步，沒有任何目的，也沒有一定要到哪裡。在漫步接近尾聲時，腦袋中的燈泡突然亮起，一個靈光乍現，一項進行許久的計畫開啟了新方向，你知道下一步該怎麼做了。
- 為了讓自己專注，你開啟了手機裡的「請勿打擾」功能或者讓平板電腦進入休眠模式。當螢幕不再跳出通知與提醒，創意開始源源不絕湧現。
- 辛苦工作了一天後你終於可以好好放鬆，躺在床上深深地吐了口氣，闔上眼，好好的睡滿八小時。隔天早上醒來，你神清氣爽地迎接新的一天。
- 你在職業生涯中達到新的里程碑，與其立刻進行下一個計畫，你決定安排一趟旅行。到義大利學習如何做義大利麵，或者到紐西蘭露營幾週，這趟旅行的唯一目的，是找到自己人生下個章節的目標與方向。
- 一個星期三下午，你決定暫時放下手上的工作，花點時間在自己的興趣上。三個小時一晃眼就過去了，等你回神時，才發現自己剛剛進入了心流狀態。
- 你和一個老朋友好好地吃一頓晚餐，不討論工作，而是聊著年輕時一起做過的瘋狂傻事，他爽朗的笑聲讓你也跟著嘴角上揚。
- 你撥了通電話給爸媽，不為了什麼，只是聊聊天。在掛上電話後，你慶幸自己撥出時間問候他們的近況，因為沒有人知道這樣的閒話家常還能維持幾年。

試想這些場景是否為你帶來了一些平靜的感受？你上一次有這樣子的感受是什麼時候？你有多常在忙碌的生活中給自己一點喘息的空間？更重要的是，忙碌、汲汲營營地生活，真的幫助你達到目標了嗎？

人們通常認為工作的相反就是休息，要嘛休息，要嘛努力生產，聽到「留白時間」這個詞時，大多聯想到的工作以外的週末時間或者度假，你可能正在想像自己攤在沙發上打電動，或者躺在沙灘上喝著雞尾酒。但這本書與度假無關，又或者說度假並不是主軸，這本書也不是要鼓勵懶散，更不是教導如何偷懶的使用手冊，完全不是！

本書的重點在於從留白的觀點，梳理生活的開與關，練習如何避免過度勞累地工作、被壓力淹沒；練習讓自己生活得更開心、更充實。這些練習可以讓我們變得更有效率且更有創意，即使一開始你可能會覺得這與預想的不同，但我們希望你在看完這本書後會發現這背後的道理其實非常簡單。

我們需要學習切換人生開關，學會在生活中留白，保留暫停和更新的機會，回來做自己。在這個太喧嘩的世界，找到值得停留的原因，留給自己一部分的自由、一點稍稍喘息的時間空間，允許自己通過和長出新的生命，跟著心去感覺、行動和成為自己。

二〇一九年，國際衛生組織將「職業過勞」納入《國際疾病分類》中，壓力、焦慮、失望比以往任何時代都更普遍，尤其是在千禧世代中更是常見。職業倦怠、被壓力擊倒，正在漸漸扼殺人們的創造力和漸漸削弱社會。

不管我們多希望自己能夠像機器人一般無時無刻都有效率地工作，和日常的忙碌喧囂保持一些距離是必須的。即使能夠日復一日地全力投入工作，我們也不應該這麼做，生活中許多美好的經驗都來自於休息、自省、復甦。如果想要完成設立的目標如創作、領導團隊、產生影響力等，我們的身心靈需要在不間斷的壓力、消耗腦力與時間的工作中得到喘息的空間，建立工作態度（Work Ethic）跟建立休息態度（Rest Ethic）同等重要，除了專業的工作態度，更要有「休息態度」。

找到你的休息態度

深深地吸一口氣並憋氣。

繼續憋氣。

你可以憋氣多久呢？

三十秒？幾分鐘？不管答案為何，我們最終都需要再將這口氣吐出。

想像你的工作態度是吸氣（這樣比喻也沒錯，你的職業就像氧氣一樣重要），好的工作態度能幫助我們創造、執行、協調、管理、達成目標。待辦事項（吸氣）；執行企劃（吸氣）；實現腦中的想法（還是吸氣）。但我們總不能永遠吸氣而不吐氣，吐氣正是你的休息態度，同樣重要且不可缺。健全的休息態度可以為我們帶來靈感、新點子、復原能力，還能建立、保有熱忱。獲得新視野（吐氣）；構思計畫和靈光一閃（吐氣）；沈思、好好地醞釀想法（還是吐氣）。深沈的吐氣能夠讓你的下一次吸氣更飽滿，如同你的休息態度能夠讓你的職業態度更加完備。

在開始探討休息態度之前，先定義所謂好的工作態度，畢竟這個詞常常與認真工作混為一談。傑森・弗萊德和大衛・韓森在著作《工作何須賣命》（It Doesn’t Have to Be Crazy at Work）為工作態度下了良好的定義：

良好的工作態度並不代表二十四小時隨時待命工作，而是完成你所承諾的事、每日合理的工作量、尊重你的工作、顧客、同事。不浪費時間，不為他人製造不必要的麻煩，成為團隊中的拖油瓶。

我們實在無法為工作態度做出更適切的詮釋。超時工作並不能保證工作品質，而好的工作品質才是工作態度的重點，而不是大量、忙碌地工作。現在市面上已經有許多關於改善、精進工作態度的傑出著作，如《高效人士的七個習慣》（7 Habits of Highly Effective People）、《強者之道》（Relentless）、《喚醒你心中的大師》（Mastery）以及《成就專業》（暫譯，Turning Pro）等。但在這本書，我們將著重在休息態度和休閒，以及「留白時間」能為你帶來的創意泉源和具影響力的想法。

註：原文 Work Ethic 通常譯為「工作倫理」，但台灣文化對於工作倫理的定義與英文稍有不同，因此根據本書語意調整為「工作態度」，而本書引介的新詞彙「Rest Ethic」也跟著調整為「休息態度」。

在被掏空之前，把時間空下來留給自己

良好的休息態度應該是什麼樣子呢？這本書所涉及的層面遠不僅是度假或是放假一天。良好的休息態度並不只是少工作一些，而是更有意識地分配時間，了解忙碌與工作成效常常成反比，尊重自己需要「停機」、和工作做切割的需求，建立明確的界線並且更勇於說「不」，給自己時間和空間醞釀想法和點子，重新定義成功對你的意義，最終釋放最深層的潛能與創造力。

這本書背後的團隊親身經歷了憋氣後需要深深吐氣的感受。約翰被壓力逼到了極限，在一趟改變人生的旅行中，他對時間有了嶄新的概念。麥克斯被忙碌的生活淹沒，卻總不見成效。一個偶然的機遇讓他有機會在深山中度過幾天靜謐的時光，他想起了攻讀博士學位的日子，悠閒又有非常有效率。我們的插畫師鈴木，因為接了太多案子而漸漸對畫畫失去熱情，這讓他重新學習到工作品質和從工作中獲得的快樂比工作量還要重要的多。我們三人一路走來顛簸、曲折，希望透過這本書，讓你在這條路上走得更輕鬆一些。

為了前進，有時你得停下來

你知道愛因斯坦時常乘著木船航行以尋求寧靜片刻嗎？又或者貝多芬在創作時會利用午後時光悠閒地漫步、在小酒館讀報紙？在這本書中，我們將會介紹各個領域的傑出人物，革新者、顛覆傳統的人物、諾貝爾獎

得主、思想領袖、億萬富豪、作品豐富的藝術家，甚至是希臘神話人物，還有就住在隔壁的鄰居。他們都透過各種嶄新的習慣、思維模式、實際能夠應用在生活中的原則等來練習「留白時間」。你會發現許多成功人士並不是以過勞和倦怠為代價來換取成就，而是因為「留白時間」大大提升了他們的工作品質。

我們當然也不敢保證本書中的方法一定適合所有人，老實說，你可能會注意到有些建議是相互矛盾的，畢竟休息是非常個人且主觀的。有些人透過獨處找到自己的留白時間，有些人則是透過與朋友相聚。有的人喜歡參加活動，但也有人在全然放鬆中找到能量。只要運用得當，甚至連工作都可以是休息的一種方式。書中將會介紹大量的策略及習慣，不管是過去或現在，這些方法都為知名成功人士帶來幫助。以此書為靈感，親身嘗試不同方法，互相搭配與調整，找到最適合自己的方式，其他的就不用管了。

在網路時代，如果沒有募得幾百萬資金、沒日沒夜的工作以求生存，真的有辦法建立一間成功的公司嗎？當然有，史蒂芬・阿斯托（Stephan Aarstol）和布內羅・古奇拉利（Brunello Cucinelli）便是如此，從這些人的故事當中我們可以得到幫助。

一定得犧牲興趣和熱情才能在自己的專業領域保有競爭力嗎？其實根本不必如此，隨著AI人工智慧在各個專業範疇蓬勃發展，維持廣泛的興趣才是跟上時代變遷最好的方式。軟體工程師兼饒舌歌手布蘭登・托里（Brandon Tory）以及記者提姆・哈福德（Tim Harford）就是很好的例子。

想像你處於一個領導者的位置，成千上萬人的生計都仰賴著你，你還有辦法好好休息嗎？如果你想成為一個有效率又有同理心的領導者，一定要學會享受閒暇。羅馬帝王馬可・奧理略（Marcus Aurelius）在兩千年前就對此深信不疑，而在兩千年後的今天，商業巨擘查理・布蘭韋（Richard Branson）仍然信奉著這個觀點。

在不犧牲自己的個人生活的情況下，還能夠在特定領域成為世界級的佼佼者嗎？當然可以！頂尖運動員勒布朗・詹姆斯（LeBron James）和菲拉斯・札哈比（Firas Zahabis）深知這點，另外還有知名大廚愛麗絲・華特斯（Alice Waters）和馬格努斯・尼爾森（Magnus Nilsson），以及女演員露皮塔・尼永歐（Lupita Nyong'o）等也是如此。

就算你不是企業高層，更不是什麼羅馬帝王，既沒有自己創業經商，也沒想過要成為頂尖運動員或大廚，你還是能將留白時間的概念應用在日常辦公生活，又或者是不在辦公室的時候，如薩拉・阿雷（Sarah Arai）、皮特・阿德尼（Pete Adeney）等人的例子所示。

上述這些看似毫不相關的人物都有著一個共通點，他們不認為忙碌和用盡全力工作是成功的唯一道路。就像傑森・弗萊德（Jason Fried）和大衛・韓森（David Heinemeier Hansson）書中提倡的「把勤奮工作才能成功這種沒有根據的信念趕出腦袋！」、「好的工作態度不等於超時工作，過勞不會幫助你前進，更不會讓你得到平靜。」但好的休息態度可以。

你會發現歷史中許多偉大的思想家都了解休息是必須的，儘管人們常常小看了休息的重要性，但這並不是過時的概念。在生活中設立時間界限與轉場模式，不管在任何時代都適用且必須，尤其對現代人來說更是如此，實踐這個古老智慧，將為我們的生命帶來很大的幫助。

書中將深入探討留白時間概念的各個面向，如創造力、睡眠和玩樂等。包括許多啟發人心的真實故事，以及具體且能夠實際應用的建議來培養自己的「休息態度」，且這些論點全都有科學論據佐證。而在本書的最後，會分享我們對未來的看法，隨著自動化科技和人工智慧的快速地發展，在不久的將來，創意、創新思維，甚至是人性等這些機器無法取代的事情才是最重要的。想要在這個不遠的未來中嶄露頭角，我們必定要有良好的休息態度；想要深刻地感受喜悅，我們必定要有「留白時間」。

在開始探討這一切之前，先從一個問題開始：「這中間到底出了什麼差錯？我們怎麼淡忘了休息的重要性？」

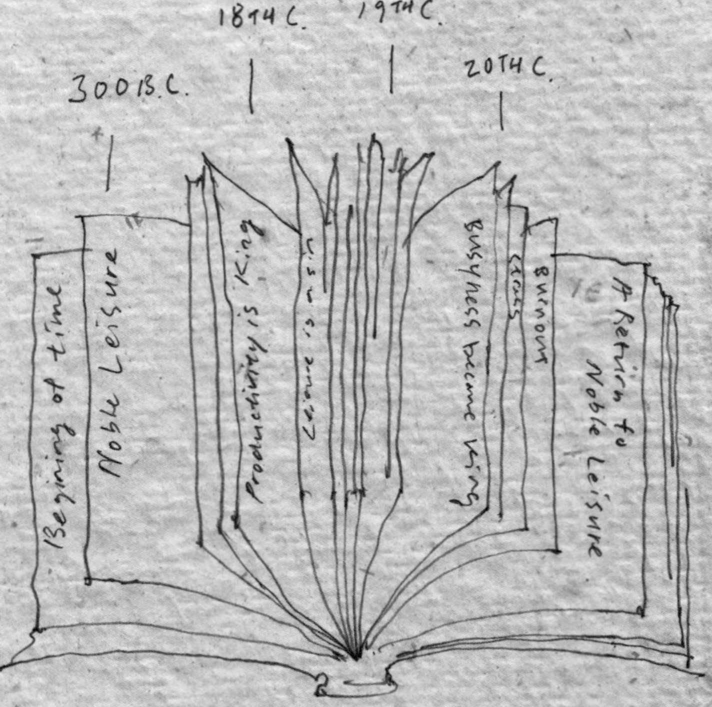
300 B.C.
18TH C.
19TH C.
20TH C.
Begining of time
Noble Leisure
Productivity is King
Leisure is a sin
Busyness became King
crisis
Burnout
A Return to
Noble Leisure

2

休息的價值何時被遺忘

改善生活的方式有可能是加法，也有可能是減法，
休息可以為我們的人生增添美好的體驗與價值。

落入忙碌陷阱的假象迴圈

綜觀歷史中的偉人，他們都有一個共同特質。儘管橫跨幾千年歷史及各個不同的專業領域，這些有影響力的思想家，行動家，創造者都用自己的方式實踐留白時間，因為熟知休息的重要性，將它視為一種美德而非罪過。這些人之所以能成為歷史名流，影響力流傳至今，正是因為他們了解留白時間的價值。

正如伯特蘭・羅素（Bertrand Russell）於一九三五年創作的一篇精彩文章《閒暇頌》（In Praise of Idleness）中指出的，因為我們懂得享受閒暇時光，才能造就當今人類文明中許多偉大的成就。當時社會主要由勞動階級組成，能享有閒暇的都是少數享有特權的人，羅素也承認：「有閒階級享有特權是違背社會公平正義的，但它也對人類文明發展有許多貢獻。它培育藝術，研究科學，寫作，探討哲學，讓社會互動關係更加完善……如果不是有閒階級，人類永遠不會從野蠻狀態中脫離。」

然而當今的工作文化似乎與之完全相反，忙碌、壓力和過勞常常被視為一種榮譽的徽章，用來彰顯我們多麼有成就又多麼重要。一個準時下班又在工作時間偷閒休息的人，怎麼可能跟一個日復一日超時工作、幾乎離不開辦公桌的人一樣有效率嘛！

難道這些歷史人物的故事都是特例嗎？還是說伯特蘭・羅素只是癡人說夢，對人類文明發展根本一點也不了解呢？（他可是囊括數學、哲學、文學的諾貝爾得主耶！）所以這中間到底出了什麼差錯呢？我們什麼時候開始忘記休息的價值？就像納西姆・塔勒布（Nassim Taleb）說的：「『因勤奮工作而感到自滿而非羞愧』的是近代歷史才有的現象。」因忙碌而自我感覺良好不過是一種假象，當今社會有越來越多人的心理健康出了問題，職業倦怠、普遍不快樂。我們如此汲汲營營最終也不過是為了效率和成效，但忙碌卻造成了反效果。

其實在歷史中，人們都了解透過休息來平衡忙碌生活的道理，將自己從工作模式中切換出來，回到工作崗位時才能夠全心投入工作。但看看現在的職場文化，大部分的人有一半以上的時間都無法專注，工作時想著要是能休息一下有多好，休息時又掛念著工作上未完成的事項，於是就這樣卡在中間，既不能專心工作也無法好好休息。工作效率這種事並不像數學一樣可以套用公式計算，全神貫注一小時的效率比用一半的專注度工作兩小時的效率高得多了，尤其當你的工作需要創意與創造力時更是如此。過去重複性的工廠工作已不復在，關於這點之後會再詳加探討。

幸運的是，當今仍然有少數人保有留白時間的概念，他們經營企業、影響社會，就像過去那些傑出人物一樣。而且也有越來越多的人重新發現休息的價值（希望這本書能說服你一起加入我們）。

在這之前，首先要探討究竟哪個環節出了差錯，我們的工作態度什麼時候變得如此扭曲又適得其反？我們怎麼都忘了休息和留白時間是多麼重要？為了了解到底哪裡出了差錯，接下來將簡單介紹工作和休閒在歷史中的演變。

時間概念與文化溯源

很久很久以前，時間的概念與現在所知大不相同，我們的祖先過著狩獵、採集的生活，對他們來說，大自然的週期和基本的生存需求是最重要的。餓了就去打獵，天色暗了便感到疲倦，該是睡覺的時候了。現今對工作的概念在當時並不存在，工作的唯一目的不過是為了有個遮風避雨的地方和填飽肚子。

在這個人煙稀少的世界裡，大自然充滿了豐富的資源，人們很容易就能找到食物，在大多數的情況下，光是工作幾個小時就能維持三天生活所需。據估計，他們每日工時不到三小時，這樣的生活方式讓他們有足夠的留白時間做他們想做的事情，也能有充分的睡眠和休息，而且幾乎沒有慢性壓力的問題，沒有職業倦怠和其他相關疾病，當然也沒有現代文明中「忙碌」的概念。

在一萬年前，這一切產生了變化。新石器時代革命改變了原有的生活方式，隨之而來的是定居的聚落生活以及農業和畜牧的興起。於是人類不得不開始考慮長遠的生活問題，他們必須為未來的收穫播下種子，不僅是字面上的意涵，同時也是更深層的隱喻，他們不能只是應付眼前基本的生存需求。人類必須付出很大的努力來照顧作物和牲畜，還要提前計畫、評估未來的潛在風險和收穫，他們要顧慮的事情遠比過著狩獵採集生活的祖先還要多，人類對時間的概念也跟著改變了。

回歸生活的狀態

「個人資產」這個新概念在定居社會中逐漸生成，這也意味著人類開始互相競爭。在過往，採集者來說只需滿足部落的基本需求，將時間和精力投入在其他工作上不僅沒有助益，更是一種浪費。然而在定居社會裡，個人資產的概念鼓勵我們更積極努力地超越彼此，就歷史以來，人類第一次有了「投入更多時間與精力工作就能得到更多回報」這樣的思維。

但至少在最一開始的時候，人類充分地利用了定居社會的穩定性和大型聚落生活所帶來的好處。美索不達米亞人發明了車輪、建立數學概念，中國人習得絲織技術、發明了紙張，埃及人建造了金字塔並發展出複雜的宗教傳統。世界各地文化蓬勃發展，不管是古希臘或羅馬，或是東方各個文化中心，深具影響力的思維和發明以前所未有地速度出現，遍地開花。在短時間內，我們接二連三地見證了民主、哲學、天文學、數學、戲劇和文學的誕生，這些思想徹底改變了我們對世界的認知。

如果以現代人的角度來看大多數古希臘人和古羅馬人（至少以那些比較幸運，不貧困也非奴隸的人來說）的一天，他們大概都會被貼上懶惰的標籤。那些對文明做出偉大貢獻的人刻意不工作，因為在他們眼中，如果你不得不工作，那你就不是一個成功人。正是這種以休息為主、工作為輔的生活方式，利用留白時間投入哲學、遊戲、文學、家庭時光、運動等，才使文化得以綻放。正如伯特蘭．羅素後來寫道：「休閒是文明發展的必要條件。」而根據古希臘哲學家亞里士多德的說法，休閒不僅是必須，還是每個人都嚮往的最高理想。工作雖是必須，但休閒是崇高的價值。

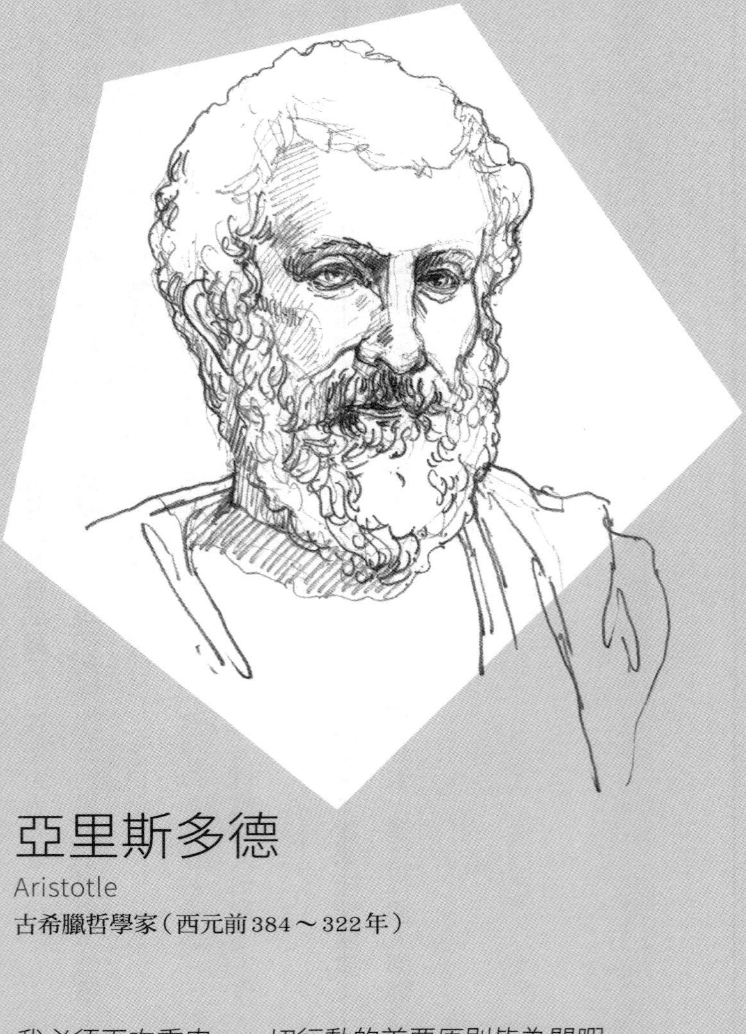

亞里斯多德

Aristotle

古希臘哲學家（西元前384～322年）

我必須再次重申，一切行動的首要原則皆為閒暇。

生命中有工作和休閒、戰爭與和平；而在行為中，有些是為了生存所需，有些則是為了高層次的理念。正如戰爭的最終目的為和平，工作的最終目的為休閒，滿足生活所需最終是為了達到更高層次的理想。

約公元前三三〇年的希臘雅典，亞里士多德執教於呂克昂（Lyceum），這裡是他創立逍遙學派哲學學院（Peripatetic school of philosophy）的所在地。他在這裡沈思，討論邏輯學、形而上學、數學、生物學、植物學、倫理學和政治。那些現在會歸類為知識型工作的事情，對亞里士多德來說是休閒。不是一般的休閒方式，那是一種高層次的閒暇。

亞里士多德認為，單純的工作和高層次的閒暇之間差異在於一個關鍵的問題，是為了什麼在做這件事？工作是有目的性的、為了功利目標，但閒暇是非常純粹的，它本身即是目的。因著這個道理，亞里士多德不認為單純的休息是一種閒暇。休息的定義，只要一個問題就相當清楚了，為了什麼休息？如果答案是為了做更多工作，那麼這就只是單純的休息。依照亞里士多德的層級理論，休息是為了工作，工作是為了閒暇，而閒暇本身即是目的，因此是金字塔頂端的價值。

今天的我們可能會認為亞里斯多德追求的閒暇仍然是一種「工作」，他大部分的思考時間都在沉思，他認為：「沈思不是為了從中獲得什麼，它本身就是一件很享受的事。」是為了追求知識而探討科學，並不是為了任何功利性的目的，一些我們認為「沒助益」的事情，並不一定要以「是不是有益」來定義它的價值，它的存在本身就是價值。很可惜的是，即使是當今學術界裡最「純粹」的知識型工作者，這樣的思維模式幾乎已不復在。人們似乎遺忘了高層次閒暇的概念。

這無論是在個人還是在社會層面上都對人的生活產生了巨大影響，套用亞里士多德的說法，如果總是忙於工作，或只是單純為了做更多的工作而放鬆，那人既沒有時間也沒有靈感來過有品質的生活，為社會和文化作出貢獻。當一個社會缺乏「閒暇」的概念，終會成為一個沒有偉大思想的社會。

真正高層次的閒暇，不是被動的休息也不是單純的放鬆。它是一種活動，人可以在其中得到許多成就感。正如《高層次閒暇計畫部落格》說的：「閒暇是自由地研究旨在培養美德的事物，如音樂、詩歌和哲學等，這些都是高層次閒暇的最終目的。」仔細想想：除了工作之外，什麼事情帶給你最大的成就感？你是不是一直以來都忽略了它們？

雖然現今的人大多淡忘了亞里士多德的閒暇理念，但他的許多思想卻歷久彌新，啟發了在他之後的無數思想家。我們不僅希望這將會是高層次閒暇復興運動的開端，也會過這本書積極地推廣高層次閒暇的概念，一起加入我們吧！

「人類著眼於必要和有效益的東西是必然的，但更重要的是將目光放在高層次的事物上。」亞里士多德提醒我們：「自然界裡的萬物運行並不旨在如何正確、有效率的運作，它還賦予了高層次閒暇活動的空間。這種活動象徵著繁榮，它是一切事物的起點。」因此，讓我們都用高層次閒暇來輔助工作，為其本身而做，而不是為了單純休息以完成更多的工作。這種思維究竟是什麼模樣必須由每個人自己去發現，但它是構成了其他一切事物的起點。

練習　學習如何實踐高層次的閒暇

高層次的閒暇是最終目標，我們希望它也是指引你看完本書的燈塔。如果能回到高層次的閒暇狀態，就能真正掌握休息的藝術。但要學會運用留白時間，必須首先意識到它的價值。接著就能開始探討亞里士多德所說的：「首要原則：人類應該將閒暇時光花在什麼樣的活動上呢？」雖然亞里士多德對這個問題早有答案，但我們認為，每個人都必須找到自己的答案，希望以下的章節能夠幫助你用自己的方式定義，找到回歸高層次閒暇的途徑。

寶貴的時間、必要的工作、高層次的閒暇

在亞里士多德的時代，社會是以休閒為中心的。正如天主教哲學家尤瑟夫・皮伯（Josef Pieper）在他的著作《閒暇：一種靈魂的狀態》中提到的，現代英文中的「學校（school）」一詞源自拉丁文裡的「*scola*」，而「*scola*」則是來自古希臘文中意指休閒的「σχολή（skole）」。事實上，古希臘文和拉丁文中都沒有工作這個詞，只有休閒的否定詞（古希臘文為 a–scolia，拉丁文則為 *neg–otium*），光是這點就很能夠反映當時的文化。

這種觀念上的巨大轉變在今天看來是很難想像的，畢竟我們生活在皮珀所說的「全面工作」世界中，「為了工作而活」這樣的想法往往被視為是理所當然，相反的觀點都被認為是沒有價值的。這麼看來，我們仍然可以從古人那裡學到很多，而我們也應該這麼做。

「知識型工作者」是現代的概念，這顯現了我們的思維和對工作的看法已經產生了巨大的變化。就以往來說，對知識的探索是有閒階級的專屬特權，與工作是毫不相關的。古人認為知識大多是被動接受性的（非主動閱讀、默背知識），知識需要給予空間和沈思的時間來醞釀，他們通過觀察世界來悟出道理。古希臘哲學家赫拉克利特（Heraclitus）將這個過程描述為「傾聽事物的本質」。

在許多面向，高層次的閒暇是建構知識工作的基礎，以亞里士多德和其他同時代的人的角度來看，他們應該很難認同現代的工作觀念。在社會層面上，人們已經搞不清楚什麼是重要的了，我們混淆了工作和休閒在生活中扮演的角色，隨著時間的推移，休息漸漸地與懶惰和怠惰劃上等號，勤奮工作則被視為美德。工作和道德逐漸混為一談（工作是美德、不工作就是懶散），這種思維深深困擾著人們。人類對時間的認知不斷地進化是

形成的這一轉變的主要原因。

有形的時間：生產力為王道

在人類歷史的大部分時間裡，工作是不受其他人監督的，只要能完成該做的事，人們可以自由地以各種方式從事他們的工作。現今你可以花錢購買一個人的時間，而不是他們的產品，這種思維在當時會被認為是相當荒謬的。在過往，人以大自然的週期或是以某項工作所需費時，例如：走到另一座山頭大約是獵捕一頭山羊的時間來衡量時間，這顯示著如今對時間的概念已經變得大不相同，

歷史學家湯普森（E. P. Thompson）在一篇標題為「時間、工作紀律和工業資本主義」的文章中提到了「原始人類」照著「牛鐘」生活的故事，他以照顧牲畜或處理人際關係的時間點和所需費時來衡量時間，牛群走到放牧地的時刻就代表著一個時間正如現在說的下午幾點等，而放羊的時刻又是另一個時間，對於衡量時間的分鐘、小時單位也是如此，在馬達加斯加，「煮一鍋飯」是一種時間單位（大約三十分鐘左右）。

這種以工作任務為導向而發展的時間概念是最自然的。在奶牛進入泌乳期時擠奶，船隻隨著潮汐更迭出

註：人們可能會反駁：現今大多數的教育體制都是在培養工作能力及適應忙碌的生活方式。時時提醒自己這些詞彙的起源勢必能有所助益，正如皮珀所建議的那樣，「教育重於培訓，文化重於知識。」皮伯敦促我們回歸休閒的根本：「首先必須拋開偏見，我們的偏見來自於高估工作的價值。」

航，而不是訂定一個特定的日子、時間去做這些事。這種時間概念對人類來說是最容易理解的，而且根據湯普森的說法，這種時間概念將「工作」和「生活」之間的差異降到最低。每日工時以當天所需完成的工作任務來彈性延長或縮短，「勞動」和「無所事事地度過一天」之間並沒有太大的衝突感。簡單來說，人能完成能滿足生存所需的工作即可，不用擔心有沒有時間、會花多少時間。

但隨著工作型態越來越複雜，人們不得不開始分工合作，有時橫跨大的地理範圍，這樣的轉變自然而然地打破以往以任務為導向的時間概念，計時勞動成為常態，現在你的時程表必須與其他人的時程同步，並且「準時」出現在工作崗位。

突然間，任何跟不上這個新的時間概念的人都顯得「怠慢又缺乏競爭性」湯普森寫道。「雇主的時間」和「自己的時間」之間有了明確的區別。就如同他所說的：「佔主導地位的不再是任務本身，而是勞動時間背後所能帶來的經濟價值，時間是新貨幣，「花費」時間而非「度過」時間。」也就是說，你的時間對其他人來說變得是有價值的，你可以拿它來交換其他有價值的東西，你的時間不再是你的，它變成一種商品。

這個轉變不僅是人類對於時間概念的轉捩點，同時也改變人們對閒暇的看法。當時間變成一種可以拿來交換金錢的貨幣，休息的價值也就因此下降了。更糟糕的是，休息變成一種浪費，像是在燒錢一樣，如果你沒有利用時間產出任何有效益的東西，就是浪費了時間。這是一場名為生產力的遊戲，畢竟，雇主付錢不是為了讓你閒著無所事事（至少現在不是這樣，我們之後會討論這個問題），他們付錢是為了獲得你的時間所能交換到的利益，你的生產力是你有沒有好好利用寶貴時間的明確指標。

我們的產出多寡使得時間概念變成「有形」的，能被計算，其價值也能被衡量，這在歷史上並不是頭一遭，從十四世紀開始，人們開始在大城市和鄉鎮的公共空間和教堂塔樓上放置時鐘。聲音比視覺訊息還要容易傳播，教堂和工廠用鐘聲來告知時間，並且提醒大家要明智地利用時間（你最好是把時間花在做禮拜上！你有沒有好好利用時間工作？如果沒有，不要再浪費你寶貴的時間和雇主的錢了！生產力！要有生產力！）一個嘈雜嘮叨的計時員就這樣誕生了，現在正是它的巔峰，每天早上，鬧鐘（現在大概都是用智慧型手機）對我們尖叫著：「快點！快出發！不要再浪費時間！」來開啟這一天。

於是時間與金錢成為密不可分的概念，無所事事則被視為是一種浪費。這還沒完呢，另一個更隱晦的作用力即將登場，在它的影響下，我們賦予時間的價值以及我們如何利用時間，變成一個人的價值觀的關鍵問題。但在深入探討這個問題之前，要提醒的是，對時間的認知可以不止一種。

卡俄茹斯 & 柯羅諾斯

Kairos & Chronos

希臘神話人物（在古希臘文中，卡俄茹斯 Kairos 意指時機、恰好的時刻，柯羅諾斯 Chronos 則意指時間）

每個卡俄茹斯都是柯羅諾斯，但可不是每個柯羅諾斯都是卡俄茹斯。——希波克拉底（Hippocrates）

擺脫時間的焦慮

你可能還沒有意識到這一點，但我們常常看著古希臘神柯羅諾斯。從手錶到智慧型手機的螢幕，甚至是在瓦斯爐上，到處都能看到「時間」。我們透過不斷地檢視它來精確地規劃行程、避免遲到，人也常常因為時間感到焦慮，因為我們不確定能不能趕上「恰好的時刻」。柯羅諾斯，通常被描繪為時間之父，象徵著能夠被測量的時間，分、秒、Google 行事曆的邀請，以及每天早上讓人從睡夢中驚醒的鬧鐘，開啟每天一連串的行程。

在現代，大多數人只信奉柯羅諾斯。他當然有他的功用，沒有他，大部分的現代文明就不可能實現。但還有另一種時間概念，看起來與柯羅諾斯很不一樣，卡俄茹斯是另一位希臘神話人物，他象徵著一個個別且強大的時間概念，但他一直沒有得到太多的關注。如果柯羅諾斯是時間之父，那麼卡俄茹斯就是有趣的叔叔，你應該多花點時間跟他相處。

作家和神學家布魯斯．米勒（Bruce Miller）在他的《你的生活節奏》《Your Life in Rhythm》一書中，將柯羅諾斯神形容為「一個留著灰白長鬍子的智者，他彎曲的鐮刀的曲線就是黃道圈的曲線。卡俄茹斯是宙斯最小的兒子，他被視為是機會之神。根據伊索（Aesop，古希臘寓言家）的描述，卡俄茹斯跑得很快，除了額頭上的一綹頭髮幾乎全禿，而這綹頭髮正好讓人能從正面將它抓住。你只有在卡俄茹斯接近時才能抓住他，一旦錯過了，即使是宙斯也沒辦法把他拉回來。」

比喻來說，米勒以我們日常生活經驗來描述這兩種時間型態間的區別。「當你和你愛的人約會三個小時，時光飛逝；但當你花三小時在一個無聊講座上，時間過得像慢慢爬的烏龜一樣。能被測量的柯羅諾斯時間都是一樣的：三個小時。但卡俄茹斯時間是非常不同的，有如飛行和爬行之間的差異。柯羅諾斯用來衡量一項活動所需的時間多寡，而卡俄茹斯則著重於時間的品質。」

古希臘人與這兩位神所代表的不同時間節奏以及他們傳遞的深刻智慧和諧共處，這並不是說哪一種比較好，而是知道意識到哪一個能夠讓你在日常生活中感到更加平衡並更專注於當下。通度規劃和太過執著於時鐘上的時間，可能會因此錯過某些事情的「時機」。如果你覺得自己被工作淹沒、過度疲勞，很有可能是因為太專注於柯羅諾斯時間，也許你能從卡俄茹斯的時間觀中受益。

繃緊的弦彈不出旋律

卡俄茹斯是重質不重量的時間。你是否也曾有過這樣的一天：工作了好幾個小時，卻仍然沒有任何上得了檯面的東西可以拿來展示？而在其他的日子裡，你只花了一點點的時間工作，就產出了一些最自豪的作品？卡俄茹斯存在於這種心流狀態中，卡俄茹斯時間是在洗澡或散步時突然的靈光一閃。我們沒有辦法預測卡俄茹斯什麼時候會出現，但是，當你對時鐘上的時間過於執著，當卡俄茹斯就在面前的時候你可能也看不到。只有在留白時間中，我們才能迎接這些平常難得遇見的機會。

過度糾結於柯羅諾斯時間是很正常的。在某些時刻，我們都曾經抱怨過時間好像永遠都不夠用。因為害怕時間耗盡，所以試著在日子裡擠出更多的時間。但是當我們還小的時候，並不是這樣的。

當我們還是孩子時，似乎更常經歷卡俄茹斯時間。孩子能夠完全靠著直覺，即興地和朋友安排一整天的冒險和驚奇。沒有人遲到或早退，但每個人都專注於當下的時刻，而不是現在幾點。那些孩童時光似乎比成年人的日子還要悠長得多。以前沒有行程表，而是從一個即興的活動跳到下一個。但後來，長大了以後，成年人終究得活在「現實」世界中。

其實並不一定非如此不可。當我們從對柯羅諾斯時間的執著中抽出時間，就可以放慢腳步，訓練「什麼是可能的」的思維膜式。我們有機會用另一種不同的方式體驗時間，與其關注時間的流逝，不如更專注於每一個時刻的「品質密度」。

你幾乎快要無法忍受了，又一個沒有議程的會議，這就是低品質的時間。而在一個特別的日子裡，你和朋友們相約野餐，聊得忘記了時間，深刻的對話激發了新的見解，這種時刻就是高品質時間。這種看待時間的方式也不是出自於我們，約翰是在希臘習得這個智慧的。

在一頓飯中，一位來自希臘伊卡里亞島的智者告訴約翰關於卡俄茹斯的概念。伊卡里亞島又被稱為「遺忘死亡的島嶼」，島上居民以長壽聞名，約翰想了解是什麼讓島上每個人如此健康。這個智者認為，在這個特別的島嶼上，人們之所以如此長壽，是因為他們一生中大部分時間都過著卡俄茹斯時間而不是柯羅諾斯時間。她沈靜地闡述，太執著於柯羅諾斯時間會為人帶來壓力，因為我們無法控制每件事的時機，對它產生牽掛會開始擔心這些無法控制的事，擔心是過於專注於柯羅諾斯時間的副產品。伊卡利亞人的壓力水平較低，因為他們不願做時鐘和手錶的奴隸。他們為生命創造了一個開放的空間，邀請更多珍貴的時刻來到生活中。

練習

享受一個「無柯羅諾斯時間日」

選定一個日子，這天，你得刻意不去注意手錶或時鐘，有意識地掌握好「開機」和「關機」恰如其份的界線。想想看，如果你能夠自在的乘御在全然投入和休息修復之間，這對於維持全年的身體和精神健康有多大的幫助。就像你按照柯羅諾斯時間運作一樣，也應該要嘗試培養卡俄茹斯時間觀。重點不在維持平衡，而是能夠以平穩的節奏倘佯在兩者之間。

當時間變得稀缺，工作變得高尚，閒暇成為一種罪

在時間之神柯羅諾斯出現，創造了時間這個絕對且普世的概念之後，另一個和時間相關的想法便開始成形。在十八世紀初左右，社會上出現了「時間紀律」的想法。越來越少人遵循傳統的做法，全心投入學習一項手藝，經過多年的學徒歷程，最後開設自己的小店面或小生意。取而代之的，是大多數人在固定而且很長的時間裡到工廠工作，在休息時間裡，則不太去想工作或其他讓他們忙碌的事。不久之後，中上階級（大部分是清教徒）開始擔心窮人在他們的閒暇時間會做什麼。更準確的說法是，有一群閒時間太多、好管閒事的人，開始關心其他人怎麼運用他們的時間。

因此，這些菁英份開始推崇工作道德（窮人應該隨時都忙於工作，不然他們只會到處閒晃或喝掛！）他們擔心，那些缺少適當「心智養成」的人不會善用他們的閒暇時間。於是，他們認為低下階層的人最好把時間都用來工作。湯普森引用了一本一七五五年發行的宣導小冊中的一句話：「窮人如果必須早起，就會早早去睡覺，因而避免了他們午夜狂歡的危險。」該冊又提到，早起也會「幫助窮人家庭建立精準的規律性，為他們的家庭塑造完美的秩序。」是的，這有助於菁英份子控制低下階層，但這都是為了窮人好。

為了說服所有人接受工作即道德這個新概念，基督新教的上流階層利用宗教來給工作神聖的理由和意義。他們將工作形容為最高道德產物之一，神創造人類，就是為了工作。社會學家馬克斯・韋伯（Max Weber）將這個論述稱為「基督新教的工作態度」。這個新的思考模式認為，神故意留下未完成的世界，讓人類能藉由勞動完成神的作品。就像這個新福音派的首要支持者之一托馬斯・卡萊爾（Thomas Carlyle）所說的，「所有工

作都是高尚的，即使是紡紗也一樣；只有工作是高尚的，那些找到工作的人是有福的；使他不必要求更多的福。他有工作，有人生的目標，工作確實是神聖的；工作確實具有神聖性。勞動和地表一樣寬廣，和天堂一樣高遠。」

這個新思潮和古希臘哲學家亞里斯多德的看法天差地遠。亞里斯多德認為，空閒是必要、有用且高尚的。卡萊爾則譴責空閒，聲稱「只有工作是高尚的」。當時很多其他牧師同意卡萊爾的看法，並幫助傳播這個理念。前面提到的文章中，湯普森引述了英國清教徒領袖理查·巴克斯特（Richard Baxter）對運用時間的說法：「像對待最珍貴的東西那樣，用負責任的方式，妥善且全然地運用每一分鐘。」另一名清教徒奧立佛·海伍德（Oliver Heywood）甚至更進一步指出，人如果在生命中懈怠，就會淪落到地獄：「先生們，現在睡吧，你們會在地獄裡醒來，沒有救贖的可能。」時間突然成為神所賜給人類最寶貴且稍縱即逝的東西，特別是忙碌於勞動的時間。因此，人們絕對不可以浪費時間。在這個背景下，不只「閒暇是高尚的」的觀念遭到遺忘，空閒甚至變成一種罪。

如此一來，對忙碌和工作的崇拜就有了基礎，一直持續到今天。藉由一再將工作和道德連結，基督新教的工作態度悄悄滲透進社會文化，甚至人們對自我的感知，並且在宗教影響力消失許久之後依然存在。運用時間的方式，被擴大解釋成一個人的本質。你很努力工作（優秀）嗎？還是很懶惰（糟糕）？人們將工作即美德的概念完全內化，要擺脫便極度困難，甚至是（或者說特別是）在知識經濟的背景下也是如此。

正如同人類學家大衛·格雷伯（David Graeber）在他的著作《40％的工作沒意義，為什麼還搶著做？論狗屁工作的出現與勞動價值的再思》中所指出的：「似乎有一個廣泛的共識認為，不只工作是好的，不工作還是很糟糕的；如果一個人不在他不特別熱衷的事情上，投入比他所願意付出還多的努力，那他就是個糟糕的人、乞丐、懶惰鬼、令人不齒的寄生蟲，不值得任何同情或救濟。」勤奮工作的人必須受到景仰，而逃避工作的人則必須被唾棄。

儘管不了解真正的起源，但我們都有過這樣的煩人感覺，必須假裝忙碌、壓力大、過勞來證明自己值得手上領到的薪水，人不是領錢來享受工作的。於是我們陷入一個詭異的情況：許多人透過工作來定義人的尊嚴和自我價值，但同時很多人都討厭自己的工作。格雷伯將這個現象稱為「現代工作的悖論」。但從清教徒的角度來看，這個形況非常合理，根本不存在悖論。如果將工作視為塑造個性的工具，那麼人越討厭工作就越好，因為受苦是生而為人的本質。正是因為我們討厭自己的工作，才能感受到尊嚴和自我價值。忙碌、壓力和過勞已經成為現代神聖自我犧牲的形式。

神、你的老闆，以及所有擁有你的時間的人

十九世紀初，工業革命風生水起的時候，基督新教的工作態度已經深植在文化和人們心裡。工作並讓自己有生產力是最高道德之一，沒有人懷疑這點。許多勞動者相信，他們的辛勤勞動讓他們比雇主更高尚。「工作是一項神聖的職責，以及比懶惰有錢人在道德和政治上更優越的方式，」人類學家狄米特拉．杜卡斯（Dimitra Doukas）和保羅．杜倫伯格（Paul Durrenberger）在他們的文章中寫道：「這是財富的福音，工作的福音。」

但是，隨著宗教逐漸喪失其至高的控制權，菁英們開始改變了看待「工作是好的，不工作就是糟糕的」的方式。新興的實業家階級不再認為空閒是違逆神的罪行，而開始將空閒和另一個道德惡習劃上等號：偷竊。這

些雇主付錢買了員工的時間，因而感覺自己擁有這些時間。

這明顯影響了人們工作的方式，雖然隨之而來的改變不是雇主們所樂見的。原本員工必須先把自己的時間轉化成勞動產出，才能用來交換金錢，現在這個中間步驟完全消失了。在原本的模式裡，員工因為能快速完成工作而得到報酬或讚賞。但新的模式採行時薪制，員工如果忙於工作，也不會賺得更多，因而多做工作往往像是受到懲罰。即使員工已經完成了工作，也最好乖乖待在位子上，因為這樣雇主才會付錢。

因應這些改變，勞工們的訴求也開始改變。這些訴求包括更高的時薪、加班費和更短的工時，這一切都只有在出售時間的制度下才說得通。考量到當時一般勞工每週工作六天，每天輪班十到十六個小時，勞工的很多訴求都非常合理。這時，開始出現了「時間應該屬於人們，而且人們應該有更多時間用在休閒上」的想法。勞工們開始爭取休假。直到今天，全世界的勞工擁護者仍在慶祝又稱為勞動節或國際勞動節的五一勞動節，紀念一八八六年的抗爭運動，當時的參與者要求得到應得的時間，提出八個小時工作、八個小時睡覺、八個小時休閒的訴求。

雖然經過了幾十年，但這些訴求最終成了現實。一九二六年，亨利．福特（Henry Ford）落實了一天八小時工時、一週工作五天的制度，同時將薪資大幅提升到高於行業標準。為什麼福特要這麼做？不只是因為他是個好人。他可能是個好人，但他這麼做的理由更為實際而商業導向。首先，他認為，如果提供比其他人更好的工作條件，他就可以輕易地吸引最優秀的人才。這正是後來發生的情況。技術最好的勞動者離開福特的競爭對手，排隊要到他的工廠上班。

第二個原因是，福特意識到，如果人們沒有空閒時間，或是被工作弄得筋疲力盡，而無法運用空閒時間，那麼他們就不會花太多錢。他曾經這麼說：「擁有更多空閒時間的人，必須擁有更多衣服、他們吃更多樣的食物、他們需要更常用車……在不斷成長的消費市場裡，空閒是不可或缺的元素，因為勞工們需要有足夠的空閒時間，才會使用消費產品，其中也包括汽車。」就像文化在注重空閒的古希臘和羅馬蓬勃發展，福特相信現代社會也會發生一樣的情況，雖然帶著更資本主義一點的特色。更多的空閒時間將促進經濟發展。福特捨棄了「閒暇是高尚的」的概念，轉而散播「空閒是有利可圖的」的想法。

最後，也可能是最與這本書理念一致的理由是，福特發現如果他員工的工作時數減少，他們可以把工作做得更好。時間的限制能刺激出更具創新力、更好的工作方法。人們會思考如何工作，而不只是埋頭苦幹。福特深信，「我們可以在五天裡達到和六天一樣高的產量，而且產量很可能會更高，因為壓力會刺激出更好的工作方法。」此外，有更多休息時間的勞動者一般更有工作效率、更有動力，且犯的高代價錯誤更少。福特認為，即使是純勞力工作，忙碌程度和生產力也只在一定範圍內成正比。

基於以上三個理由，福特是回歸空閒文化的早期支持者之一，也是第一個認可休息態度的重要性的實業家。「空閒和怠惰之間有很大的差異，」他表示：「我們不應該將空閒和懶惰混為一談，更多空閒時間所帶來的結果，可能將會和大多數人想的完全相反。」福特甚至對未來做了一個大膽的預測：「一週工作五天不是最終的結果，一天工作八小時也不是，下一步可能會是減少每天的工時。」

在福特推廣更多空閒時間，並且藉此達到成功結果的帶動下，其他實業家很快地效法並追隨他的樂觀主義。一九三八年，美國政府簽署了《公平勞動標準法》，將一週的最高工時限定為四十小時。正如同約翰・史塔夫（Jon Staff）和彼特・戴維斯（Pete Davis）在一篇刊載於《快公司》商業雜誌的文章中所寫道的，「美國人如此推崇空閒，讓很多專家認為每週工時將逐漸減少。經濟學家約翰・梅納德・凱恩斯（John Maynard Keynes）認為，科技發展將在二〇二〇年代讓一週工時縮減至十五小時。一九六五年，一個參議院小組委員會預測，二〇〇〇年的一週工時會減少到十四小時。」

然而，對空閒的推崇並未持續太久。工作的道德性如此深植人心，讓人們擁有了一切，卻忘記了如何運用閒暇時間，即使手裡有空閒時間也一樣。在人們開始看到高層次閒暇的應許之地出現在眼前之前，需要再掉到一座更深的山谷，過勞知識工作者的忙碌。不過，在探索這個黑暗山谷之前，我們想要介紹一個和福特同時代的人，他可能比所有與他同時代的人更了解高層次閒暇的真正意義和重要性。

伯特蘭・羅素

Bertrand Russel

英國數學家暨哲學家（1872年5月18日～1970年2月2日）

我想要嚴肅指出的是，對工作態度的信念在現代社會造成了很多的傷害。通往快樂和繁榮的道路，必須建立在有組織地減少工作上。

空閒對於文明至關重要。以往，許多人的勞動讓少數人得以享受空閒。他們的勞動十分珍貴，但不是因為工作是好的，而是因為空閒是好的。有了現代的技術，不需要傷害文明，就可能可以公平地分配空閒時間。

時間的檢視、清理和配置

在撰寫這本書的時候，伯特蘭・羅素（Bertrand Russel）的維基百科頁面描述他是「哲學家、邏輯學家、數學家、歷史學家、作家、散文家、社會評論家、政治活動家，以及諾貝爾獎獲獎者」。作為一名數學家，羅素的目標是為所有數學計算建立一個邏輯基礎。他和阿爾弗雷德・諾斯・懷海德（Alfred North Whitehead）合著的《數學原理》一書中集合了他在這方面的成就。《數學原理》是一本偉大的著作，分為三卷（其中好幾百頁都用來證明 1 ＋ 1 ＝ 2），在數學歷史上扮演重要角色。作為一名哲學家，羅素一般被認為是分析哲學的創立者之一。羅素曾獲諾貝爾文學獎，以肯定他多樣且重要的書寫作品，其中他展現了超群的人道理想和思想自由。要列出羅素的所有成就和獎項需要好幾頁，他的人生和空閒似乎相去甚遠。

然而，儘管如此，羅素是空閒的能手。前面曾提到的他的一篇文章《讚美空閒》最能彰顯這點。這篇文章於一九三二年刊載於《哈潑雜誌》，直到今天也一樣適用，甚至更為貼切。羅素在這篇文章裡用我們已經提過的問題「對空閒即為不道德的普遍認知」破題。他繼續寫道，「但是我認為世界上完成的工作遠遠太多，對於工作即道德的認知造成了極大的傷害。在現代工業國家裡，應該被推廣的想法和一直以來被提倡的十分不同。」世界已經改變了，有了現代科技，一個勞動者可以創造遠比他和他的家庭生存所需更多的產值。然而，人們的觀念並未以同樣的速度演進。事實上，一點也沒有改變。

這造成了幾個問題，其中一個是不平等。羅素用一個例子解釋了不平等的問題：有人創造了一個發明，讓同樣數目的勞動者可以做出比以前多一倍的迴紋針。在一個理性的世界裡，所有參與製造迴紋針的人的工作時數會從八小時減少到四小時，其他則照舊進行。但在現實世界裡，這麼做會被視為不道德。勞動者仍工作八個小時，做出太多的迴紋針，讓一些雇主面臨破產，而先前參與製造迴紋針的人中，有一半會被炒魷魚。最終結果的整體空閒時間和理性世界的結果是一樣的，但是有一半的勞動者完全處於閒置狀態，另外一半的人則過度勞動。這麼一來，就可以保證無可避免的空閒時間只會帶來悲慘，而不是快樂的普世來源。還有比這更瘋狂的事嗎？

羅素清楚地意識到，對道德的錯誤認知如何綁架並扭曲了人們看待工作的方式。「認為工作即道德，等於是認為奴隸是道德的，」他寫道：「而現代世界並不需要奴隸。」相反地，擁抱並分配空閒違反了一般人的認知。他表示：擁抱空閒的想法讓有錢人感到震驚，因為他們相信窮人不知道如何運用空閒時間。在美國，人們的工時往往很長，就算是已經十分富有也一樣；可想而知，這些人對於讓受雇者享有空閒時間的想法非常憤慨，除非空閒時間是失業的一種懲罰。

就像古代人一樣，羅素了解到，空閒是文明和文化蓬勃發展的關鍵：「以前，人們擁有輕鬆和玩鬧的能力，但現在這個能力已經被對效率的崇拜所扼殺。現代人認為，我們做的所有事情都必須為了產出，而不能只是為做而做。」因此，在稀少的空閒時間裡，人們失去了對文明和文化做出貢獻的精力。羅素寫道：「都市人的快樂變得十分被動，這是他們把活力都投注在工作上的結果；如果人有更多的空閒時間，就能重新主動地享受快樂。」人將可以主動追求快樂，而非只是被動接受。

羅素於是提出了一個大膽的建議：每天的工時可以且應該被縮減至四個小時。但他很快地補充說：「我的意思不是所有剩下的時間都必須被用在無聊、沒意義的事情上。」相反地，應該把多餘的時間和精力投注在教育，以及對文化的貢獻上。然而，他相信，這將會是工時減少的自然結果：「在一個沒有人被逼迫要每天工作超過四小時的世界裡，具有科學好奇心的人將能潛心研究科學，而畫家將能專心作畫，無論畫得好不好，都不用擔心會餓死。」在他的文章裡，羅素總結道，在一個有更多空閒時間的世界，「最重要的是，人們會擁有生活的快樂和幸福，取代被耗損的精神和疲勞。」

練習

為休息時間留一點精力

你運用空閒時間的方式是積極還是被動的？如果是被動的，是因為你太過勞累，沒有剩餘的精力好好利用屬於自己的時間嗎？你可以想想如何從工作中撥出一點時間，只有三十分鐘也好，將這段時間的精力投入在你好奇、想創作或學習的事物上。不要總是被動地期待空閒時間出現。計畫如何空出時間，就像你計畫如何完成工作一樣。

有形的時間2：忙碌主宰一切

既然早在二十世紀初就已經有這麼多頂尖的實業家和思想家支持並提倡空閒，我們現在的文化應該已經像古希臘或羅馬一樣，重視空閒並擁抱休息時間。福特也曾這麼想。在一九二六年的時候，他相信每日工時從十小時以上減少到八小時只是第一步，隨後還會有更多讓工時逐漸縮減的行動。可惜的是，他大錯特錯了。

縮短工時的趨勢不只停止了，還遭到逆轉。二〇一四年蓋洛普公司的一份民調顯示，美國民眾平均每週工作四十七個小時，幾乎比一九二六年在福特工廠工作的勞工還多出整整一天。而且這個數字還只是平均值。18%的美國民眾表示，他們每週工作超過六十個小時。我們完全回到了一九世紀末或二十世紀初的標準。

我們曾經有機會回到「閒暇是高尚的」的時代，或至少達到合理的工作和生活平衡。這個目標曾經近在眼前，但崩壞的道德羅盤讓人們走上了錯誤的方向。我們比以往更崇尚忙碌，壓力過大、過勞、忙得團團轉，生產力卻一點也不高。文化將忙碌、壓力和過勞與成就過度連結。如果繼續這麼往下走，人要不是工作到死，就是被機器人取代。

從勞力工作到知識工作的轉變很可能是造成這個情況的部分原因。不像在福特工廠工作的勞動者，知識勞動者沒有八個福特T引擎模型來展示他們一天的工作成果。由於想法是無形的，知識勞動的產出更難量化。作家暨電腦科學教授卡爾・紐普特（Cal Newport）在他的著作《深度工作力：淺薄時代，個人成功的關鍵能力》中，稱這個問題為「量化黑洞」。他認為，對大多數現代知識勞動者來說，導向真正創造和創新突破的深度工作力和生產力都很難量化。因此，人們採用了「忙碌就代表了生產力」的概念。這個量化方式比測量真正的生產力和創造力簡單多了，也是一個不需要真正做什麼就能快速獲得成就感的簡單方法。而且遺憾的是，這往往是取得同事和主管肯定和認可最直接的方法。

即使從本質上看來，忙碌其實是沒有產出的生產力，忙碌仍成為可見時間的新形式，並取得主導地位。對於企業家和創意人士來說，這個概念特別有問題。就像藥物成癮者尋求快速消除痛苦的方法一樣，人們被忙碌的概念絆住了。不需要有任何實際的進度指標，或老闆不斷提醒員工他們的時間歸他所有，人們內化「時間等於價值和道德」的想法就進一步得到了強化。那些有能力選擇實踐亞里斯多德「閒暇是高層次的」理念的人，往往離這個理念最遠。

然而，我們比以往更需要高層次的閒暇時光。真正具生產力的知識勞動並不是漫無目的的忙碌，而需要以一個更嚴謹、周全的方式進行，同時認真休息。除了堅實的工作態度之外，好的知識勞動也需要同等堅實的休息態度。就像工匠的工作一樣，好的知識勞動根據技巧的熟練度和品質而定，而非簡單、重複性工作的數量。而且，簡單、重複性的工作很快就會由機器人和人工智慧接手。

人們需要意識到，相較於製造小器械的勞力勞動的單面向生產力，創意性工作的生產力面向更多元。格雷伯寫道：「不知道為什麼，我們的社會集體決定，讓千百萬人耗費許多年的生命假裝在報表上輸入東西，或是為公關會議準備心智圖，比讓他們自由地織毛衣、和狗玩、創立一個樂團、嘗試新食譜，或是在咖啡館裡談論政治、講朋友複雜的多角戀愛八卦更好。」

企業家暨作家史蒂芬．阿爾斯托（Stephan Aarstol）同意格雷伯的看法，他表示：「如果你每天下午一點就做完工作，很容易就可以看出你的興趣如何帶來另一種形式的生產力。你可以在運動、學習、教養小孩、社會運動、社區事務等活動上創造生產力。只是在工作上有生產力，遠遠不足以改善社會，並建立更好的生活環境。」這正是古老觀念裡的生產力，和重視經濟一樣重視文化和生活的快樂，甚至更為重視後者。這是讓生活充滿意義的生產力，而不是為了「具有生產力」的生產力。這是基於高層次閒暇的生產力。

我們現在已經可以看到象徵高層次閒暇回歸的雅典衛城在山丘上閃閃發光，但是身處的山谷太深，且懸崖太過陡峭，爬不上去。我們無法擺脫數百年來根植人心的觀念，就算我們早就已經忘了這個觀念的起源或理由也一樣。因此，目前我們仍困在山谷裡。有時候，因為不知道怎麼做更好，甚至繼續把山谷挖得更深。

有個人早就看到這個山谷可以變得多深，而且也擺脫了這個山谷，她是阿里安娜・哈芬登（Arianna Huffington）。

阿里安娜・哈芬登

Arianna Huffington

美國媒體企業家暨作家

想想看：如果員工有世界衛生組織定義的過勞症狀，筋疲力盡、想法負面又憤懣、工作成果降低，他們會發揮最好的表現嗎？還是他們只會敷衍了事或者辭職？

你可以愛你的工作，但一定要更愛你的生活

對於《哈芬登郵報》的創辦人阿里安娜·哈芬登（Arianna Huffington）來說，只是休假並無法解決她的問題。她創辦的新聞和部落格網站很快成為網路上最廣泛閱讀、連結，且最常被引用的新聞媒體之一。表面上看來，哈芬登是任何人都想成為的成功典範。她被《時代雜誌》選為全世界百大影響人物之一，也是《富比士》雜誌最具權威女性名單上的一員。二〇〇七年的時候，哈芬登剛剛創立《哈芬登郵報》兩年，每天工作十八個小時。有一天，身體的警報突然響起，她在辦公桌下醒來，倒在自己的血泊中，顴骨斷裂。

「從各種標準來看，我都是一個成功的人，但如果我躺在自己的辦公室裡，全身是血，這絕對不是成功的樣子，」哈芬登在接受卡洛琳·莫德雷希·德拉尼（Caroline Modarressy Tehrani）採訪時回憶。她看了許多門診，試著找出自己的健康問題。「那時我以為自己可能有腦瘤，」她說。但後來她發現，「我的問題出在生活的方式，而這個問題也是很多其他人的問題。」

她暈倒的原因比腦癌更簡單，就只是工作太多造成的筋疲力盡。在意識到很多人也有相同情況之後，她決定發揮她的企業家精神，著手解決這個新的問題。血淋淋的警報促使她創立了 Thrive Global，一個企業和消費者幸福和生產力的平台。這個平台的目標是藉由終結「過勞是成功必須付出的代價」這個集體錯覺，來改變人們工作和生活的方式。

從那之後，哈芬登一直在鼓勵其他人和企業關心自己和員工的身心狀態，避免重蹈她的覆轍。在 Thrive Global 的帶動下，工作過勞漸漸洗去了惡名。哈芬登樂觀地認為：「我希望人們不再把過勞當作一種『我看

到才知道我有』的情況。我在二〇〇七年的時候就是這樣，才會因為睡眠不足和筋疲力竭而暈倒，撞裂了我的顴骨。而是讓過勞成為一個廣為人知的工作問題，如此一來，我們就能更有效地對抗過勞。只有開始了解我們的最大問題的時候，才能更有效地處理這些問題。」

公司管理者在制定休息制度時，往往就只是把一般的休假條款納入公司政策裡。哈芬登認為，休假並不足以解決問題。因此，她在她的公司裡創造了一個名為「成長時間」的休息概念。她解釋：「『成長時間』，也可以被理解為恢復時間，是一段同時用來向後看和向前看的時間。在這段時間裡，你可以恢復那些為了追趕工作期限而耗損的心力，並給自己足夠的能量來應付接下來的工作期限。這是一項工作的最後一個階段，也是下一項工作的第一個階段。這也是為什麼我們不把『成長時間』當成休息，而是工作中不可缺少的過程之一。」

就像市場上的很多企業一樣，Thrive Global 作為一個剛成立不久的公司，要達到的目標很多，但資源有限。Thrive Global 的員工當然必須交出成績，也必須面對工作期限。有時候，Thrive Global 的團隊必須增加工作時數，以準時交貨，或是為客戶提供更好的服務。但他們不讓增加工時成為導致過勞的新工作標準，而是確保在一段緊張的工作期後，員工能擁有一段恢復時間。哈芬登寫道：「『成長時間』是我們維持這個機制的秘訣。『成長時間』讓員工能在達到工作期限、準時出貨或週末加班之後，有時間恢復精力並充電。這段時間可能是幾個小時、一個上午、一整天，或者更長的時間。」

值得注意的是，哈芬登公司的「成長時間」並不算在年休、病假或其他有薪休假裡。哈芬登強調：「這讓員工能明確了解到，恢復時間和工作並不是分開的，而是工作的一個重要部分。『成長時間』不是一個獎勵，而是責任。這也是為什麼往往是主管建議員工放一段『成長時間』，因為主管一部分的職責是維持團隊的表現，並保持警惕，避免員工出現過勞。」

值得慶幸的是，預防過勞和過度工作正逐漸成為越來越多企業領導人的重要考量項目之一。我們很幸運有像哈芬登這樣的人為其他企業領導人和主管開路，重新思考對休息的理解，以及休息可以如何成為他們企業營運計畫中的重要部分。哈芬登說：「現在，當過勞開始成為眾所矚目的焦點，企業有新的機會可以為他們的員工和最基本的健康保障採取行動。對想取得長期成功的人來說，關注人們在工作上的真實感覺不再只是一種善意，而是必要行為。要找到『文明病』的治療方法，就必須努力找到過勞的根本原因。」

擺脫埋頭工作的壞習慣並不容易，而且很多人因為太急於改變、改變太多而失敗。「大多數人一開始的野心太大，想要一下子就開始一個全新的生活方式，或是認為只靠意志力就可以達到目標。但這忽略了意志力運作的方式，」哈芬登說。這就是為什麼哈芬登和 Thrive Global 團隊採用「微行動」的方式。

哈芬登受到了布萊恩．傑佛瑞．弗格（B. J. Fogg）著作的啟發。弗格是一名行為改變研究人員，在史丹佛大學說服性科技實驗室擔任實驗室主任。哈芬登解釋：「『微行動』代表的是做出『最小的可行行動』，盡可能進行最小的改變。」或者像弗格所說：「要建立一個新習慣，你必須先簡化行為，讓行為變得不可思議地小。好的微小行為很容易就能做到，而且很快。」

你可能無法休息一整個禮拜，來恢復漫長工時消耗的精力，但哈芬登為漸進式避免過勞提出了幾個微行動的點子：睡得更好、選擇晚上的一個時間點關閉電子設備，或是在睡覺時間前三十分鐘設定鬧鐘提醒要休息。如果想要做得更多，建議同事一起進行散步會議，離開辦公室，邊走邊談事情。如果想用更有創意的方法，則可以走一條不熟悉的路，或是認識新的人、拜訪沒看過的景點、體驗新的感覺。如果想提升充電的成效，你可以每天設定一個時間宣布工作結束，就算還沒完成所有待辦事項，也要強迫自己休息。

練習

給自己一些留白時間

不要等到放假才實踐休息態度。仔細考慮這本書中所有可行的建議，針對符合你情況的面向，設定你有能力進行並成功達成的微行動。明天就可以開始，或者現在！

Take Time off

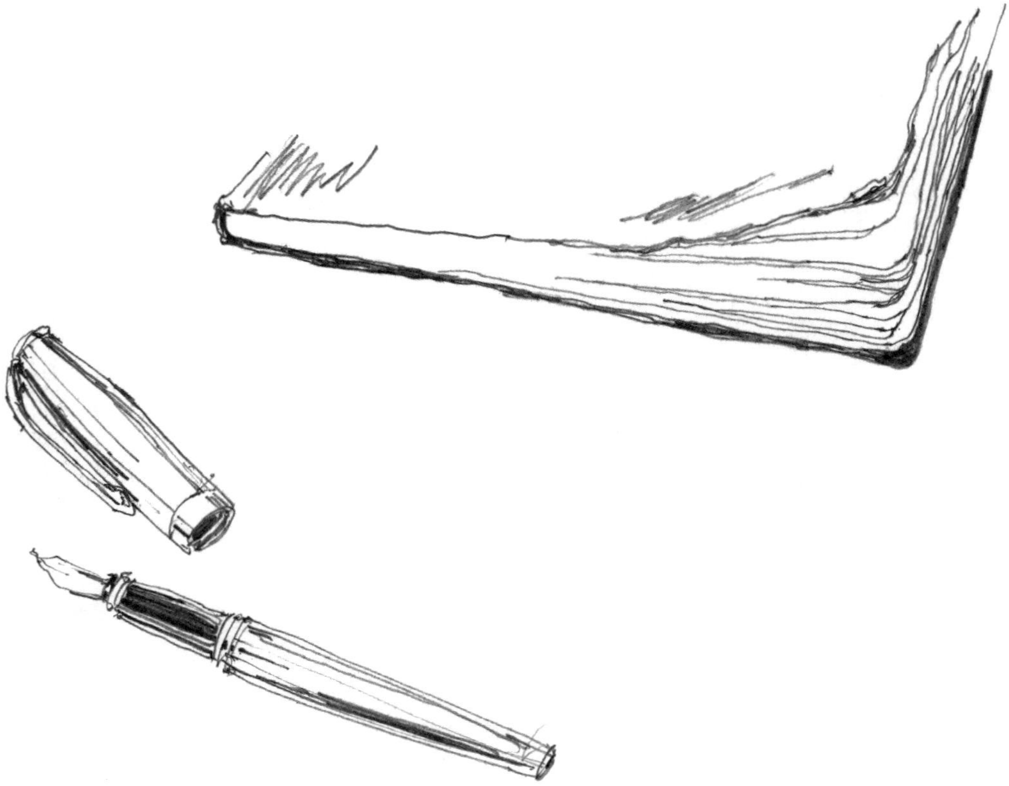

現在，放下這本書一陣子，
然後看向窗外、伸展身體、寫日記，
或打個電話給你愛的人。

壓力、過勞，以及回到高層次的閒暇需求

世界衛生組織在二〇一九年版本的《國際疾病分類》中納入過勞，並將其定義為「未妥善排解的長期工作壓力造成的症候群」。世界衛生組織的官方報告指出，過勞有三個重要元素：「精力耗損或耗盡的感覺；對工作的心理距離感增加，或者因為工作產生負面或憤世嫉俗的感覺；以及工作成效降低」。聽起來是不是很熟悉？

「對於知識型勞工來說，一天工作八個小時，相當於勞動勞工一天工作十六個小時，」史坦芬・阿爾斯托（Stephan Aarstol）說。「一天工作八個小時是為身體設定的時長，不是腦袋。」就像一個世紀以前，人們超出能維持長期健康的體力過度勞動一樣，我們現在也正超出自己的精神能力過度勞動。在工業化早期工廠工作的勞工耗盡體力，疲憊不堪，在知識工廠工作的現代勞工則在精神層面遭遇到同樣的命運。

千禧世代顯然特別受到過勞的影響。造成這個現象的一部分原因很可能是，我們過於將自我價值與工作連結，追逐一個又一個短期目標，同時又一邊將自己的成就和在社群媒體上看到的他人修飾後的成就比較。我們往往甚至覺得應該將興趣和空閒時間也轉變成副業或工作機會，否則就是浪費時間。

在刊登於 BuzzFeed 網站上的文章〈千禧世代如何變成過勞世代〉中，記者安・海倫・彼得森（Anne Helen Petersen）回顧了她和過勞搏鬥的過程。過勞讓她連最簡單的事情都無法完成，像是預約、回覆電子郵件、去郵局寄東西等日常工作小事。她將這個現象稱為「小事癱瘓」。彼特森感嘆地寫道，很多人都成為高能力的工作狂。雖然這些人可能還有辦法完成大事，最平凡、簡單的小事卻變得困難，而且成為焦慮感的來源。

回顧她自身的過勞經驗之後，彼得森寫道：「那些本來應該讓人感覺好的事物（休閒、不工作），反而讓人感覺很糟，因為不工作讓我感到愧疚；那些本來應該讓人感覺很糟的事物（一天到晚都在工作），卻讓人感覺很好，因為我在做我認為要成功應該且必須做的事。」如果卡萊爾跟其他和他一樣支持基督新教工作態度的同道中人讀到以上的文字，應該會因為他們帶起的工作態度潮流影響力長達數個世紀而感到驕傲不已。彼得森引述了一段專精於過勞的心理分析師喬許·柯恩（Josh Cohen）的話：「當你用盡所有內在資源，卻無法克制繼續工作的衝動的時候，你就會感到過勞。」那個繼續工作的衝動，就是基督新教工作態度在人們心裡內化的產物。這個時候，休息就是解藥。

這本書之所以會誕生，是因為我們深深相信，社會可以慢慢把高層次閒暇找回來。但如果先前說明還不夠清楚的話，我們也必須重申，這並非在推廣偷懶、怠惰或停滯不前的文化。我們推廣的文化，是生產力和生活的樂趣可以齊頭並進的文化。這是一種更廣泛定義的生產力文化，而不只是注重經濟產出。這是一種在創意、科學、精神和人道上取得進展的文化，是有價值的閒暇。

在接下來的幾個章節，將介紹可以運用在休息態度中的不同面向。你將讀到一些非常成功地將這些點子用來影響並改善世界的個人和企業的故事。希望這些例子能啟發你將有價值的休閒納入生活，並幫助你成為一個有創意、有影響力且休息充足的人，讓亞里斯多德引以為傲。

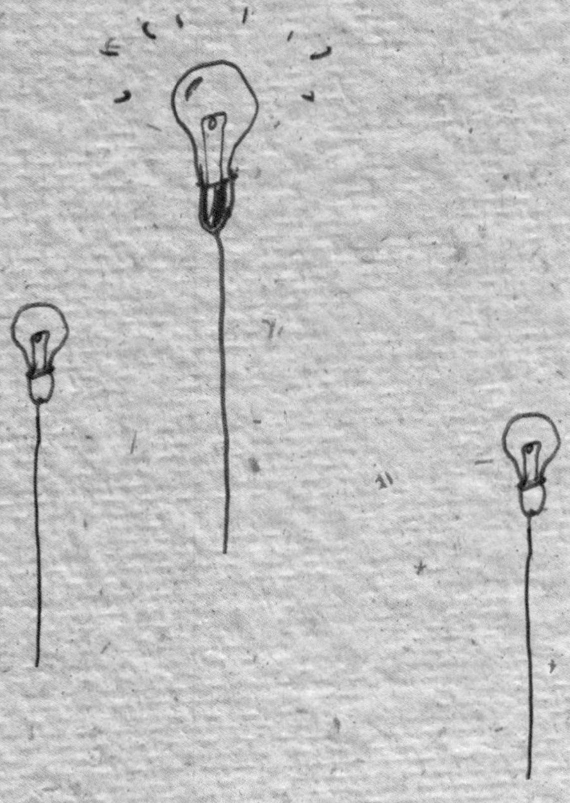

3

醞釀創意

讓思緒自由伸展，
請允許自己不用每天都竭盡全力，
別讓辛苦與疲累損耗了身心的全部，

放空讓大腦運作更有效率

在二十世紀中葉，光學被視為一個大致上已經研究透徹的學科。大多數科學家認為，這個領域所有有趣的事物都已經得到發現，並將注意力轉移到其他研究主題上。然而，有一位科學家因為極度想要了解分子如何與光互動，仍繼續堅持研究光學。

查爾斯・哈德・湯斯（Charles H. Townes）對於如何刺激分子以單一頻率發出單一強烈光束，而不像燈泡等其他光源以不同頻率朝各個方向發散光線感到濃厚的興趣。要達到這個目標，最大的挑戰是如何不讓裝置在過程中過熱或爆炸的情況下，達到所需的能量。在一九五一年春天的一個早晨，當時在哥倫比亞大學擔任教授的湯斯決定花點時間休息：「那是一個美好的早晨，所以我起床，到公園去，然後坐在杜鵑花樹旁邊的長椅上；一個美好的早晨。然後我想到，為什麼我們一直以來都不能這樣花點時間休息呢？」

當湯斯坐在公園長椅上的時候，他任由思緒流動。後來，他產生了一個他後來形容為「頓悟」的想法。他找到了只取出並刺激具有特定高能量的分子，讓它們發出單一強烈光束而不損毀裝置其他部分的方式。

三年後，也就是一九五四年，湯斯和他的學生們建好了一個原型裝置，並取「受激放大微波輻射」英文的首字母將其命名為邁射（MASER）。不久之後，湯斯和其他運用他點子的科學家成功地用可見光取代微波。雷射光因此而誕生。

湯斯在一九六四年獲得了諾貝爾物理獎，以表彰他的成就。他與兩位俄國科學家一起獲得了該獎項。這兩位俄國科學家也想到了湯斯的點子，但不像湯斯一樣真正建造出了可運作的邁射裝置。有趣的是，湯斯後來表示，他具開創性的發現一部分是受到托爾斯泰（Alexei Tolstoi）在一九二七年出版的俄國科幻小說《加林死亡光束》（The Garin Death Ray）啟發。於是，一本關於死亡光束裝置的俄國小說，幫助一名美國科學家打敗俄國科學家，發明了雷射。這一切都發生在冷戰早期，使其讀起來像是一本小說的情節。

現在，湯斯的研究成果被普遍應用，從超市的條碼掃描機到消費性電子用品，從醫療到軍事。但湯斯最初研究的動機只是來自他的好奇心：「我當時不是在尋找應用方式。我不是在想雷射光應該是一道亮光或其他樣子。我只是想要更了解分子，而且想要得到更短的波長來研究分子。就只是這樣基本的工作，一點都沒有想到實際用途。但看看後來產生了什麼成果。」

這就是高層次閒暇的實踐：在休息過程中產生的創意突破，起初只為了滿足好奇心，而非要達到任何目標，但最終以先前不曾想過的方式推進了人類文明。湯斯死於二〇一五年，終年九十九歲。一直到二〇一四年為止，他還是每天造訪在柏克萊大學的辦公室。我們只是推測，但很可能對湯斯來說，進辦公室並不是工作，而純粹是一種休閒。

如果湯斯一開始只關心科學研究在生活中的應用，他可能會追隨其他科學家的腳步，放棄研究光學。如果他這麼做，我們的生活很可能會有截然不同的面貌。但湯斯追隨他的興趣，讓他的心思有空間漫遊和探索。就如同湯斯所說：「即使是被踏平的路上，也總有未被掀開過的石頭。驚人的發現，正等著看到並願意花心力掀開那些石頭的人。」如同湯斯的故事，以及許多其他例子所顯示的，休息讓我們能看見那些未曾掀開的石頭，並花時間掀開它們，在尋常的地方找到其他人因為太忙碌而沒注意到的創意發現。」

創造過程和留白時間

格拉罕・瓦拉斯（Graham Wallas）於一八五八年生於英格蘭北方的小城市桑德蘭。從牛津大學畢業之後，瓦拉斯當了一陣子的老師，然後參與創立倫敦政治經濟學院，從一九一四年起擔任學院裡第一位政治學教授。但要說瓦拉斯對世界最知名且影響深遠的貢獻，應該要屬他在一九二六年生命晚年出版的著作《思想的方法》。受到赫曼・馮・亥姆霍茲（Hermann von Helmholtz）和亨利・龐加萊（Henri Poincaré）等科學家的工作習慣的啟發，瓦拉斯列出了第一個完整的創造過程模式。儘管已經將近一個世紀之久，瓦拉斯的想法仍對今天的創意研究者有重要的影響，且他的書受到學術文獻的廣泛引用。

瓦拉斯理論的核心，是將創造過程分解為四個階段：

- **準備**：坐下來努力工作。
- **醞釀**：讓心思休息或專注在其他工作上。
- **發現**：不斷尋找的那個「對啦」瞬間。
- **驗證**：測試發現是否具有價值。

這個過程可能看起來平淡無奇，但我們很少認真思考這幾個階段。

首先，必須真的坐下來，努力從各個角度檢視手邊的問題，以達到全然理解。這就是卡爾・紐波特（Cal Newport）在其同名著作中定義的「深層工作」，即「在將認知能力提升到極限的全神貫注狀態下進行的專業工作。這些努力能創造新的價值，增進技巧，並且很難複製。」好的準備本身就是一種休息的形式，離開各種干擾，心無旁騖地專注在手邊的問題上。這是很重要的一步。然而，在很多情況下，這無法給出想要的解答。說到底，這只是準備階段。接下來才是創意的醞釀階段。

當我們放下工作，讓有意識的心思得以休息，或者專注在其他事情上時，潛意識就會開始運作，只不過是以非常不同的方式，在不同概念和過往經驗之間建立鬆散的連結。我們會感覺到正在接近解答。瓦拉斯警告，在這個階段，我們不應該強迫自己，否則腦袋裡正在成形的想法可能會消失，應該相信潛意識有能力完成工作。

當我們全然投入在實際問題以外的其他事情上時，無論是在大自然裡健行這種高品質的休閒，或者在另一個不相關問題上的深層工作，潛意識便開始醞釀創意。但這裡的關鍵是「全然投入」，而不是心不在焉的分心活動，或是不斷改變手上從事的工作。如果我們為創意的醞釀騰出時間，並信任潛意識的力量，神奇的事就會發生。

最後，來到「發現」階段，也就是得到靈感或頓悟的瞬間。這是漫畫上常常會有燈泡亮起，在腦子裡歡呼「對啦！」一切都突然變得合理的瞬間。瓦拉斯將這個瞬間形容為「閃光」或「咔嗒聲」。這也是有意識的心思再度掌控創造過程的時刻。如同瓦拉斯所寫的：「無意識的工作從來不曾提供漫長運算的完整結果。我們所能希望的，便是藉由無意識工作產生的這些靈感，找到這些運算的出發點。」接下來，便是進行更多深層工作，驗證那些了不起的想法是不是真的像我們所想的這麼了不起。

當然，這個四階段過程是簡化後的結果。在現實生活中，經常需要經歷好幾個準備和孵化的循環，或是同時處理不同的問題，才能達到發現的階段。經歷創造過程的人「可能同時在『醞釀』幾天前處理的問題，『準備』另一個問題所需的知識，並『驗證』他在第三個問題上得到的結論」。即使在同一個問題上，如果問題太過複雜，你也可能需要在「醞釀」某個面向的同時，有意識地思考另一個面向。因此，如果你覺得在某個問題上卡關，不要停在同一個地方撞牆。空出時間休息一下，把注意力轉移到其他事物上，讓潛意識進行神奇的「醞釀」。

準備、醞釀、發現和驗證這四個創造階段歷經了時間的考驗，至今仍和一九二六年剛提出時一樣具有影響力。這個創造過程告訴我們，實際的創造工作只有一半是一般認定的「工作」。同樣重要的另外一半工作在休息的時候，以無意識的方式進行。然而，雖然孵化和發現是潛意識運作的階段，並不代表我們沒有控制權。要進行這兩個階段，仍需要技巧。

這本書本身就是這個四階段過程的直接產物。首先，我們必須做準備工作：花許多小時進行深層工作，閱讀、做筆記、整理思緒、進行訪談，並寫下段落和更長的文章。然而，這些工作中間也分布著長時間的休息，讓潛意識能反芻取得的資訊，並整理出寫作的架構。這本書裡的許多文字和想法並不是在寫作時有意識地產生的，而是在散步或下午小睡時自然出現的。在休息的時間裡，我們的潛意識給予這些金光閃閃的靈感作為禮物。

創造是工作（準備、驗證）和休息（醞釀、發現）的時間不斷穿插交織的過程。找到兩個狀態之間正確的平衡，並輕鬆地在其間穿梭是成功的關鍵。很多人期待靈感的醞釀會在找到時間休息的時候發生，但事實是我們往往找不到時間休息。我們必須騰出時間休息，而這正是良好的休息態度如此重要的原因。

有兩位創意人士在深層工作和休息之間找到了很好的平衡，並刻意用散步的形式騰出每天的醞釀時間。他們都在歷史上最偉大的作曲家之列。我們將會在下一個章節介紹。

貝多芬和柴可夫斯基

(Ludwig van Beethoven & Pyotr Ilyich Tchaikovsky)

路德維希·范·貝多芬，德國作曲家（1770年12月17日～1827年3月26日）

能在樹叢和草葉之間漫步，是多麼讓我快樂；沒有人能像我一樣熱愛鄉村。木頭、樹和石頭都散發著人們渴望聽見的回聲。

因此我帶著我的想法……我無法忍受一點不確定性；它們直接或間接地不請自來。在開放的大自然裡，在森林裡，在我散步期間，在靜謐的晚上，在第一束晨光間，我幾乎能把它們握在手中。

彼得·伊里奇·柴可夫斯基，俄國作曲家（1840年5月7日～1893年11月6日）

知道沒有人會干擾我的工作、我的閱讀和我的漫步，是多麼幸福的事。

給身心時間吸收養分

雖然相隔了數十年，這兩位偉大的作曲家卻不約而同地發現，在森林裡漫步是靈感最常找上門的時候。柴可夫斯基堅信，他每天必須散步整整兩個小時，否則「巨大的不幸」就會到來。漫步讓他得以放鬆在創作工作中躁動不安的身體和心靈。「如果我們稱為靈感爆發的這種心靈狀態不間斷地持續太久，」他表示：「沒有任何一位藝術家可以安然活下來。」柴可夫斯基的靈感燃燒得太過熾熱，以至於如果不花時間休息，這些靈感將會灼傷他。雖然我們現在通常將過勞與緊張的辦公室工作相聯結，但柴可夫斯基早就知道，從事熱愛工作的人們如果不好好照顧自己，刻意花時間休息，那麼也可能會同樣遭受過勞的命運。

就像現在大多數的白領勞工一樣，柴可夫斯基也痛苦地意識到，分心對於思緒流動的傷害有多大：「在這個思緒流動的神奇過程中，常常會有一些外部干擾讓我從夢遊狀態中醒來：門鈴響的聲音、我的僕人進門的聲響、鐘擺的聲音等。的確，這些干擾太可怕了。有時候，我的靈感思緒會中斷很長一段時間，讓我必須重新把思緒找回來，而且常常失敗。」柴可夫斯基每天兩小時的漫步，讓他能遠離這些干擾。雖然我們之中大概很少人會被僕人進門的聲音影響，思緒遭到干擾的問題在今天和在柴可夫斯基生活的時代一樣普遍。這些干擾可能是朋友傳來的訊息，或是同事不經意拍了你的肩膀。而且，要解釋「佔用你幾分鐘」所浪費的時間如何遠遠超過幾分鐘往往並不容易。如果你的思緒流動遭到中斷，即使只是一點小干擾，也可能需要花幾個小時才能把思緒找回來，確實很可怕。

貝多芬也同樣從漫步中找到精力和創造力。他明白，擁有強健的身體是支持創作的最佳方式。他的傳記作者羅曼・羅蘭德（Romain Rolland）寫道：「他透過泡冷水澡、嚴格保持乾淨、每天午飯後立即出發散步來維持精力。貝多芬的漫步長達整個下午，甚至往往直到晚上；然後他會陷入沈睡，甚至會不知感激地抱怨自己睡得太長太沈！他的生活型態十分令人敬佩但簡單。」

想想看，貝多芬和柴可夫斯基創作的樂曲中，有多少是在他們離開作曲工作、散步休息的時候組織出來的。我們應該給予這兩位偉大作曲家在身處大自然的孤獨和休息的靜謐中找到的創作夥伴更多功勞。有了大自然的影響，我們才得以沉醉於貝多芬《第七號交響曲》和柴可夫斯基《天鵝湖》的優美音樂中。

一直坐在書桌前面往往是找到新想法最糟的方式之一。休息一下，去散步，或是做一些簡單的運動，是讓你保持健康並維持（或重新找到）創造力的最佳方式之一。遠離干擾則是另一個額外優點，讓思緒可以不斷延伸。我們之中很少人是專業的作曲家，但很多人正嘗試創造他們的個人作品。如果你也是其中一員，不妨把大自然和休息時間當成創作夥伴，一起創造出最珍貴作品吧。不要只是整天坐在椅子上，埋頭苦幹。

練習

發現工作卡關，缺乏新想法時，起身離開工作（身體真的站起來）

離開你的工作，去散一趟長長的步，最好是在大自然裡，讓你的腳和思緒都能自由伸展吧。讓自己遠離干擾，並且像貝多芬一樣，總是帶著一支筆和一本筆記本，記下可能在這個平靜狀態下找上你的任何靈感。

探索勝過專精

大多數人會知道奧爾德斯・赫胥黎（Aldous Huxley），是因為他描述對反烏托邦和烏托邦看法的小說，像是《美麗新世界》和《島》。但近年來，隨著人們對迷幻藥又重新燃起興趣，赫胥黎的《眾妙之門》等非虛構經典作品也越來越受到注目和歡迎。在這些作品中，赫胥黎嘗試探索了社會和人類存在的一些最根本問題，其中包括他同代人缺乏平衡和「目標狹隘」的心理狀態。

赫胥黎認為過度專精和狹隘意見不只是重大的社會議題，也是教育的最大問題之一。在散文集《內在的神聖》（The Divine Within）中，他寫道：「所有事情都發生在一個文件夾裡，但現在在學術機構裡，需要有一些人在不同文件夾之間穿梭，窺探所有文件夾中的內容，看看能做什麼。」我們應該認知到，成為窺探所有文件格中內容，在其間穿梭的人，是一個可行且聰明的選擇，尤其是在這個時代。

靈感的醞釀不只會發生在休息的時候，也可能在我們做其他事情的時候。就像瓦勒斯所說的：「比起一次只專注解決一個問題，依序開始處理不同的問題，並刻意先擱置某個問題，轉向處理其他事情通常會帶來更好的結果。」找時間放下工作休息，做不一定和工作有關的其他事情是高層次休閒的當代形式。對於會認真休息的人來說，這是很常見的狀態。例如，跟朋友一起做一頓飯也是一種工作，但十分有意義，並可以幫助你離開真正的工作，開始創造過程的醞釀期。

英國作家阿諾德・貝內特（Arnold Bennet）在他一九〇八年出版的著作《一天二十四小時如何生活》（How to Live on 24 Hours a Day）中指出，多樣化本身就是一種休息形式，而且可以和休息一樣有效，在下一個章節將會看到，從事多樣化活動真的是一種休息形式。

什麼？你是說全心投入（不工作的）這十六個小時會減損工作那八小時的價值嗎？不盡如此。反而，全心投入休息的十六個小時必定會增加工作那八小時的價值。一般人必須學習的其中一個重要事情就是，我們的精神有能力持續做繁重的活動，而不像手臂或腳一樣。精神只需要變化，而不是休息，除非是睡眠。和一般人的直覺不同，投注更多精力在休閒活動中，可以讓整個人精神飽滿。

作者亞瑟・庫斯特勒（Arthur Koestler）也在他的書《創造的行動》（Act Of Creation）中思考了創造過程中醞釀的重要性。他解釋道，當要處理的問題越複雜的時候，我們越需要潛意識。他強調，突破（挑戰約定俗成和既定的事實）對於創造性思考非常重要：「具創造力的行動有革命性或毀滅性的一面。歷史演進的路徑上散落著各種落難者：被遺棄的藝術主義、日心說，以及科學的燃素說。」我們認為只有透過探索，才能得到這個突破的動力。這需要持續拋棄舊習，也需要童心。庫斯特勒警告了成為太過理性的人的危險。他說：「『理性的人』是頭腦冷靜但有所侷限；是善於適應但不具破壞性；是一個有學識的保守份子，而非革命份子；他們願意在良好的指引下學習，但無法追逐其夢想。」

不同類別的職業音樂家的經驗對比，是這個二元分類的極佳例子。記者暨作者大衛・艾波斯坦（David Epstein）在他的著作《跨能制勝：顛覆一萬小時打造天才的迷思，最適用於 AI 世代的成功法》中指出，一些研究顯示，許多古典音樂家從很小的時候就專精於某種樂器，並透過無數個小時的公式化訓練和反覆練習來增進技巧。他們是精心練習的代表人物，也是庫斯特勒口中的「理性的人」。

另一方面，艾波斯坦發現，大多數頂尖的爵士音樂家在年輕時只接受極少的正式訓練。他們通常先嘗試過許多不同樂器，用自己的方式實驗如何彈奏，最終才決定專注在自己最喜歡的樂器上。不少爵士音樂家甚至從未學習如何看譜。

這麼說並不是要輕視古典音樂演奏者的技巧，但在經過數年的嚴格訓練之後，他們之中的許多人幾乎無法即興演奏。比起從古典音樂家（專精）轉型成爵士音樂家（多樣嘗試），從爵士跨入古典要容易許多，而且更為常見。在廣泛嘗試、探索之後，在某個事物上潛心鑽研，比起深掘某個領域後起身探索要容易許多。艾波斯坦引述了起先是爵士樂手，後來發現自己熱愛古典吉他的名吉他手傑克・策齊尼（Jack Cecchini）的話：「爵士音樂家是具創造力的藝術家，而古典藝術家則是重新再造的藝術家。」

對於 AI 來說，重新再造比創造更容易達成。事實上，麥克斯從事的工作正與 AI 和音樂有關。他與藝術家和商業夥伴合作，探索電腦技術可以如何幫助人們以新的方式創造、選擇並演奏音樂。綜觀當前的 AI 音樂實驗，幾乎所有試圖模仿人類演奏者或作曲家的實驗，都專注在古典音樂或電子舞曲等電子音樂上，因為這兩種音樂都遵從其各自的嚴格規則和模式，使其非常適合用來訓練機器學習。電腦離爵士即興演奏還有好長一段距離。

現有的演算法能在極度專精的領域有很好的表現，但仍無法連接不同領域的想法，而且我們不認為這在短時間內會有所改變。問問自己：在生活中和職場上，你在什麼時候即興演奏爵士樂，又在什麼時候遵從古典樂的嚴格模式呢？你可能會想要在前者多投注一點心力，在仰賴 AI 的未來，萬事通很有可能會打敗只專精一個項目的大師。

如果選擇多樣嘗試，而非專精的路徑，則必須要確保能整合我們的所有不同經驗。要達到這點，需要休息和安靜的時間。赫胥黎是個古典樂迷，而他在題為〈休息即安靜〉（The Rest is Silence）的散文中解釋道，無聲是古典樂的一個重要元素：「安靜是所有優美樂曲不可缺少的一部分。比起貝多芬或莫札特的作品，瓦格納綿延不斷的旋律很少提供安靜的空間。也許這就是為什麼瓦格納的作品較不偉大的原因之一，他的樂曲總是在說話，也因此『說的』較少。」我們需要探索世界的所有美好事物，然後往後退一步，沈澱自己。如果我們的工作有高品質的安靜休息時間穿插其中，那麼將會更有創造力，並達成更重大的成就。

一般人認為，必須要專精某事才能取得成功，這個想法大錯特錯。而且隨著科技發展，專精某事很可能弊大於利。無數的例子顯示，一個人可以不只精通一個領域。然而，我們不應刻意劃分領域。與其分開追求熱愛的不同事物，應該讓這些事物自由地交流互動，找到共同點，並專注在其交會點上鑽研。這是個雙贏的局面。這種工作和生活方式不只能讓我們找到新的連結，釋放所有的創造潛力並幫助人贏過 AI），也在其中包含了休息時間。當我們全心擁抱所有興趣的時候，能讓這些興趣發展得比其總和更有價值，並在不過勞的情況下達到精通和成功。

如果你還沒被完全說服，看看以下兩位人士如何透過具創造力的探索，擁抱其各種不同興趣而取得成功吧。而且他們相信，其他人可以也應該這麼做。

提姆・哈福德

Tim Harford

英國經濟學家、記者暨演說家。

現在的世界似乎只提供了一個選擇。如果我們不快速瀏覽過一個又一個網頁，就必須像個隱士一樣生活，心無旁騖地專注在一件事上。我認為這是一個偽兩難命題。我們有能力成功的同時做不同事情，釋放自然的創造力，我們只需要慢慢來。

慢慢來比較快

想想一般的工作型態。你可能坐在辦公桌前，撰寫一個新企劃的提案，同時聽著音樂或播客節目。忽然，電腦螢幕上出現一則你在 Slack 被標記的提醒。看了那則標記的內容，然後又回到撰寫提案上。但現在你已經有一段時間（雖然可能只有五分鐘）沒查看電子郵件了，所以你可能會想看一下信箱。好啦，看完信箱了，再回到提案上。寫完幾個句子之後，眼角餘光看到手機上出現一則提醒。你最好該看看那則提醒的內容，有可能很重要。喔不，其實一點都不重要，再回到正事上吧。一分鐘之後，同事走過來，問你是不是看了你的客戶寄來的最新郵件。對，你看了，等等會回覆他。好，現在該專心撰寫提案了。開始有所進展，那些干擾一點都沒讓你分心。你很擅長同時做不同事情，對吧？

遺憾的是，我們認知自我的方式十分糟糕，而且我們極度高估了自己同時做不同事情的能力。事實上，如同愛德華·哈洛威爾（Edward M. Hallowell）在他的書《瘋忙》（CrazyBusy）裡所指出的，從神經科學的角度來看，人們根本不可能真正做到同時做不同的事情。人的大腦一次只能認真處理一件事。因此，我們其實只是不斷在不同任務間切換，而這必須要付出很高的代價。然而，有方法可以讓我們得以同時做不同事情，只需要改變做事的時長和深度。

在二〇一九年一場題為「釋放自然創造力的強大方法」（A Powerful Way to Unleash Your Natural Creativity）的 TED 演說中，經濟學家哈福德介紹了他提出的「慢速多任務處理」的概念。哈福德不只撰寫過多本經濟學書籍，並在《金融時報》有一個名為「臥底經濟學家」（The Undercover Economist）的長期專欄，也是英國皇家統計學會的榮譽研究員。他認為，同時做不同事情可以帶來好處：「我想強調的是，要做好一種重要的活動，同時做兩件事甚至三或四件事，應該是我們的目標。」然而，「同時」並不是字面上的意義。哈福德建議，這些不同事情只應該在時間上部分重疊。我們應該在幾分鐘、幾小時，或是幾天內保持專注在一件事上，但在幾週、幾個月和幾年內嘗試做不同的事情。例如，你可以將所有的工作和興趣列出來，然後嘗試將一整個禮拜盡可能全心投注在其中一件事上，然後在下一週或下個月，或其他你認為合理的時長，轉而從事另一件事。

每件事情都值得投入時間和注意力。慢慢來，可以進展得更快。「『慢速多任務處理』的概念乍看之下不合理，」哈福德承認：「但我想藉此描述的是，同時進行多項任務，並根據外在情況和你的心理狀態在不同任務之間來回。『慢速多任務處理』的概念之所以會看似不合理，是因為我們習慣在火燒屁股的時候才同時做多件事情。我們沒有時間，所以希望一次完成所有事情。如果願意慢慢同時做不同事情，可能會發現成效超好。」

這種廣義上的多任務處理方式，和大多數人每天同時做不同事情的情況非常不同。哈福德舉了愛因斯坦作為例子。就像許多知名的科學家一樣，愛因斯坦活躍於許多不同的科學領域。「同時研究布朗運動、狹義相對論和光電效應的這種多任務處理方式，和你一邊看《西部世界》，一邊在 Snapchat 上聊天的情況不同。非常不同。而愛因斯坦，怎麼說呢……是萬中選一的天才，他很獨特。但愛因斯坦工作的模式一點也不獨特，這在藝術家、科學家等具高度創造力的人群中非常常見。」

雖然在愛因斯坦的時代，要在多個科學領域做出偉大貢獻要比現在容易得多，大多數長期維持創造力和生產力的成功科學家仍習慣同時研究許多不同主題。二十世紀中期，心理學家伯妮絲・愛伊杜森（Bernice Eiduson）研究了頂尖科學家和普通科學家的不同，並發現同時研究不同主題是一個關鍵因素。這再一次證實，探索能打敗專精，即使在和尖端科學一樣專精的領域也一樣。

有趣的是，愛伊杜森也發現，另一個重要因素是，許多頂尖的科學家需要獨處：「幾乎所有的頂尖科學家都經歷過獨處的時期。在這些時間裡，他們用各自的方式尋找慰藉和娛樂，測試並拓展能力。他們變得對獨處感到自在，並樂於將這些時間運用在幻想、解決問題、閱讀等事情上。」在獨自休息的過程中，這些科學家探索了心智，並學習如何運用創造力和童心。

這個童心的面向也應該成為多任務處理的一部分：「具創造力的人同時從事多項工作，而且他們比大多數人更可能擁有認真的嗜好，」哈福德指出：「創造力往往在你把一個想法從原來的背景中取出，放到另一個地方的時候出現。」當你開始探索的時候，創造力就會到來。

慢速版的多任務處理確實可以帶來好處。我們往往在短時間內瘋狂工作，每幾分鐘就轉而做另一件事，但長遠上卻缺乏變化。慢速多任務處理的目標正是改變這個情況，要求人們在幾小時或幾天內專注做一件事，但在幾週和幾個月內做不同的事。因此，慢慢來吧，讓創造力的流動以緩慢的方式帶領你在不同任務間游走。

練習

學習慢速多任務處理

你正被需要同時處理的不同工作壓得喘不過氣嗎？可以試著放緩工作的步調，在行事曆上給每一項工作整天或整個禮拜的時間。或者你正全心投入在一件事上，卻常常有卡關的感覺嗎？可以讓工作多樣化，提升其中一個次要工作或嗜好的重要性，為此撥出一些專注的時間。試試看用慢速、長期的方式進行多任務處理，隨之而來的創造力將會讓你感到驚喜。

布蘭登・托瑞

(Brandon Tory)

美國軟體工程師暨饒舌歌手

我認為將工作與工作以外的事分開來討論，生活反而會適得其反。我並不把這看作是副業，而把它看作是同時在做兩件我很喜歡的事，從中試著創造樂趣並樂於其中。

我相信，生而為人，我們有能力在一生中實現許多夢想。

多重夢想帶來多元體驗

麻薩諸塞州布羅克頓市，一個無家可歸的孩子喜歡穿梭於電子零件垃圾堆中尋寶。他試著瞭解電腦如何運行、組建和修理東西、參加教堂的電腦夏季課程，並從他購買的一本書中自學如何使用C語言編寫代碼。儘管他喜歡電腦，但他並沒有真正地和其他人提起這件事。「我不想成為書呆子。」他後來解釋道。

一位資深軟體工程師坐在加州庫比蒂諾的蘋果公司總部辦公室。他是C++、Python和Java領域的專家，深受同事們的敬重。他每週末都會開車十小時前往洛杉磯。在那裡，他實踐著對音樂的熱愛，舉辦派對、寫作、錄製歌曲以及在地下活動中表演。他的蘋果公司同事都不知道他對音樂特別有興趣，也不知道他週末會是這樣度過的。他們都只知道他是一位專業的工程師。他擔心別人知道了他的雙面人生活後不知道會怎麼看他。

你可能已經猜到了，這位十五到十八歲之間無家可歸的孩子和蘋果公司軟體工程師是同一個人——布蘭登・托瑞。儘管他的成長很辛苦，但托瑞在MCAS（麻省綜合評估系統）和SAT（學術水準測驗考試）兩方面都取得了相當優異的成績，並獲得約翰和阿比蓋爾・亞當斯獎學金（John & Abigail Adams Scholarship）上了麻薩諸塞大學。他取得了電子工程學學位後，又覺得工程學聽起來不太酷。因此，畢業後，他在音樂領域中做了許多嘗試，儘管早期累積了一些成就，但托瑞還是沒有賺太多的錢，最終在洛杉磯生活的時候破產了。

二〇一六年，他決定運用工程學專業前往矽谷並成為一名軟體開發人員，最終來到了蘋果公司。也是從這時候起，開始每週通勤的日子，過著週間與週末截然不同的雙面人生活，在工程師和音樂家的身份間來回轉換，但他開始感到窘迫又擔心自己另一面會被發現。「我對於自我認同與自我期許有許多矛盾與衝突」，托瑞說道。

「作為一個電腦宅，這個形象讓我有些沒自信，而維護形象的代價則是在許多強烈喜悅的時刻，其實也夾雜著強烈的自我懷疑。」他越來越對這種裝模作樣的日子感到負累。

在他姐姐的鼓勵下，托瑞決定製作一部關於雙重生活的短片。但最終並未完成該短片，也沒有對外發布，而是大膽地將短片製作成嘲弄蘋果公司的一分鐘影片，講述出新世代的工程師和創意產業人員並不認為科學與藝術之間完全沒有交集。他在二〇一九年的一次採訪中說：「我可以是一個來自喜歡饒舌的破落街區孩子，也可以是一個五級機器學習（machine learning）工程師。我要說的是，每個人都有能力這麼做。」他將短片傳送給一些蘋果公司的高層，還得到相當正面的回覆。一位蘋果公司負責 Apple Music 的高層主管吉米・艾歐文（Jimmy Iovine，他本身也是製作人）與托瑞取得聯繫：「當我問他能不能見面時，他說可以，我幾乎要跪下來感謝上帝。」

在艾歐文的指導下，托瑞發展出了自己一套個人哲學，他稱之為多夢理論（Multidream）。他認識到，過著雙面人的生活、兩個生活圈相互隱瞞不僅造成了巨大的焦慮，而且也阻礙了他在兩個領域中的發展。「我內心的工程師希望專注於科學，」他在 Medium 中寫道，「而我內心的音樂家則希望專注於文化和藝術。我後來才瞭解，衝突的本身即是一種藝術。當這之間的界線漸漸模糊，我拒絕再過這種雙面人生活。我絕不是完美的工程師，也不是完美的饒舌歌手，或是完美的丈夫、父親。我認為，生命的秘訣在於讓我們的夢想能夠相互流動並成為彼此的助益。」如果我們給它時間和空間醞釀，夢想會漸漸發展出之間的共同性。不同的夢想開始相互交流與影響，在不犧牲生活中其他面向的狀況下，就能追求許多夢想。

貫穿大多數人夢想的核心價值是創意。我們完全同意托瑞的觀點，多虧了「在科技方面顯著的進步」，創意產業才擁有如此讓人期待的未來。人類的特別之處在於創造力，而隨着我們創建更多的機器學習模型和人工智慧來執行高重複性的工作，這一點變得更加明顯。」托瑞相信，我們也相信，未來世代將不再透過狹隘（且往往無趣）的專業領域來定義全部的生活，而是遵循不那麼線性的職涯路徑，這些道路會分叉、迂迴、彼此交錯、重新接軌，最終引導我們更充分地探索創造力。

此後，托瑞決定再次認真看待音樂。他離開了蘋果公司並回到洛杉磯，現在他在谷歌公司擔任資深人工智慧軟體工程師，同時專注於他的音樂事業。他充分實現了他的多夢理論，並找到了內心的平靜和不同熱情。

練習　夢想可以不止一個

你上次自豪地向同事談論夢想是什麼時候？分享你對工作之外的興趣和熱情能拉近你與同事間的距離。意識到你不必為了專注於一個夢想而放棄所有其他夢想，可以同時實現它們。讓這些夢想相互激勵，在一個領域習得的技能能應用在另一個領域上，將一項工作的留白時間拿來作為另一個夢想的工作時間。這裏的關鍵是認識到這並不在不同的模式之間快速切換。正如托瑞所說：「如果追求卓越的代價是要我們付出一切，這樣的切換始終是有缺陷的。」相反地，你會發現自己的夢想不是毫不相關的，而全都是相互關聯的。如果你能夠找到它們之間的連結，這些夢想上的付出和進步都是可以相互助益的。

暫停一下，擺脫困境

創意是關於找出不同事物之間的連結。接觸各種興趣讓我們有機會認識更多不同的事物並且發展出意想不到的連結。但是，無論有多少連結，如果我們試圖強行實施尚未設想周全的計畫，或者太過專注於細節而總僅止於空談的準備階段，這只會讓類似的創意想法連結在一起，導致思維僵化和過時的創意。要真正找到有趣的連結，需要與工作保持一些距離來得到嶄新的視野。

這可以在許多不同的面向上進行。在微觀層面上，當我們覺得身心疲憊或陷入困境時，可能只需要休息一小時，或是花幾分鐘的時間做一個能夠轉移注意力的活動，例如在大自然中散步，將自己從眼前的問題中跳脫出來一下，能讓我們在回到工作崗位時用時新的視野面對問題。在中級層面上，可以安排一段一天至一到兩週的休息時間，這可以幫助從問題中暫時抽離，在各種想法之間找到更深刻的連結。最後，可以考慮延長休閒時間，至少數週以上。尤其是當與長期旅行相結合時（稍後將探討），這是一個可讓你獲得新視野的好方法，並與我們平時的思維模式相脫離，這是一種非常有效的籌劃方式，並能帶來非常有創意的想法。

但瞭解休閒的重要性只是第一步。真正去實踐它、完全相信其重要性並忽視與之相關的污名又是另外一回事了，這是需要練習的。慢慢的去掉幾個世紀以來的道德觀念的誤導？除了在個人層面上，也需要從社會層面上來改變。

在超級工作狂模式下，在醞釀創意的過程中，我們時常在準備和衡量可行性的階段賦予太多壓力，只是因它們是現行的難題，所以將精力花在準備和評估階段是好的，反而忽略了花時間醞釀創意和靈光一現的重要性。努力不懈的工作，強行解決當前問題，並試圖以純粹的工作量來彌補想法上的匱乏，這不僅會使工作得很痛苦，而且會適得其反。諷刺的是，在許多情況下，汲汲營營地追求效率反而產生了反效果，也無法讓我們獲得更深刻的見解。那些知識型工作者領著薪水做的創意產業，既不是線性的也不是累積性的。無論累積投入多少時間在工作上，都不一定會有突破性的發展。

格雷厄姆．沃拉斯（Graham Wallas）在發展他的創意理論時就認識到這一點了。物理學家赫爾曼．馮．亥姆霍茲（Hermann von Helmholtz）也是如此，沃拉斯對此作了以下引述：「在對於在對各項問題進行研究時……有趣的想法毫不費力地湧現，就像靈感一樣。就我而言，靈感和創意從來沒有在我的心很疲憊時或是坐在工作桌前時出現……而是在一個晴朗的日子裏，爬著鬱鬱蔥蔥的山時，它們就自己找上我了。」要醞釀創意並且獲得啟發，我們需要休閒、暫時脫離工作生活、嶄新的視野。休息是創意過程中的基本因素之一。

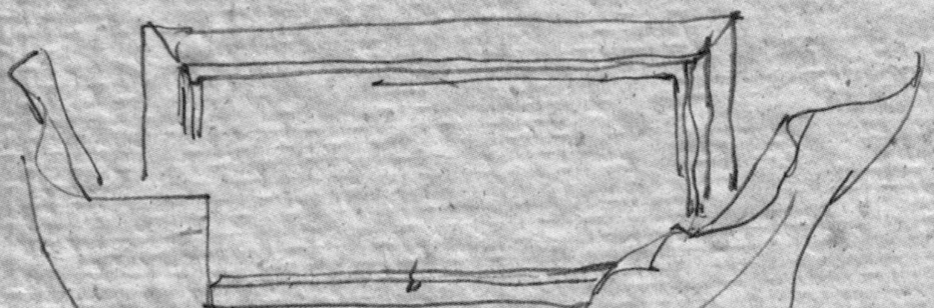

4

用心休息

別怕把時間空下來，
包括每天一小段的空白或是在生涯中暫停，
專注在每一個當下的擁有，
隨著身心境的轉變，自然地放下不需要的人、事、物。

歇一歇，沒關係的

麥克斯已經思考了好幾個月，還是想不到好的點子。他已經花了無數個小時讀書，翻遍許多學術期刊。不讀書的時候，他也一直在思考，反覆斟酌腦子裡的問題。麥克斯完全知道要解決的問題是什麼，也很想解決，但就是想不到該怎麼做。

麥克斯是一名AI研究人員，他正在嘗試解決的問題，和如何在每天會用到的許多AI應用程式上呈現資料有關，像是搜尋相似的影像、在串流平台上推薦歌曲或電影，或是提供照片的建議標籤內容。為了打造這些功能和其他相關功能，資料科學家建立了他們所處理資料的「地圖」（技術上稱為潛在空間）。在這些地圖上，位置越接近的兩個事物，其所代表的資料就越相似。問題是，在既有的演算法中，這些地圖可能會被扭曲，或是存在隱藏的「深谷」或「山峰」，影響到系統提供結果的準確性。這就像Google地圖上顯示要到你想去的地方最近的路徑只有一百公尺，但沒提到必須跨越一個很深的山谷，並爬上陡峭的岩壁才能到達。資料科學家們在資料地圖上就遇到了這樣的問題，而麥克斯正嘗試改善這點。

麥克斯知道怎麼找到這些深谷和山峰所在的位置，但困難之處在於如何將這些資訊納入距離的計算中。他需要一個扭曲地圖的方法，讓計算出的距離更能反映現實，用數學計算來說，就是他想要把潛在空間涵蓋的距離也計算進去。麥克斯已經想這個問題想了好幾個月，進展卻十分有限。於是他拋下工作，出發去爬山。

箱根是日本中部一個以溫泉和富士山山景聞名的地區，是週末旅行的理想地點。麥克斯和他的朋友綾子盡情享受了這趟小旅行，第一天先是在山景環繞的戶外溫泉好好泡了澡，然後隔天踏上一趟長長的爬山路程。麥克斯的思緒似乎離工作、數學和那個惱人的資料地圖問題遠得不能再遠。他專心投入在與朋友的對話和爬山過程中，小心不絆到陡峭山路上的石頭和樹根。但就某個瞬間，一個想法突然閃現在他的腦中。

那時麥克斯和綾子已經在山裡走了幾個小時，正在想怎麼回到旅館。他們查看了在遊客中心拿取的公車地圖。那份地圖採用十分簡單的手繪風格，並未完全按照地形的比例繪製，故意要凸顯最重要的景點和道路。綾子提到她最近讀了一本關於地圖製作歷史的書，說：「人們以前習慣在地圖上把被視為較重要的事物畫得比較大，這不是很有趣嗎？」就在這時候，麥克斯靈光一閃，彷彿電光石火，某個東西快速地從天而降，隧道盡頭出現光亮一樣，問題的解決方法出現了。

被稱為「示意地圖」的主題地圖以特定性質決定不同地區在地圖上的大小，像是某地區的 GDP、人口或是農業生產量。麥克斯意識到，他可以用一樣的技巧去解決他看似毫無相關的資料呈現問題。如果在資料地圖上有一道「山脊」，他可以破壞那片山區，讓山脊兩側的定點離得更遠。山峰越「高」，兩點之間的距離就應該越遠。

回到他居住的東京之後，麥克斯只用了幾天測試他的想法，並發現這個方法十分可行。在做了幾個實驗和更詳細的分析之後，麥克斯和兩位同事一起撰寫了關於這個新方法的一篇學術文章。這些結果都從他在箱根爬山時一個突然出現的想法而來。他只是需要暫停工作，以在工作上取得進展。麥克斯只是需要一點休息的時間。

一萬個小時？還是四個？

生物學家達爾文（Charles Darwin）一天只有三個九十分鐘的時段在工作，其他時間都在散步、小寐或是陷入沈思。作為最多產且才華橫溢的思想家之一的亨利．龐加萊（Henri Poincaré），每天只在早上十點到中午，以及下午五點到七點之間工作，讓他的腦袋有足夠的餘裕思考問題，其他時間則由潛意識接手。無獨有偶，數學家戈弗雷．哈羅德．哈代（G. H. Hardy）相信，每天四個小時專心工作已經足夠，花太多時間過度「忙於工作」只會帶來反效果。

結果顯示，達爾文、龐加萊和哈代是對的。如果足夠專心、花精力在正確的事情上，並且有充足的休息，四個小時就足以讓我們有所成就。這個每天工作四小時的概念，恰恰與我們當前越忙越好的工作文化背道而馳。

心理學家安德斯．艾利克森（Anders Ericsson）和其同事發表的一份研究導出了著名的「一萬小時成功原則」。該研究被大量引用，並因社會學家麥爾坎．格拉威爾（Malcolm Gladwell）在其著作《異數：超凡與平凡的界線在哪裡？》中引述而廣為人知。這個原則指出，任何領域只需要一萬個小時鑽研，就可以達到專家等級。在把忙碌、壓力和過度工作視為美德的當代社會裡，許多人發現這個原則十分受用，有些人甚至將其奉為圭臬。然而，艾利克森的研究也顯示，要讓鑽研的努力具有成效，每天花的時間必須有所限制，而四小時似乎是個理想的長度。

更有趣且經常被忽略的是，該研究也指出，頂尖菁英有不同的休息方式。和一般人相比，頂尖菁英的休閒時間更有條理，且規劃縝密。因此，他們不只專心鑽研，也專心休息。此外，他們每天平均也多睡一個小時。事實上，許多創意人士和成功的領導者在專注工作四個小時之後，會將午睡當成有力的醞釀工具。

如此一來，睡眠便成為專注工作時段之間的休息時間，將一個工作天分成兩半，塑造出「兩輪制」的工作時程。有些人甚至進一步提高睡眠的功用，像是畫家達利（Salvador Dalí）奉行「休眠之鑰」的做法，讓自己進入催眠狀態（介於清醒和熟睡之間的過度狀態），以得到創意十足的靈感。

休息具有生產力

人們往往把休息和工作視為相反的概念。人不是在休息，就是在工作，產出東西。但把工作和休息分開對立是一個現代社會的誤解。如果將「工作」定義為產出和創造的過程，而不是大多數人從早上九點到下午五點所做的事，那麼休息其實和每天忙著做的事情一樣，是工作的一部分。

有很長一段時間，人們以為大腦通常在休息的時候會停止運轉。然而，在越來越先進的大腦影像技術的幫助下，神經學家得以觀察大腦的活動，發現令人意外的事實。十八世紀的詩人威廉．古柏（William Cowper）曾寫過「不工作並不是休息；空洞的大腦是令人痛苦的」，而他是對的。研究人員發現，休息中的大腦並不是一片空白。在休息的時候，大腦的活動並未降低，而是轉移到不同區域。這些在休息時活躍的大腦區域後來被統稱為「預設模式網路」。

進一步的研究發現，預設模式網路不只十分活躍，而且也非常重要。南加州大學神經科學家瑪麗．海倫．

以莫迪諾—楊（Mary Helen Immordino–Yang）和其同事發表的研究指出，預設模式網路的活動與智力、同理心、情感判斷，以及整體心智和精神健康有極高的關聯性。結果顯示，休息對於健康、身心發展以及生產力都十分重要。

要取得極佳的工作成果，特別是那些與創造和創新有關的工作，休息和花時間勤奮工作一樣不可或缺。在休息的時候，大腦會專注於鞏固記憶，並悄悄地尋找我們所遇到問題的解方。一旦預設模式網路開始活動，直覺便會掌控全局，而創造力和解決問題技巧會變得更為非線性，在乍看較不相關的事物中找到關聯性。如果你曾經在散步或洗澡的時候，有過令人驚喜的白日夢或頓悟的經驗，那就是預設模式網路活動的結果。在感覺放鬆的時刻，預設模式網路會悄悄的為你正嘗試解決的問題，或正苦苦索求的創意突破找到大方向的策略。但如果你的思緒遭到外界干擾，這個過程就會受阻。因此，有效、專心的休息並不是放空看電視、滑 Tinder，或是在 YouTube 上播放一個又一個的貓咪影片。

研究顯示，創意人士大腦的預設模式網路發展得更為健全，讓他們得以在休息的時候更有成效地工作。有趣的是，創意人士大腦的預設模式網路的某些區域比一般人更不活躍。他們負責潛意識評估的左側顳頂區域似乎較少活動，不怎麼壓抑想法，使得這些想法能躍升到大腦意識中，最終造就了那些思考突破的時刻。

多花時間休息、減少工作時長不只能提升創造力和幸福感，也讓在工作上花的時間更有效率。網路開發公司 Basecamp（原名 37 Signals）曾經做過縮短工時的實驗，將週末延長為三天，並發現「工作四天和五天能完成的工作量幾乎沒有差別。長達三天的週末讓員工能在週一回到工作的時候更神清氣爽、更快樂，並在每星期的四天工作日中更努力且更有效率地工作。」

一旦你開始認真多找出時間休息，就會立即在工作上看到成效。自我設定的時間限制會讓你只專注在重要的事情上，並重新評估工作方式和方法。你會比較不可能落入裝忙的陷阱，安排沒有必要的會議，或是反覆調整投影片上的圖片，而是踏實地把事情完成。你會更意識到時間的真正價值，而不只是把時間當成交換薪水的工具。時間是對你個人十分寶貴的東西，必須被用在你認為最有意義的事情上，而將時間用在熱衷的事物上，正是讓創造力突飛猛進的關鍵。

亨利・龐加萊

(Henri Poincaré)

法國數學家、理論物理學家、博學者（1854年4月29日～1912年7月17日）

通常在處理一個困難問題的時候，一開始並不會有任何良好的進展。這時你需要休息，長或短都好，然後重新坐下來處理問題。關鍵的想法會突然出現在腦海中。我們可以說，由於工作遭到中斷，休息重新給了大腦力量和精神，使得工作的成果更為豐碩。

工時長，不等於生產力高，休息不等於偷懶

在花了整整兩個星期，嘗試證明一種數學函數不可能存在卻徒勞無功之後，亨利．龐加萊（Henri Poincaré）做了許多人都做過的事，他喝了太多咖啡，並因此躁動不安地躺在床上，盯著天花板看。突然之間，他腦中的想法開始變得有道理。與其證明這種函數不存在，他發現應該採取相反的方式。在他昏昏欲睡的時候，龐加萊感覺他有信心可以證明富克斯函數的一種子集的存在。隔天早上，他「只花了幾個小時寫下這個結果」。

不久之後，當龐加萊在研究一個富克斯函數的衍生問題的時候，他剛好必須踏上一趟地質調查之旅。他寫道：「這趟旅行讓我忘記了我的數學工作。」然而，龐加萊回憶，旅行了幾天之後，他正要登上一台巴士，「在我把腳放到台階上的瞬間，那個能夠解決問題的想法突然出現，跟我當下在想的事情完全沒有任何關係。」

旅行回來之後，龐加萊驗證了新想法，隨即又陷入了另一個難題：「由於受不了一直毫無進展，我到海邊待了幾天，想其他的事情。一個早晨，當我在懸崖邊散步的時候，一個想法浮現在腦中，和先前的頓悟一樣簡短、突然，並且立即得到肯定。」

龐加萊是數學和科學領域中最多產、影響力最深遠的學者之一，對學術研究眾多且多樣的貢獻不可勝數，幾乎遍佈所有領域。前面提到龐加萊對富克斯函數的研究，最終證明了困擾數學家們好幾個世紀的「費馬最後定理」。他本人也提出了一個著名的難題「龐加萊猜想」，克雷數學研究所甚至為此提供一百萬美金的解題獎金，足見這個難題的重要性。這個難題最後由俄國數學家格里戈里．佩雷爾曼（Grigori Perelman）在二〇〇六年提出最終證明。如果要列出並解釋所有龐加萊的成就，可能要足足寫上好幾本書。

同時，龐加萊也是少數深信直覺和潛意識力量的人。他相信休息對支持這些力量的重要性，直覺和潛意識是龐加萊最仰賴的生產力工具的一部分。

龐加萊每天只工作兩個時段：早上十點到中午，以及下午五點到七點。在兩個工作時段之間，他刻意讓自己的潛意識工作，給想法醞釀和成熟的空間。他大量且影響深遠的成就證明了這個方法的有效性。

整體看來，龐加萊自成一格的慢速多重作業方式被形容像是一隻從一朵花飛到另一朵花的蜜蜂。美國數學家埃里克・坦普爾・貝爾（Eric Temple Bell）形容龐加萊是「最後一位普遍主義者」。從事不同的工作讓龐加萊的潛意識得以解決與當下工作不相關的問題，並同時蒐集新的啟發，為他的其他研究授粉，最終結成果實。

龐加萊認為，最具成效的休息是「介於兩段集中精神工作的時期之間」。其中關鍵是達到良好的平衡。工作和休息在生產力和創造力，以及有成就感的生活中都扮演重要的角色。

練習

將一天工作分成幾個獨立的部分：短時間內高度集中精神，並穿插適當的休息

你上一次花一、兩個小時專心處理一個問題是什麼時候？寫下你正在嘗試解決的一個重要問題，然後花兩個小時專心想這個問題。讓自己不受任何干擾，但也不要過度強求。如果你感覺完全卡關，先暫停一下，讓你的潛意識工作。這裡說的不是拖延，而是適當的休息。在讓潛意識掌控局面之後，你可能會因為先前無法解決的問題如此輕鬆地迎刃而解而感到驚訝。

休息是積極活動

「做一件事時最好的休息，就是做另一件事，」加拿大神經外科醫師懷爾德．潘菲爾德（Wilder Penfield）在他的文章〈閒散的功用〉中寫道：「嚴謹地運用閒散時間能讓你加深學問，使你成為更有效率的專業人士、更快樂的人，以及更有用的公民，並幫助理解世界上的其他事情，拓展可用的資源。」聽起來很有說服力。

精神器官會疲勞、需要充電是一個常見的誤解。這個說法只有一部分是對的。實際上，腦袋需要的是變化。因此，在休息的時候積極從事活動並不會影響隔天早上的工作表現，反而會讓我們運作得更好。當大腦沉浸在一個全然不同的挑戰時，潛意識會得到全然釋放，去處理先前遇到的問題（醞釀的過程），而不會受到大腦意識接受的新刺激干擾。

許多重要的科學家都是活躍的音樂家、藝術家或運動員。麥克斯發現高強度的混合健身運動，以及烤麵包或做音樂帶來的沉靜力量對他最有效果。約翰喜歡做巴西柔術，或是舉辦精緻的晚宴，讓創意人士可以互相交流，啟發彼此。

你可能已經在先前介紹的一些人物故事中發現，長長的漫步是許多歷史上偉大人士的共同嗜好，且許多深刻的思想都是在散步中誕生的。除了前文提過的例子，德國物理學家海森堡提出「不確定性原理」、愛爾蘭數學家漢彌爾頓發現四元數、匈牙利建築學教授魯比克設計出魔術方塊，都是散步催生出的成果。「當我的雙腳開始移動的時候，我的思緒就開始奔馳，」美國作家梭羅曾如此說過，他也是個散步愛好者。

科學支持梭羅的看法。運動能刺激腦部深層結構的可塑性，直接增進腦部的活動，就像改善肌肉和心血管系統一樣。在運動期間，體內的神經營養因子（促進神經元生成和成長的蛋白質）會大量增加。此外，耐力運動會刺激釋放鳶尾素賀爾蒙，促進身體製造腦原性神經營養因子（最活躍的神經營養因子之一）。換句話說，運動會刺激大腦生長，並形成新的連結，有機會解決讓人卡關的難題，達到新的創意突破。

此外，運動也能舒緩壓力，並協助加強面對未來壓力的忍受力。因此，大腦能直接受益於我們在休息期間從事的活動，進而提升生產力和創造力。儘管可能乍看之下不合理，這樣的活動正是大腦從工作復原時所需的適當休息。

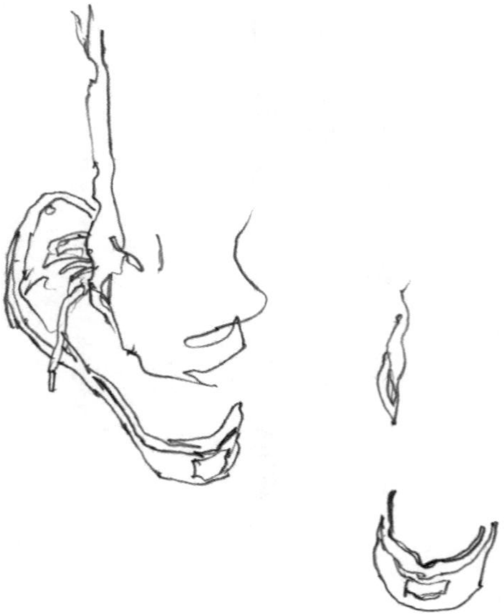

Take Time off

把這本書闔上十五分鐘，
然後做一點小運動。

休息解壓的四大要素

當談到休息，你會聯想到什麼呢？在樹蔭下的吊床上來一個無憂午睡？漫不經心地在沙發上馬拉松式追《歡樂單身派對》？休息並不只是休息，而且並非所有休息都是有效的，例如花三小時上網與好好睡覺、散步的休息品質可不能比。我們都了解有品質的休息有利於提升生產力和改善整體健康，而這個「休息」也可以是動態的活動。但究竟良好、有品質的休息定義是什麼呢？

正如方洙正（Alex Soojung-Kim Pang）在其著作《休息：少勞高效率的秘密》（暫譯，原文為 Why You Get More Done When You Work Less）中指出，根據研究顯示，有四個主要因素可以良好的休息品質和疲勞恢復：

- **放鬆**——給自己心靈和身體平靜下來的時間和空間。
- **掌控**——自主決定如何分配時間與精力。
- **精通**——精進具挑戰性的技能，讓自己進入心流狀態。
- **抽離**——因為太專注於某件事而完全忘記工作的狀態。

由此可見，假如對休息的定義只限於放鬆，那麼就忽略了良好休息中其他四分之三的重要組成因素。

掌控：在日常生活中，有許多事情其實都是我們無法控制的，老闆做了一個完全無視你過去三個月辛勞工作的決定；客戶在案子結束前一刻才更改計畫內容；深不可測的冰島火山突然大爆發，癱瘓了歐洲所有的航空交通，讓你在最糟糕的時候受困於海外。以上的這些困境不但會帶來壓力和分散注意力，而且還會讓你的精力與創意一掃而空。

為了平衡這一點，在休息中加入一些能夠控制的元素是很重要的。例如對於繪畫烹飪和音樂的熱忱，完全是在自己的掌控之內的。即使是一趟沒有計畫的冒險旅行，決定權仍然掌握在我們自己手裡，這與在工作上要配合公司政策，決定權掌握在老闆上的情況完全不同。在休息時，如何分配時間、精力和注意力應由自己決定，這種形式的休息能幫助充電，為接下來工作上各種無法預測的混亂困境做好準備。

精進：雖然演奏樂器或寫詩也是完全在我們自己掌握之內的事，但有掌握權並不代表這些是容易學習的技藝。儘管聽起來有點矛盾，但這些活動卻是休息方式之一。真正的休息可以是動態的活動，這涉及了「成就經驗」的概念，在難度未高到讓人想放棄的情況下，精進即具有挑戰性的技能和能夠令你進入心流狀態。

在約翰的巴西柔術術課堂中，他會花好幾小時來研究一種特定的技術來提升技能。當與訓練夥伴對戰時，他一定得全神貫注，否則便會迅速被對方擊倒。正因為訓練過程讓他心無旁騖，把其他一切雜念驅除，沒有空間去思考工作，因此每次訓練過後都讓他感到神新氣爽。由此可見，花時間與精力精進技能或興趣，是休息不可或缺的組成部分。

抽離：接下來要進入構成良好休息最終也最重要的要素『心無雜念」，放開工作或其他正擱在一旁的事情，是讓身心休息和疲勞恢復的關鍵。這樣說好了，你能夠做到從工作中「登出」嗎？正如莎賓・桑尼塔格（Sabine Sonnentag）在一份關於抽離狀態的重要性的研究中指出：「據實驗研究顯示，下班後能夠將自己從工作狀態中抽離的員工，對自己的生活品質更滿意，心理壓力也相對低，而且抽離狀態並不會影響工作時的效率與專注度。同時研究亦指出，下班後將自己工作狀態中抽離與工作表現之間有正向關係。」

很多成功人士的一個常見特質就是他們能夠在兩個完全不同的狀態之間隨意快速轉換，要嘛是在精神上的要嘛是肉體上的全心投入的「開機狀態」，要嘛是在平靜和抽離的放鬆狀態下完全「關機」。不過對於大部分人而言，生活大多是處於類似兩者之間的狀態，要嘛「半開」要嘛「半關，」，從來沒有完全開機或關機過，也不曾體驗過從這兩種極端狀態中獲得的好處。

無論是晚上、週末，或者是長假時，訓練自己完全與工作切割，是培養抽離狀態重要的技巧，在關鍵時刻全神貫注，不需要特別專注時又能有效率地恢復精力。最具創意和最有效率的工作者就是那些在休息時能夠將自己的插頭拔掉完全「關機」的人。

良好的休息並不僅是身心放鬆，它可以是動態又極具挑戰性的，刺激我們進入先前提到的心流狀態，心無旁騖，完全專注於當下，人在無聊狀態時產生的潛在焦慮在此刻完全不存在。也因為休息可以是動態的活動，你的休息方式也許是別人的工作模式，其實有時候所謂的良好的休息不過就是各種方式要素都適量的來一點。

索倫・奧貝・齊克果

Søren Kierkegaard

丹麥哲學家（1813年5月5日～1855年11月11日）

在我看來，在所有荒唐的事物中，最荒唐的似乎莫過於汲汲營營，做一個為了工作和溫飽庸庸碌碌的人

怠惰不是一切罪惡的根源；相反地，它是唯一真正的良善。

塞滿時間的不是努力，是恐懼

每一個稱職的農夫都知道，不能總每年都在同一塊田栽種相同的農作物，而又期待年年豐收。因為這樣做會耗盡土壤養分，增加土壤侵蝕和害蟲侵襲的機會。相反地，聰明的農夫會有系統性地輪流耕種不同農作物，讓各種農作物在不同季節依序生長。透過這種交替模式，泥土的養分得以恢復，也讓農田整體更加健康、收成更好。依照季節週期依序栽種合適的農作物，那麼農作物甲在泥土釋出的養分便能為農作物乙丙丁提供營養，這樣個做法比只讓泥土自行恢復養分聰明得多，而這種簡單又有效的方法，實際上早在公元六百年前的古中東就出現了。

作為存在主義哲學創始人的齊克果，他相信這種輪作原則不僅適用於農業，也適用於人類思想上的追求。齊克果出生在哥本哈根一個非常富裕的家庭，他的餘生以父親的遺產為生，你可能會想說那好好休息對他來說應該再容易不過了吧。在他生命早期，這個弱小的孩子就被死亡的陰影籠罩，在他二十二歲之前，六個兄弟姐妹中就有五個離開了人世。也許是因為如此，齊克果對於必須在自己死前留下生命軌跡痕跡的想法有些癡迷，而他選擇了以哲學來實踐這條道路。

齊克果認為無聊是人類許多問題的真正根源，甚至把它稱為一切罪惡的根源。但是需要澄清的是，齊克果對於無聊的概念與我們平時聽到這個詞彙詞語時所產生的聯想可能有所不同。事實上，他所談論的並不是怠惰、靜止、或是所謂的「正念」。他在一篇名為《作物輪耕》的論文中寫道：「我們習慣說的怠惰是罪惡之源。為了阻止這股罪惡，我們需要付出努力。不過，怠慢本身並非罪惡根源；相反地，如果如一個人從來不覺得無聊，那才是真正絕佳的生活。」我們把無所事事視為是罪惡的行為這個思維真的是大錯特錯了。問題是無聊，不斷地渴望做點什麼，生活被不間斷的活動塞滿，對於沈靜感到恐懼，那才是真正的問題。

齊克果表示：「非常有趣的是，儘管無聊本身具有沉著和鎮靜的作用，但它同時亦具有這種讓人渴望找點事來做的意念。」他說道，真正的閒暇本身就已經夠令人滿足，因此不會特別想再去做什麼。不為未來擔憂，感受此時純粹的當下。

不知你有否發現那些像孩子一樣擁抱當下的人，總是能從平凡生活中找到無比樂趣，即使是看起來毫不起眼的事物裡。當在現實生活中感到焦慮時，齊克果憶起自己的孩童時光：「把一隻蒼蠅當成囚犯一樣抓起來關在小盒子裡，再看著它在裡面飛來飛去，以前光是這樣就玩得不亦樂乎。」以提醒自己，要活在當下，就像孩子一樣完全沈溺在跟一隻蒼蠅玩一樣。他在《憂鬱的概念》（The Concept of Anxiety）中寫道：「滿足的時刻，便是永恆。」

齊克果早就洞察到閒暇是創意與想像力的核心，但現今對閒暇（或稱無聊）感到恐懼，好像它是什麼多糟糕的事情一樣，對於這種思維，齊克果分享了數學家布萊斯．帕斯卡（Blaise Pascal）的名言：「就像過動症一樣，人類的所有問題都是源於無法獨自安靜地坐在房間裡。」

你應該不難想像有人可以感官過度刺激同時又覺得無聊，我們對這種感覺再熟悉不過了，儘管手機震震通知不斷，無盡的社群網路動態等著，還有沒完沒了的工作等著完成，不過你還是感到難以置信的無聊。讓我們有這種感覺的，實際上是由於情感空虛，而非無所事事。

即使在一八〇〇年代，齊克果也已經意識到忙碌的是一個問題。在《非此即彼：一片生命中的碎片》（《Either/Or : A Fragment of Life》）中，齊克果這樣寫道：

這種無法靜下、非得做點什麼的狀態，將人拒於探索精神世界的大門之外，這種狀態使人類與其他動物無異。有些人擁有將一切轉化為商業營運的卓越天賦，於是他把生活也當成是一種商業營運，說個笑話，這些人戀愛、結婚，欣賞一件偉大的藝術作品，跟在辦公室工作時用的是同一股熱情。拉丁語中的 otium est pulvinar diaboli「閒置是惡魔的枕頭」說的沒錯；然而對於一個不感到無聊的人，魔鬼連躺在這個枕頭的時間也沒有。但有鑒於現今人們認為工作是人類必然的命運，他們認同工作而否定怠惰也是必然的。

儘管那句拉丁名言已經有二百多年之久，但其在現今世代的適切性卻是有過之而無不及。我們把閒暇和無聊的定義混淆了，而將工作提升到幾乎神聖的地步。

精神輪作，回復心土活力

再回來談談精神輪作，齊克果認為，就如農作物輪作一樣，透過腦力活動與工作計畫之間輪流交替，我們可以找到無限的創意，也能避免感到無聊。假如在一項活動中腦部運作開始變得緩慢，無法突破瓶頸，那麼便是時候停下來，讓自己休息一下。不過齊克果也警告，這個休息必須用得其所，否則只會帶來更多的無聊。而如果以無聊為藉口，繼續同時進行多重作業又缺乏休息，那麼這個休息的意義便形同虛設。

他所建議的精神輪作是既有系統性又設想得想當周到的方法，精神輪作的動力是閒暇而非無聊，「我說提倡的方法並不需要改變土壤本身，是如同得宜的農作物輪作一樣，以不同的培育方法和農作物搭配來達到最大效益。這種方法中的『限制原則』是可以改變世界的思維，這種明確地限制時間與工作項目的原則，著重的是深度而非廣度。」齊克果的作物輪作概念與提姆．哈福德（Tim Harford）的「慢速處理多項任務」理念非常相似。尋求從無聊中釋放出來的方法不是去做一千種不同的事，而是一心一意地去做幾件事，給這些事應有的時間，完成後才前往下一項。

令他所建議的輪作更有條不閒和深思熟慮地運作的是閒置，而並非無聊：「我提出的方法並不包括改變土壤，而是如同適當的作物輪作一樣，包括改變耕作方法和作物種類。這個限制原則是世界上唯一的拯救方法，這個原則的終極界限，是透過廣度而非強度來尋求緩解的方法。」由此，齊克果的作物輪作概念與提姆．哈福德（Tim Harford）的「慢速處理多項任務」（slow–motion multitasking）理念非常相似。要從無聊狀態中解脫的的方法，不是一口氣去做一千種不同的事，而是神貫注地去做單單幾件事就好，好好花時間在一件事情上，完成後才繼續做下一件事。

練習

套用輪作法

在一段特定的時間內限制自己只做幾項工作就好，甚至只有一項也可以，但要讓自己全心投入地做，在這個限制與專注當下的時刻中找到自由和喜悅。當成效漸緩，便暫時放下這項工作轉而投入其他工作項目，同樣地全神貫注。與其不斷地多重作業，不如套用齊克果的專注循序性工作方式。如同輪作方法，你在一項工作上的努力付出也可以是下一項工作的養分。

建立轉場的留白界線

即使意識到休息的重要性，休息的時間也不會奇蹟般的出現，尤其是當我們的工作態度就是越忙越好的時候。

因此，空出休息時間是自己的責任，或者就如方洙正（Alex Soojung–Kim Pang）所說要「守護」休息一樣：「要認真休息，首先要意識到它的重要性、為自己爭取休息的權利，在生活中騰出、捍衛休息時間」。故此，我們必須拒絕支持「新工作態度教派」的教義。

就如注意力一樣，透過建立習慣和例行公事，也可以有效地守護休息時間，免受周遭環境企圖從我們的身邊奪走休息時間。這雖然有點違反直覺，不過我們的確需要在休息上投入更多時間，以免受到工作的蠶食。特別是在家工作或對自己工作充滿熱情的人，更需要認真而主動地看待這個問題，積極地安排休息時間。

提前結束工作時間也能對效率帶來正面效益。已故著名作家厄內斯特・海明威（Ernest Hemingway）採取的就是這種方式，他常常以放著沒寫完的作品來結束一天。沒做完也無妨，如果你已經清楚地知道下一步該怎樣做，那麼於翌日開始工作時便會充滿能量，不會有腦海一片空白的情況出現。

此外，這策略更能夠為你的潛意識和預設模式網路（Default Mode Network 是一個與大腦各區塊有高度交互作用的大範圍網路）提供燃料，幫助提升創意、完成創作。雖然要在適當時間堅決的放下工作需要一些自律，但這個決定將會帶來極大的回報。為自己規劃一個小型的停工儀式，清楚制定一個由工作到休息的作息時間表，例如寫下一個翌日的行程表、在日記中為某一天訂定一些提醒通知，甚至只是提醒自己要為桌上的植物澆水也可以，這尤其是對於一些在家工作，沒有「通勤儀式」的人來說特別有效。

休息對於我們來說實在是太重要了，因此需要對此作出悉心安排和適當保護，絕對不能讓它在行程表上缺席。例如，需要為它騰出時間，就像進行會議或埋首工作時一樣。假如很多人都將工作時間視為他們的「一天」，那麼我們更加要將閒暇時光視為「一天內的另一天」，並為此爭取充足時間。

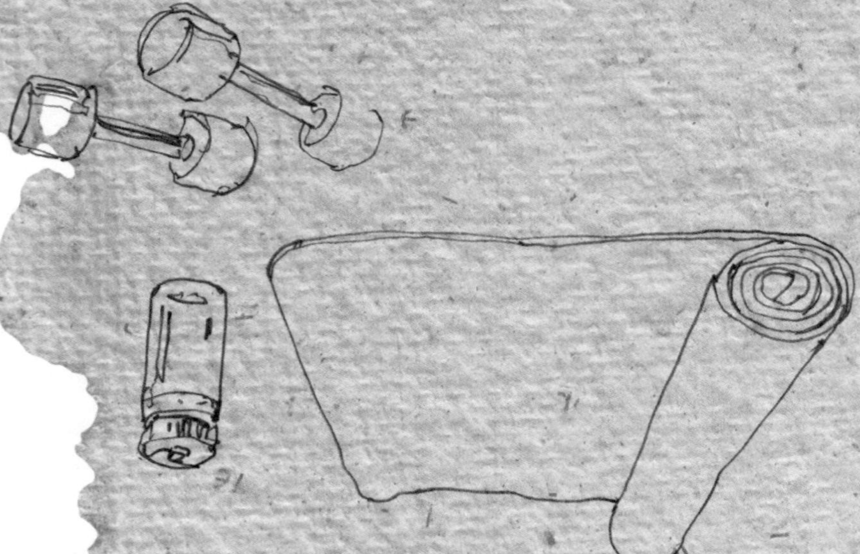

5

運動使腦袋保持新鮮

許多人透過健走或慢跑來減輕壓力，找回平靜，
當人的壓力很大時，大腦一定也備感壓力，
而運動正是放鬆腦部的最佳方法。

健身也健心

創立於二〇〇九年，Strava（這個詞在瑞典語中是「努力」的意思）迅速成為世界上最大的運動社群，尤其受到跑步及自行車愛好者的歡迎，他們使用 Strava 提供的服務追蹤並記錄自己的運動歷程，也與自己的朋友們分享。Strava 希望大家透過運動提升生活品質，同時讓運動本身變得更有樂趣。Strava 團隊本身也採取這種生活方式，包含 CEO 詹姆斯．奎爾勒斯（James Quarles）在內，毫無例外，大家都把運動當作生活的核心。

在成為 Strava 的 CEO 之前，奎爾勒斯早已是科技界響噹噹的一號人物。他曾擔任 Facebook 的歐洲區總監及 Instagram 業務的副總裁，與其他高科技業界的管理者不同，奎爾勒斯重視工作及生活之間的平衡，把家庭及健康看得跟成就同樣重要。每天早上，他會趁三個孩子起床之前出門跑步，藉由運動帶給自己一整天正向積極的心情，接著全家人一起享用一頓美好的早餐。

每日通勤時間也是奎爾勒斯鍛鍊身體的好機會。他會騎腳踏車去車站，帶著腳踏車一起搭車，出站後再騎腳踏車到辦公室。他曾說過：「腳踏車通勤是我最重要的生活習慣之一，即使碰到下雨也照騎不誤，我準備了很棒的防水雨褲，我很享受呼吸新鮮空氣的感覺。」抵達辦公室後，他隨即展開忙碌而緊湊的一天。從早忙到晚，一如絕大多數的管理者。好在有這一套簡單的日常規律，奎爾勒斯在開始工作之前，就已經先運動了兩回。

在繁忙的工作中，星期三是唯一的例外。他安排自己在午間從事運動，而且鼓勵全公司的夥伴一起運動，每個人的行事曆上都會有一格「Strava 每週運動時間」，這不僅有助於凝聚團隊向心力，也能幫助大家的大腦重新開機，以最佳狀態回歸下午的工作，當然要好好沖個澡，並且吃一頓營養的午餐。

無論奎爾勒斯的行事曆多滿，他總是盡力搭上傍晚五點五十八分的火車回家，堅決不讓工作影響到私人生活。平日的健康晚餐多半由其他家庭成員準備，每到週末，奎爾勒斯有更多時間可以運用，他喜歡親自下廚。整體看起來，奎爾勒斯的夜間生活一點也不像是個忙碌的企業 CEO，反而更近似一般的顧家好男人。他說：「我的夜晚非常充實，有很多你們想得到的事情要做，說故事、閱讀、看孩子寫作業、哄孩子睡覺。我只是從白天的工作模式，切換為夜晚的工作模式而已。」奎爾勒斯將作為 CEO 時抱持的工作態度，充分轉化為留白時間的休息態度。

無論位居高科技業的管理者或其他任何職位，想要長久穩定地保持工作效能，絕對需要在兩者之間取得平衡。奎爾勒斯深知這一點，並且貫徹在自己的生活中：「對我而言，健康生活的核心在於平衡、能量與意識。所謂平衡，指的是確保不同面向的生活不會互相侵擾。至於能量，則是主動思考提高自己動能的方式，比如健身、野營、跑步、騎腳踏車、伸展運動及重量訓練等等，營養也很重要。」忙碌的生活中，很容易就忘記攝取營養及健康的重要性，而這也會反過來影響工作能力。為了避免這種情況，必須建立規律的生活型態，將休息態度視為不可或缺的一部分。

保持健康的體態與專注力

運動大有好處，大部分的人也都知道，無論是否實際付諸行動。要活就要動，成天坐在椅子上不僅危害健康，也會讓人失去創造力。

這方面的科學實證顯而易見。運動能夠活化腦部，跟改善心血管系統一樣，提高腦內結構的靈活度。運動的時候，人體會製造大量神經營養因子，這是一種促進神經元生成及生長的蛋白質。此外，耐力運動也會釋放出鳶尾素，觸發產生腦源性神經營養因子（BDNF），而 BDNF 也最活躍的神經營養因子之一。或許你不是神經科學家，而這些術語已經搞得你頭昏腦脹，只要記得一件簡單的事：「當你出門運動時，腦內神經會建立新的連結，讓你變得頭好壯壯。」運動能夠讓腦袋瓜裡的精華永保新鮮，如此一來，便能面對更多複雜的挑戰及計畫。總而言之，主宰生產力及創造力的大腦，會因為運動的好習慣而直接受惠。

暢銷作家方洙正在他的著作《用心休息：休息是一種技能，學習全方位休息法，工作減量，效率更好，創意信手拈來》（Rest：Why You Get More Done When You Work Less）中證實，運動不僅能強身健體，也能強化我們在工作中的表現。他說：「面對職業生活中的壓力及挫折，這是一個非常有效的辦法。運動可以幫助你活得更長久、更健康，也能幫助你維持工作所需的知識水準及創造力，讓人生更精彩。」

方洙正在書中列舉多位重量級人物，諸如美國前總統巴拉克．歐巴馬、最高法院法官艾蕾娜．凱根、電腦科學之父艾倫．圖靈、加州大學洛杉磯分校教授暨諾貝爾化學獎得主唐納德．克拉姆，他們都會刻意替自己安排運動時間，讓自己能隨時保有最佳的工作效率。即使我們未必渴望達到這些人的成就，也能從規律運動中得到好處。人的一生中，難免都會碰到壓力及困境。劇烈運動為身體帶來可預測且可控的壓力，強化身心，讓我們能夠優雅地處理那些難題。

幫助重新設定與轉換意識

無數研究顯示，運動不僅能強化大腦耐力、提高智力，還可以提供創造性工作所需的耐久度及心理韌性，無分年齡及運動技術。相信大家都很清楚運動對身體的好處，不必再多贅述，這邊想要進一步強調的是運動對創造力的影響。

運動可以說是一個極其好用的工具，能夠幫助我們暫時脫離繁瑣的日常，強化大腦表現，並且以一個全新的視野看事情。從事運動，絕對不會是浪費時間。方洙正也提到：「當我們看到有人能端出世界一流的工作表現，同時身體又保持在活躍的狀態，實在不必太過驚訝。應該要知道，他們之所以工作表現高於常人，正是因為他們身體狀態活躍。」換句話說，若想要有世界一流的表現，盡情發揮個人潛能，你必須拿出對待工作的態度，認真看待運動這件事。不僅僅是碰巧有空的時候動一動而已，你要更積極地安排自己的運動時間。

許多成功人士宣稱他們藉由冥想提升專注及創造力。然而，靜靜盤腿坐在地面，將注意力完全放在呼吸上，這恐怕不是每個人都吃得消的事情。如果你也是這麼想的，不妨將運動視為一種積極形式的冥想，你將從中得到許多相同的益處，比如清除雜念及轉換觀點。與其說「盡量節省力氣，別管那些瑣事」，不如說「盡情釋放力氣，甩開那些瑣事」。想要讓手上的工作動起來嗎？先讓你的身體動起來吧！

運動不僅能鍛鍊肌肉，也能砥礪人格和毅力，這正是在當今市場生存的必備條件。當你為馬拉松或武術比賽之類的挑戰而鍛鍊自己，你將再一次學會設定目標的方法，重新認識決心的重要。將想法從零轉變到一的過程，是改變世界的原動力，但若沒有將想法付諸行動的紀律，這一切將僅止於紙上談兵。

越是將運動融入休息態度的一部分，越是能夠讓你展現出自己應有的能力，這部分的成果最終也會轉化為你的工作態度。利用白天運動絕對不會是浪費時間，相反地，運動可以提供創造力及自信，幫助你從容完成一整天的工作。

最後說一件或許沒那麼容易發現的事，無論在戶外或室內，若有教練相伴一同運動，會有一個額外的顯著好處，尤其是那些喜歡親力親為的企業家及創意工作者。那就是學會放下控制，接受他人的幫助與指導。在通往成功的路上，這是相當重要的一步。與教練融洽互動的能力，也會表現在跟團隊夥伴及客戶的溝通之中。

當然，不需要每天都抱持著參加比賽的態度，也能從運動中獲得好處。甚至恰恰相反，事實上，應該要充分休息、自我修復、保存力量，將最佳狀態留給最重要的日子發揮，對於創造力來說也是如此。沒錯，用功努力是件好事，但未必所有事情都需要被視為經典大作，而且，也不可能每一件事都那麼重要。有時候，隨手畫一些粗糙的線條或意味不明的塗鴉也不賴，這有助於放鬆我們心智上的肌肉，不需要為此感到有罪惡感。如此一來，才能維持永續而不間斷的運作，讓我們能繼續向前邁進。

頂尖運動員和他們的教練都知道，如果讓每一次訓練都有新鮮感，就能創造最大的效果。如果今天的訓練使你感到乏味，隔天表現馬上會受到影響。西洋棋八冠王暨太極拳世界冠軍喬希·維茲勤在其著作《學習的王道》（The Art of Learning）中提到：「幾乎在所有領域中皆然，最傑出的人總是懂得如何善用自己的恢復期。」他還說，恢復的越好，潛力就越大。他的這番建議，也適用於最強壯的當代角力鬥士。

費拉斯・札哈比

Firas Zahabi

加拿大武術家，同時也是教練和健身中心老闆

持之以恆，比強度更重要。高強度的訓練只能偶一為之，把身體推到極限需要付出代價，沒有誰有辦法每天都高速衝刺。

以身體感受心流

在費拉斯．札哈比的三星健身中心裡，學員們可都不是等閒之輩，史上最偉大的綜合格鬥運動員之一、曾在終極格鬥賽贏得多次中量級與次中量級冠軍的喬治．聖皮耶就來自這裡。身為聖皮耶的教練，札哈比深知成為世界級運動員的條件。綜合格鬥比賽有點像是當代的羅馬競技場，不難讓人聯想到無時無刻不停歇的各種激烈訓練。札哈比卻不來這一套，他說：「我相信不造成身體負擔才是最重要的。當然要認真訓練，但是隔天早上醒來，不應該感到一絲痠痛。」

在培養喬治．聖皮耶這樣的世界冠軍時，他的最高指導原則就是不要過度訓練。「恢復至關重要，」札哈比解釋：「壓力加上恢復，等於適應。但是壓力加上壓力，等於受傷和訓練中斷。如果把時間都花費在慢慢康復，你也很難真正從訓練中獲得好處。」訓練自家的運動員，他採取兼具挑戰性及體力管理的方式。「體力管理」是什麼意思？札哈比以簡單的引體向上為例解釋給我們聽。

「這樣說吧，我要你做引體向上，你的極限是十組，當你做到第十一組的時候就不行了。那麼在我們的訓練中，我應該要求你做十組嗎？不，我會讓你做五組。如此一來，隔天你還是有辦法做五組。一段時間後，就可以進展到每天六組。等到六組對你來說也很容易時，就可以推進到每天七組。」使用札哈比這一套體力管理的策略，訓練將可長可久。無論什麼領域，持之以恆都很重要。

如果動不動就將自己推到極限，會需要很多天才能恢復，而且有可能受傷或突然失去動力。札哈比進一步闡述：「如果你在星期一就做了十組引體向上，肌肉痠痛會一路持續到星期四，從星期一到星期四，你總共就只做了十組引體向上。相反地，我每天做五組引體向上，到了星期四的時候，我已經做了二十到二十五組，訓練量比你還要多。如果我們計算一整年下來的成果，誰訓練得比較多？當然是我，你連我的車尾燈都看不到。所以真正的問題是每週訓練多少，對你來說是可以負荷而且享受的呢？」

健身應該是一件很享受的事，甚至會讓人上癮！健身能幫助你完成很多事，同時建立穩定、健康且永續的生活習慣。簡單來說，當你健身到有一種「健身嗨」的感覺，就代表差不多了，可以結束今天的運動了，別把自己逼到累個半死的狀態。札哈比將這件事稱為認識你的「運動自覺強度」，對於確保頂級運動員的訓練安全來說，這是不可動搖的原則，跟運動表現的進步一樣重要。

札哈比將「運動自覺強度」的概念與心理學家米哈里・契克森的心流理論做連結，試圖描述這個理想位置。所謂「心流」正是一個恰到好處的狀態，不偏不倚，恰好處在焦躁與無聊之間。如果某件事情太費力，你會感到焦躁不安；如果事情太簡單，你又會覺得無聊。但若恰好處在心流的甜蜜點上，程度剛好與難度相輔相成，這會讓你感到愉悅。找到自己在不同事物上的心流，可以讓你更加快樂且更有效率。另一方面，如果訓練過頭了，容易使我們無法穩定保持下去。健身房文化中，過度訓練時有所聞。這是因為每個人能力不同，心流也不同，許多人去健身房運動，會一不小心就把自己逼到焦躁的境地，因而無法正確地用身體去感受努力的成果。他們把自己搞到筋疲力盡，將健身與痛苦當作同一回事，對於習慣的養成來說，這麼做有害無益。札哈比的建議是，找到你自己的心流所在，提高工作效率。

首先，使心流發生的事物必定是你所喜愛的，速度也在你自己的掌握之中。規劃工作與健身的時間安排，不要太難，也不要太簡單。如此一來，這個體驗將充滿樂趣，讓你很快就想要再重溫一遍。札哈比表示：「心流這個概念太厲害了，我們每個人都處在流動的狀態，有自己的心流，而時間則在流動間自然經過。糟糕的健身體驗讓人度秒如年，因此你必須掌握恰到好處的難度，既不會覺得喘不過氣，也不會覺得了無新意。健身理應是一件會上癮的事。如果每個人都對健身成癮的話，每個人都能擁有健康的體態。札哈比認為，所謂的訓練應該成為一股拉力，讓你隨時都想去從事它，如果沒有辦法持續穩定地進行，永遠都不可能登峰造極。

當然，札哈比並不反對強度訓練。但他說得很清楚，強度訓練必須謹慎而為。札哈比說：「每隔一段時間，當條件提升時，就可以進行強度的提升，然而萬變不離其宗，依然要維持穩定的訓練量並保有樂趣。」透過這套以心流為核心的方法，使得札哈比和聖皮耶得以完成大量訓練，並且取得成功。

用心經營並保護我們的心流，有助於我們以積極熱情的狀態踏入辦公室及健身房。從長遠的角度來看，持之以恆總是比短時間蠻幹更有效，毫無例外。

練習 認識自己的極限，並在舒服的前提下試著拓寬它

下次去健身的時候，試著多留意你的「運動自覺強度」，千萬不要讓自己超過那個極限。每個人天生的能耐不同，所以務必誠實地去感受自己的狀態，在受傷前立刻停下來。至於訓練的強度，若以十分來算，抓七分左右即可，把重點放在養成持續穩定的習慣。當你達到能力與強度配合恰到好處的心流狀態時，就是你進步的時候，未來的七分，會比一開始設定的十分大得多，不必急於一時。你將為自己爭取到更多有品質的生活時間，各項健身訓練也開始越來越讓人欲罷不能。如果你不知道如何適可而止、及時喊卡，不妨想想如何把這份熱情存到明天吧。

Take Time off

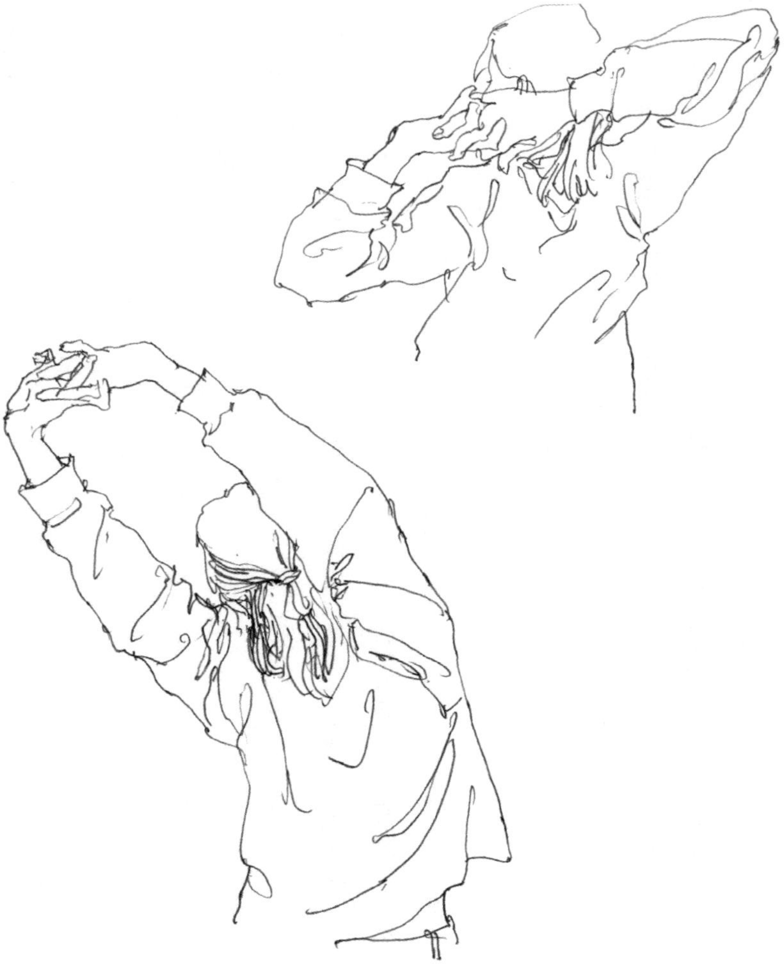

何不先暫時放下這本書，然後
活動一下筋骨

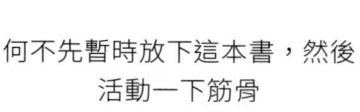

為大腦預存退休帳戶

「我願青春永駐。」巴布．狄倫這麼唱著。儘管運動不能讓你永遠保持大學時期的面容，這已經是我們（至少目前）最能接近狄倫夢想的方式了。多運動不僅給你好體態，也能讓大腦健康靈活。如此一來，直到老年你都能持續創造新事物、解決問題並且保持敏捷。

「運動可以帶來極大的改變，其中最重要的一項，就是對大腦產生保護作用。」溫蒂．鈴木在她的TED演講《運動對大腦的好處》中特別提到這個論點。鈴木說：「你可以把大腦想像成肌肉，時常運動鍛鍊它，你的海馬迴和前額葉皮質就會越來越強壯。」強壯的大腦不僅對當下生活有幫助，也是為遲早必須面對的神經系統變性疾病及認知退化做好準備。「你沒辦法治好老年癡呆或阿茲海默症，」鈴木說：「但是你可以讓自己的海馬迴及前額葉皮質更強壯，如此一來，這些疾病會比較晚才找上你。你不妨將運動當成是為你的大腦存一個加強版的退休帳戶，不賴吧？而且還不用掏錢，現在就辦一個吧！」

鈴木將運動類比為退休帳戶，提供了一個強大的動機，讓人想要立刻離開沙發，揮汗運動一場。每當我們從事健身、慢跑、重訓、健行與舞蹈的同時，都是在為大腦存入無形的財富。當你不想運動的時候，想想這一個帳戶吧。你會把錢存在利息是負值的地方嗎？不會嘛！所以千萬別這樣對待你的大腦喔。

鈴木的論點不僅適用於年輕人及外向的人，也適合成年人及已經有癡呆跡象的年長者。「跟大家報告一個好消息，」鈴木說：「根據研究，即使是被診斷出老年癡呆或阿茲海默症的七十五歲年長者，在三個月健身鍛鍊之後也從中獲得好處。」那些勤加運動的患者不僅減緩了心智機能衰退，很多人甚至逆轉了退化的進程。鈴木總結道：「他們告訴我說，想要從運動中得到好處，永遠都不嫌老。」無論你現在幾歲，只要還沒有養成運動的習慣，就是踏出第一步的最佳時機！

如果你還是有一點猶豫，或者找不到強烈的動機，請記住，想要讓身體及心智青春永駐，除了動起來之外，沒有更好的辦法了。運動不僅讓你在短時間獲得快感，也能提供長期的保護機制，延緩老化的發生。讓你即使進入老年，頭腦都還很清楚，並且充滿創造力！

養成運動的習慣，變老也可以是一件很優雅的事。你可以實驗不同的強度模式，從中獲得不同類型的生產力提升效果。

泰瑞・魯道夫

Terry Rudolph

澳洲量子物理學家

工作的時候，我需要很長一段不被打擾的時間。基本上，這是一個心理層面的問題。如果行事曆上還有其他安排，即便我確實有一段時間不被打擾，光是知道這段時間即將要結束，就足以造成我的困擾。

如果你不曾理解何謂『留白時間』，你恐怕很難體會它的重要性。

擁有完整、自由、自主支配的時間

鏡頭轉到非洲，一小撮人聚在馬拉威偏遠山區的小屋子裡，沒有電也沒有自來水。角落裡閃爍著火光，卻不足以照亮其中一人在小白板上快速寫下的字，其他人盡可能站到白板旁邊，以自己的手機提供光源，試圖理解現在發生了什麼事。他們並不是一群流浪者，也不是計畫潛逃的罪犯，他們都是量子物理學家，世上最頂尖聰明的一群人，被泰瑞．魯道夫找來參加這個名為「量子馬拉威二〇一三」的研討會。

誠如研討會網站上所說的，這個活動的宗旨在於「鼓勵參加者展示新的研究成果，或者新的研究方向及部分成果，並運用充分時間進行討論」。想當然，他們有非常多時間。每天僅安排兩場討論，一場在早上，另一場在晚上。其他時間，科學家幾乎可以選擇徒步旅行，或搭車、搭船、搭飛機從一處移動至偏遠的另一處地點，也可以坐在篝火邊烤肉，盡情享用當地人提供的美食。泰瑞在電話中笑著對我們說：「多數時候，我們只是在想辦法活下去」。儘管如此，他與其他參加者都很懷念那一場研討會。「我們進行了許多學術討論，我也學到了很多東西！」他記得有一個參加者某天晚上說：「坐在這個地方，感覺身邊有一半的人未來會拿到諾貝爾獎。」泰瑞接著開玩笑說：「我不知道他是不是喝了太多奇怪的非洲酒啦！但我也有相似的感覺。」

當泰瑞不在非洲大陸上冒險時，總是在努力地解開量子力學背後的深奧謎團。他是倫敦帝國理工學院的量子物理學教授，同時他也是麥克斯的博士學位指導教授，想找到泰瑞是一件很不容易的事，你永遠無法確定他究竟身在哪個國家，甚至無法斷定他位在哪一塊大陸上，而且他只會偶爾回電子郵件，唯一值得慶幸的是，他給予指導學生同等的自由度。當你找到他的時候，他會全心投入，與你進行深刻的討論，不會三不五時瞄一眼電子信箱或手機。泰瑞沒有使用社交媒體，電子郵件之類避免不了的事務，則盡可能累積到一定程度再統一一次處理，此外，他總是有辦法推掉各種行政管理類工作。他說：「我總是把責任丟回去給那個把工作送來給我的人。」我們都該把這一招學起來，下次有人試圖替你增加工作量時，問問自己，有沒有什麼辦法讓這個人自己完成？這麼一來，你不僅能在當下獲得多出來的留白時間，從長遠的角度來看，還可以建立起一個「很難拗」的名聲，使其他人不會再拿無聊的事情來煩你。

泰瑞有意為之，因為深度思考才是他真正的工作。泰瑞需要很長一段不被打擾的時間，最好是完整的幾天。他說：「就算三個小時也不夠，因為當行程表上規劃得很清楚，接下來有一個會議要進行，這種必須中斷思考的狀態會使得工作成效大打折扣，所以我會盡全力確保自己握有非常大塊的時間可以運用，不讓自己被其他事務影響。」沒有安排其他行程的一整天，他可以完全進入另外一個層次的思考模式。遺憾的是，作為一名教授，他必須帶領龐大的研究團隊，也必須負擔相當程度的教學工作，想要「完整的一天」變得越來越困難。他坦言：「大學內部的行政運作充滿官僚體系的慣性，事務總是十分瑣碎，讓人很難保留完整的時間，而教學時間表則根本無法自己掌控。」

儘管如此，泰瑞終究逃脫了在學術殿堂裡被瑣事蠶食鯨吞的命運，暫時離開教授的職位，休息一段時間。二〇一七年，他和幾個同事一起創立了量子電腦公司 PsiQuantum，旨在打造世上第一台商用的量子電腦。他們在網站上大膽宣稱，他們端出來的成品會是「第一台能夠廣泛運用在各種領域的量子電腦」。對你來說或許有點遙遠，但這可以說是人類的一大步，未來有機會在藥品開發、氣候建模、密碼解構中提供突破性的幫助。這間位在加州帕羅奧圖的公司至今仍十分低調，為的就是避免被行銷事務和不必要的媒體關注打擾。泰瑞說：「一旦開啟了公關遊戲，就必須陪他們玩下去，精力有限，不值得花在那上面。」他們吸引全世界最頂尖的物理學及工程學人才，建立了一支近一百人的團隊。

或許你會猜想，經營這麼大一間公司，行政上的煩人瑣事不會比學校裡少吧。然而，泰瑞非常重視這一點，因此在公司草創的時候，就預先建立了一套獨特的文化及行事方式，避免這種狀況發生，從而讓大家獲得大量不被打擾的時間，得以進行深度工作及解決問題。星期二早上及星期四下午正是所謂的深度工作時間，泰瑞說：「絕對不可以安排任何會議。」同時，他們也對休假抱持開放的態度，只要不影響工作進度，想休多少天就可以休多少天。許多 PsiQ 的早期員工是矽谷的資深工程師，泰瑞開玩笑地說，關於「如何運用休假」這一門課，他們簡直必須打掉重練、從頭學起。泰瑞發現，「如何運用休假」也存在著國籍差異。「歐洲人該休就會休，美國人就比較需要強迫他們休。」泰瑞微笑著補充：「靈活的休假政策對工作很有幫助。將來，當我們打造出世界上第一台通用的量子電腦，我敢說，成千上萬家公司都會想要模仿我們的制度。」

無法停止思考，就把注意力放在身體上

泰瑞對設法改造身體的生物駭客社群頗有意見。「矽谷這裡的人們熱衷把生物駭客技術用在自己身上，他們寧可把時間花在這上面，而不是去釐清自己的行事曆中的輕重緩急，他們浪費掉的時間根本足夠搞定一些鳥事了！」他最喜歡的生產力工具之一就是出門跑步。事實上，他針對不同的需求，為自己設計了兩種截然不同的跑步模式。「一個是『清除雜念模式』，我會非常專注在跑步上，用心思考自己踏出去的每一步。我不走冥想那個路線，因為我沒辦法做到腦中『空無一物』，但是當我專注於跑步時，就能達到相同的效果。專注跑步

這件事本身，停止思考任何與工作相關的事。既然無法停止思考，乾脆把注意力放在自己的身體上！」有些時候，泰瑞會預先準備一個問題清單，讓自己一邊跑步、一邊思考。

這時候，我會跑得慢一點。一邊跑步、一邊思考的好處在於遠離手機及電腦的干擾，也把筆記本暫時放下。大部分的工作跟計算過程都寫在我的筆記本裡，心理上，當我一把東西紀錄下來時，大腦就會覺得「好囉，那我就不用繼續儲存這件事囉。」然而，有些事情需要掛在心上，反反覆覆思量才有辦法解決。有可能是數學，也有可能是物理學，或者任何你想得到的學科。跑步的時候，你不可能握著紙筆，當然也就沒有機會寫下來，所以不會一不小心在細節裡迷失。你必須不斷思考最重要的部分，所以我要做什麼？我要達成什麼樣的目標？你會把注意力放在事情的全局上。

對泰瑞來說，深度思考的最大障礙來自忙碌的生活及碎片化的時間，他說：「在許多有正常工作的人眼中，學術界的人好像總是閒閒沒事，但其實這才是最有創造力的狀態。我常常會思考到一半就離開辦公桌，到懶骨頭上躺一躺，看起來像是在打瞌睡。然而我並不是想放空，錯了，我是想要閉上眼睛，好好思考一些事。減少來自外界的刺激，我的大腦可以運轉得更快。」

或許我們都應該騰出多一點時間，閉上眼睛，躺進懶骨頭，讓自己沉入深度的思考之中。獨處，正是最合適的狀態。

練習

有時專注在跑步上，清空思緒；有時一邊慢跑，一邊在不被打擾的情況下思考問題

如果需要清空思緒，可以挑戰看看專注於運動的感覺，除了運動當下的狀態及感覺之外，你無法去想其他事情。如果你想利用運動時間提高生產力，可以預先為自己設定一些明確的問題，利用不受干擾的留白時間，遠離任何教人分心的事物，或者好用但會限制你思考框架的工具，在鍛鍊身體的同時，用更全面性的角度思考這些問題。如果不習慣跑步也沒關係，換成任何你喜歡的活動即可。

6

和自己相處

獨處時能以更廣闊的角度來感受自己，
並對讓自己開心、難過、生氣的事物有更深的認知，
不被焦慮追趕或是急於尋求陪伴，不用為任何事抱歉，
做些讓自己真正開心的事。

想成長，先學會獨處

兩千多年前，亞里斯多德在他的著作《政治學》中提到：「人類天生就是社會性的動物。」在物種演化的非常早期，社會連結是人得以存活下來的關鍵：一旦被趕出部落，你馬上會成為老虎的大餐。社交對人類而言，幾乎和水一樣重要，少了它，人類恐怕無法活過早期的環境，更別提創造出文明、科學、藝術及當代生活賴以維生的偉大成就。人之所以演化出巨大的腦容量，也跟社交天性及語言溝通需求有關。

在這個前提之下，我們很容易就認為群體行動是人類生活最自然的狀態，而所謂的獨處，則是違反天性的行為。「然而，所謂社交大腦、社交荷爾蒙及社交認知能力的論述有其限制」心理學家亞當・魏茲（Adam Waytz）提出警告：「證據顯示，社交狀態並非簡單、自動且能夠無限發生，我們的社交大腦、社交荷爾蒙、社交認知能力必須先被觸發，然後才能真正發揮作用。」沒錯，人是社交的動物。但是我們的社交天性仰賴正確的環境，時而群聚、時而獨處，保持在一個正確的平衡上。

「艾薩克・牛頓渴望它，亞伯特・愛因斯坦也是，亨利・卡文迪許及保羅・狄拉克積極地推廣它。沉默，時常與獨處一同發生，在物理學的歷史中反覆出現。」費利西蒂・梅洛在其刊載於《物理世界》的文章〈沉默的力量〉（The Power of Silence）中如是說。然而，當前的學術研究環境卻與這個狀態背道而馳。即便是世界級的大學及研究所，他們理應是深度思考的殿堂，卻也逐漸淪為集體思維主導的喧鬧工廠。大量參與外部委員會、公關活動、審查流程、政策制定，似乎是越來越無法避免的趨勢。梅洛認為，這個現象十分教人憂心。「以英國為例，當今學術研究政策被導向『沉默』的對立面，這是很危險的，所有事情都會相互作用，這麼做，可能會使物理學失去這個提供創造力的先決條件。」所謂的「先決條件」，就是獨處。這是一種特殊的沉默狀態，使我們的思想得以恣意遊蕩探索，不受外界事物打擾。

交流當然有其重要性，科學一直是集結眾人的努力成果。然而，如今資訊溝通的管道已經多到失控的地步了。梅洛並不否定交流的重要性，而是呼籲大家保持「平衡」，她說：「當然要交流，但是要用物理學家自己的方式，讓每個人都感到舒服的方式進行。」她擔心科學家們已經失去了這方面的主導權，以探測到希格斯玻色子聞名的彼得．希格斯近期表示，在當前的研究環境底下，他不可能完成當年讓他贏得諾貝爾獎的工作。他認為，六〇年代那種平和靜謐的研究氛圍已經一去不復返了。近年來，不少諾貝爾獎得主也都發表了類似的論點，表明獨處對於概念發想的重要性，並且感嘆我們太低估了獨處的重要性。

許多研究顯示，合作及偶然交會迸發出來的火花確實很重要，有助於交換重要資訊及激盪出新的點子，但是對於深度及突破性的思考卻沒有幫助。大部分工作都需要獨立完成，獨處顯然成為了一種當代的珍貴資源，很多人已經用完了。

梅洛在文章的最後作出總結：「刪除演講中沉默的時間，只會留下語無倫次的喃喃自語；刪除科學研究中沉默的空間，結果恐怕只會剩下滿滿的噪音。」我們完全同意梅洛的觀點，而且這種現象不單單發生在科學研究領域，也出現在各種需要創造力的領域。真正有創造力的工作及想法能夠誕生，先決條件是擁有足夠的時間進行獨立思考。

Take Time off

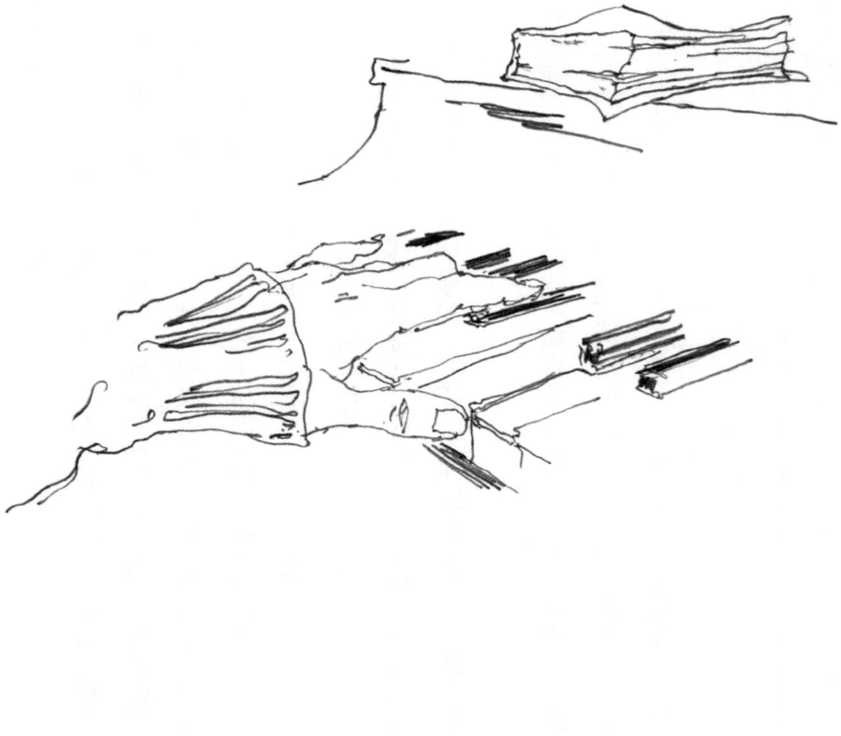

先暫時放下這本書，然後
獨自從事一件你喜愛的活動，比如寫寫日記，
或者走入自然、放鬆踏青。

藝術家最好獨自工作

多數人並不認為自己是藝術家，但是幾乎所有知識密集的工作都需要創造力，在某種程度上也是藝術家，無論創作的媒材是程式碼、商業計畫或是人際互動。蘋果電腦的共同創辦人史蒂夫．沃茲亞尼克相信：「藝術家的工作需要獨處，如此一來，他們方能完全掌控新事物的設計方向，不受到行銷部門或其他人的影響。」他鼓勵未來的創新者「獨立工作，創新者將為世界設計出革命性的產品，前提是你要獨立工作，而不是跟團隊膩在一起。」獨處提供不受拘束的實驗環境，沒有人看到你搞砸了，沒有人質疑你那些古怪的想法，也沒有人對你的做事方式指指點點。

換言之，獨處有助於原創性的誕生。在《獨處七日：找回被剝奪的心靈資源，全新思考、理解自己、靠近他人》（Solitude : In Pursuit of a Singular Life in a Crowded World）中，作者麥克．哈里斯指出，唯有獨處，在沒有任何外部介入的情況下，我們才能找到自己真正獨特的聲音，並且用自己的創新方式表達出來。他表示：「我們需要建立嶄新而堅固的『怪咖蟲繭（Weirdo Cocoon）』，讓最私密的自己在裡面找到樂趣。」試著獨處，找到（請一定要對自己誠實）真正喜歡的事物，然後讓頭腦完全沉浸在其中。給自己多一點時間，你就能擺脫那些讓你無法盡情發揮創意的限制。

在創意工作的初期探索階段，我們發現主動作為做準備、去驗證，及被動狀態是打磨想法、靈光乍現，二者之間的平衡至關重要，另外還有一個重要的平衡，就是交流與獨處。藉由交流，可以獲得刺激及靈感，但是一旦得到了這些資源，應該趕緊回到自己的頭腦裡，在自己的「怪咖蟲繭」裡轉化為自己的東西。我們需要讓大腦自由地去檢視這些想法，不受他人控制及阻礙。

遺憾的是，這對許多人來說並不容易。我們太輕易就喪失了或者根本拒絕獨處的能力。大部分的人因為理解得不夠全面，而將獨處與寂寞視為同一種東西，但兩者並不相同。心理學家克里斯多福・隆恩及詹姆斯・艾佛瑞爾指出：「獨處與寂寞相比，通常是一個積極的狀態，需要人自己主動追求，而非設法避免。」哈里斯也說：「寂寞是一種失敗的獨處，獨處應該是自給自足的，儘管不容易達到那個境界。」脫離與人交流的渴望，讓人的思緒沉浸在獨處而非寂寞的溫柔浪花之中，這很困難，卻也因此顯得彌足珍貴。

讓內在的沈靜消化外在的紛繁

持續不斷的外界刺激將我們困在當下的現實世界，除了「這是什麼」之外，無法思考其他問題。只有身在獨處的環境裡，能避開這些刺激及干擾，讓思緒自由地徜徉到遠方，提出具有突破性的問題，比如「有什麼可能」。心理學教授卡琳娜・克里斯托夫認為：「讓思緒自由徜徉，旨在不特意審視任何東西。如此一來，就有可能在腦中創造出從未想過的連結。」這不僅有助於創意發想，不受審視的思緒徜徉還可以帶我們到前往一些平時不願意去的地方，這也正是為什麼許多人害怕獨處的部分原因。自我反思，當我們還不太習慣的時候，會產生痛苦及恐懼的感覺。然而，這些痛苦是值得的。沒錯，這有可能帶來空虛感，尤其當我們因為不知道休閒時間該如何打發，而感覺自己的人生毫無意義，但在此同時，我們也會學到如何填補它。如果我們敢於闖入那些思緒中的陰暗巷弄，就有機會在那裡發現名為創意的黃金，更不用說這會是自我成長的一大步。

在《獨處七日》一書中，哈里斯提及談到精神病學家安東尼．史托爾的研究，他在八〇年代分析過許多了不起的藝術家，發現獨處在他們的創作過程中扮演重要的角色。哈里斯也談到匈牙利裔美國心理學家米哈里．契克森的研究，他因心流理論而聞名，他在一九九四年針對青少年進行研究，發現那些無法獨處的孩子創造力比其他人差。哈里斯在兩份研究中找到共通點，推測「只有在獨處下，青少年才有辦法養成創造性的生活習慣，比如寫日記、塗鴉、做白日夢等等，而這些習慣有助於原創性誕生。」誠如約翰．沃夫岡．馮．歌德所說：「人可以在群體中得到教育，卻只有在獨處時才能獲得啟發。」我們需要獨處時的精神自由，而且絕對不僅僅是幾分鐘而已。哈里斯表示：「儘管瘋狂與煩躁的狀態也有可能被當成某種思緒的自由徜徉，但人最需要的是近乎奢侈的一大段空白時間，只有這樣才能產生新的獨到見解，讓思緒去徜徉，需要空間自由解放。」有什麼地方比戶外更自由、更能解放思緒呢？

傳統上，人們總是把大自然與獨處連結在一起。遠離熙熙攘攘的城市及嘈雜忙碌的辦公室，我們很容易在自己的腦海中失去方向。身處大自然中，獨自待在瓦爾登湖畔的亨利．大衛．梭羅寫道：「我喜歡孤獨，我竟然現在才發現孤獨是這麼好的夥伴。」大自然不僅適合獨處，也對大腦很有幫助。史丹佛大學的科學家們發現，即使只是獨自在大自然中健行九十分鐘，都能有效減少負面思考，提升心理的健康。

迷路是獨處的一部分，無論是在思緒中迷路，或者真的在樹林中迷路。時至今日，我們習慣借助 Google 地圖之類的高科技，讓自己不會偏離正道。然而，越是仰賴這些工具，就越容易被外界事物所控制。迷路可能有點不舒服，但這也是體驗的一部分，迷路將帶來成長及發現，讓人往全新的領域前進，這正是能否運用創造力突破既有框架的關鍵。

艾德・伍迪・艾倫

Ed Woody Allen，藝名 Etherwood

英國音樂製作人、創作歌手、DJ

我強迫自己進入工作室，但我對一切都不滿意。於是我認為最好休息一下，做一點無關緊要的小事，等待靈光乍現。

大約在一年前，我去了芬蘭，在小木屋裡待了十天。我住在一個鳥不生蛋的地方，效果非常好，專輯裡大部分的作品都是那短短幾天內寫出來的。

在對的方向上迷路，在靜謐中尋找答案

芬蘭某處荒郊野外，他獨自坐在三溫暖房內，傳統爐火式的三溫暖房，不是使用電力或蒸氣的那種。伍迪離開倫敦，離開工作室和城市俱樂部之間的奔波，離開以 Etherwood 這個藝名做音樂及表演的忙碌生活。在這裡，那座城市的壓力及喧囂都不見了。他在三溫暖房裡坐一陣子，接著隨即跳入一旁的冰水之中，這真的有助於清理思緒，接著他坐在海邊的石頭上，等待日落美景。「太不可思議了，我從未見過這樣的景色，我看到星星的倒影出現在海上，水面滿滿都是星光，簡直太扯了！」那一刻，靈感找上了他。他在腦海中聽見一組旋律，與其說是完整的旋律，更像是一個想法。於是他起身，快速跑回小木屋裡，將這個旋律寫下來，以鋼琴錄製並加入一些和弦。這就是歌曲〈Fire Lit Sky〉這首歌的由來。「天空的顏色不斷變換，讓我想用旋律捕捉下來。〈Fire Lit Sky〉可以說是那趟旅程的集大成之作，對我來說非常重要。」

〈Fire Lit Sky〉並不是唯一的一首，伍迪的第三張專輯，幾乎都是在芬蘭完成的。他將這張專輯取名為《靜止之中》（In Stillness），這是他在與世隔絕的芬蘭式小木屋中創作的成果。二〇一六年十月初，他在自己的臉書動態留下一段話之後隨即人間蒸發：「我逃來芬蘭了，跑到距離赫爾辛基一小時外的小島上，在 Mökki 中待兩個星期，專心創作音樂。除了偶爾造訪的駝鹿與我之外，這裡沒有其他人。如果到了十月底，還沒有任何關於我的消息的話，我想說，我愛你們，我玩得很開心！」他追求獨處和靜謐，選擇與世界斷開連結。「待在那裡的兩個星期，我完全沒有和任何人交談，除了我自己。那種感覺非常瘋狂。我頂多和鹿或鵝對話，不過他們後來大概也被我煩死了吧……」

芬蘭的三溫暖文化非常有名，也深深打動了伍迪。回憶創作這張專輯的種種，他說：「許多旋律都是在三溫暖房裡想到的。現在想起來覺得有點好笑，一個人赤身裸體坐在蒸氣氤氳的三溫暖房裡，待在裡面的時候，你會進入一個特別的狀態，感覺自己非常放鬆，而頭腦非常清楚。音樂就是在這時候鑽入腦海的。我在舒服而放鬆的情境下創作。對許多製作人來說，他們習慣藉由憤怒或熱愛之類強烈的情緒觸發創作能量，我則喜歡頭腦清晰的狀態。」每個人都有不同的觸發因子，讓我們進入靈感源源不絕的巔峰狀態。對你來說，最有用的觸發因子是什麼？無論是強烈的情緒或徹底的平靜，試著為創造更多留白時間，讓創作力得到發揮的空間。

在芬蘭的曠野中做音樂一直是伍迪的夢想。他說：「我從年輕時就想去一趟芬蘭，找一個偏遠的地方，寫一大堆音樂，不需要有任何製作專輯的壓力或企圖。」擺脫壓力是很重要的關鍵，發行第二張專輯之後，他陷入了低潮，想要創作新歌，靈感卻遲遲不來。「就是沒有感覺，我也不想把沒有感覺的無聊東西隨隨便便地丟出來。」他給了自己很大的壓力，花很多時間在工作室，不著自己產出一些新曲子。然而他越努力，就越感覺自己被困住了。這個情況聽起來很熟悉吧？於是他決定前往芬蘭，嘗試一種截然不同的方式。

刻意不設定任何目標，寫完整張專輯並不在他的計畫之內。他說：「我不想用『這次要寫完幾首歌』之類的目標來給自己壓力。那裡沒有其他人，我處於與世隔絕的狀態，那正是最吸引我的地方。一抵達當地，我立刻將手機關閉好幾天，靜靜地坐著，感受周圍的環境。」沒有訂定明確的目標，自在放鬆地獨處。四周盡是美麗的大自然，而不是工作室的水泥牆。忽然間，所有阻礙他發揮創造力的壓力都消失了，腦中浮現一個想法：「這種感覺對極了，跟坐在鋼琴前彈彈寫寫的狀態很不一樣。」感謝這一段自由的休憩時間，他在兩個星期內完成了整張專輯，回到倫敦之後，他只需要進行最後的修整就行了。兩個星期寫出十五首歌是一項了不起的成就，伍迪真的辦到了，卻不是在忙得不可開交的情況下強制產出（他也嘗試過這種方法，但是徹底失敗了），而是讓自己在放鬆的狀態下自然發揮。這張專輯大獲成功，沒有任何倉促的感覺，細細品味，你幾乎可以想像到自己一個人待在 Mökki 中，看著天空慢慢地轉換色澤，星光灑在海面上。

伍迪走入芬蘭曠野，給予自己放鬆的創作空間。這並不是他唯一一個成真的夢想。在二〇一五年的一次訪談中，他談過另外一個夢想。

我有一個浪漫夢想，從年輕的時候就一直掛在心上。當時，有一些嬉皮朋友會開著福斯露營車橫越歐洲大陸，我想：「要是在車後面打造一間自己的工作室該有多酷呀！大自然在我的音樂之中扮演重要的角色，然而下午三點半的倫敦公寓卻很難捕捉到大自然的氛圍，為了營造出這種氛圍，我想開車進入大自然裡，讓整張專輯充滿大自然與旅行的氣息，像是用聲音來寫日記。如果能實現的話，一定會很棒。當然，我可以想像現實的狀況是拖著沉重的工作室努力爬坡，在駕駛座上反覆聽著同一捲錄音帶，皮椅套上面都是汗水，把自己搞得又累又慘，能從布里克斯頓開到坎伯威爾（距離大概兩公里左右）就掌聲鼓勵鼓勵了。但是做夢不用錢，對吧？

他從芬蘭回到英國之後不久，隨即投入工作。儘管二〇一五年受訪時他有一點擔心這個計畫，卻完全照著年輕時的想法打造出了自己的行動工作室。他改裝一輛露營車，滿足自己的需求，然後他便駕著車在西歐的鄉村四處漫遊，追尋靈感、自由與平靜的心。這短期間成績斐然，他創作出了最近一張 EP《在對的方向上迷路》（Lost In The Right Direction），他再一次將親身經驗化為音樂，聆聽他的作品，你幾乎可以感受到那股自由的空氣迎面而來，而你正漫無目的地晃遊在夏日午後的法國田野間。

或許我們都應該讓自己更常「在對的方向上迷路」，從大自然的美好靜謐中尋找答案。在這邊援引一段《靜止之中》這張芬蘭之旅專輯同名歌曲的內容：「被寂靜圍繞著，我發現了真理，四周的靜謐解答了我的青春。」希望我們的青春都能得到解答！

練習

休息一下，在獨處中讓創造力馳騁

離開手上的一切！當你感覺創造力正在流失，讓自己好好休息一下，在大自然中找一個不會被打擾的地方待著，就像伍迪的芬蘭小木屋那樣。不要太期待會有大量產出，讓一切自然而然地發生就好。金錢應該不是需要煩惱的問題，畢竟在大自然中找尋獨處的地方，即便是一個還算舒適的小木屋，也比城市裡的開銷少很多，尤其你在獨處的同時也可以試著採取極簡的生活模式。不需要很長一段時間，伍迪寫完整張專輯只用了兩個星期，因為這一套方法確實有用。一般來說，就算只在大自然裡獨處一天或一個週末，也已經能夠讓你脫離原本的泥淖，拾回未來幾個星期需要的創造力，充飽電再出發。

選擇不去做什麼也是一種勇敢

既然獨處對創造力及成長來說是如此有用的工具，為何我們似乎缺少善用它及欣賞它的能力呢？在我們之前的歷史回顧中，或許找得到可能的答案。就像以前的人們相信閒置的手在為魔鬼服務，閒置的頭腦及白日夢對清教徒來說同樣是有罪的。當人們開始追求可以被看見的忙碌模樣，獨處於沉思變得難登大雅之堂。人們期待忙碌的樣子被看見，這使得獨處的場合越來越難發生。

今天，世界上的人與人高度連結，我們被鼓勵盡可能與人大量互動，「如果把這封電子郵件的副本寄給全公司，大家就會看到我有多辛苦，知道有我有多重要！」這種想法使得獨處的成本看起來異常高昂。然而，缺少獨處的留白時間，最終將對我們自身形成更高的成本，因為我們犧牲了產出偉大想法的可能，以及完成有意義工作的能力。

人際連結及其所運用的科技都很有價值，然而，若是無法與獨處的力量取得平衡，我們很難有效運用從人際連結中獲得的事物。尤其是社交媒體這種新科技可以直接滿足我們對於人際連結的需求，就像是餵大腦吃香噴噴的速食，除了卡路里之外沒有其他營養，最終讓我們變得肥胖而不健康。社交媒體快速且大量地供應膚淺的資訊，容易導致個人憂鬱，甚至讓人處於深深的寂寞之中。諷刺的是，寂寞感原本應該是社交媒體試圖消弭的東西。

卡爾．紐伯特在他的著作《數位極簡主義》（Digital Minimalism）中提到，獨處未必需要物理空間上的分離，而可以是一種主觀的狀態。當你能獨自進行思考，不會受到外界影響的時候，就是獨處的狀態。根據他的定義，就算空間裡只有自己一個人，如果不斷透過網路設備取得與他人的連結，也不能算是真正的獨處。在當今社會，獨處變得越來越難以實現，也比過去更容易讓我們感到不舒服，因為「害怕錯過（FOMO, fear of missing out）」的感覺被放大了，這使得獨處的可能性離我們越來越遠。

我們不僅沒有追尋或享受獨處，甚至將它污名化，與寂寞或隱遁之類的概念劃上等號。「獨處簡直是當代的禁忌！」哈里斯感嘆地說。當今社會中，如果我們沒有在短時間內回覆訊息，或是沒有找到比「今天想待在家裡」更好的拒絕理由，就會得到他人負面評價。獨處儼然成為了一種非常珍稀的商品，如果我們能夠發現並且實踐它，就能從中獲得許多好處及具有競爭力的優勢。

第二次世界大戰期間，德懷特・大衛・艾森豪曾多次躲進一間秘密小屋之中，他在裡面打高爾夫、玩橋牌、散步、閱讀西部小說，那間小屋裡，禁止談論任何關於「工作（例如戰況）」的主題。就連二戰時期的盟軍最高指揮官都明白，獨處時間與暫時抽離的重要性遠高於一切潛在風險，高階經理人乃至於科層體制底下的普通上班族又有什麼好擔心的呢？

每個人對獨處的需求量並不相同，但是性格內向的人尤其可以從中獲得大量好處。在《安靜，就是力量：內向者如何發揮積極的力量》（Quiet：The Power of Introverts in a World That Can't Stop Talking）一書中，蘇珊・坎恩（Susan Cain）提出「療癒角落（restorative niche）」的觀點，在日常生活中創造小小的獨處機會，不僅提供我們沉思事情的時間，也能讓我們的社交肌肉休息充電，在重要的時候好好表現。

格倫・顧爾德是二十世紀最偉大的古典鋼琴家之一，他將自己的成就部分歸功於一件事，他「有一種直覺，你每花一個小時跟另外一個人相處，就會需要再X個小時獨處，我不確定X代表的數字是多少，有可能是二，也有可能是二又八分之七，或者七又八分之二，總之是一個相當大的數字。」捫心自問，你理想的X是多少？

你有得到足夠多的獨處時間嗎？你必須充分瞭解自己的喜好，以及逆著本性所需要付出的成本；你要能區分什麼是自己真正想要的，什麼是需要的，以及什麼是社會對你的期待。「生活的秘訣是讓自己置身於正確的燈光下，」坎恩表示：「對某些人來說，這個燈光指的是百老匯的聚光燈；對另外一些人來說，需要的則是明亮的辦公桌。」

無論你是哪一種人，固定都會需要一定程度的獨處時間。有個簡單的小工具，可以幫助我們我們取得更多獨處時間，那就是一個誠懇的「不」。很少人比德瑞克．西佛斯更懂得如何運用這個簡單的字。

德瑞克・西佛斯

Derek Sivers

美國企業家、作家

小說家想要獨處，沒有人會有意見，但是大家卻期待企業家、軟體工程師及音樂家好相處。我一點也不同意。我喜歡小說家的生活方式，無論我手上處理的是程式碼、音樂還是組織系統。

如果你的答案不是「哇！太好了！」，那就說「不」。

每一次說「不」都離自己想要的更近一點

你有多少次陷入這種局面？某人想要借用一點時間、請你幫個忙、找你出席一個社交活動、請你加入他們自以為有趣的專案，你明明不打算同意，當下卻覺得說「好」比說「不」的阻力小很多。你不想讓別人失望。然而，隨著時間逐漸逼近，你卻覺得非常想死。於是你陷入一種不上不下的狀態，與你不怎麼喜歡的人一起從事你不怎麼熱衷的工作，或者更糟的情況是，你對沒興趣的合作、社交聚會或專案投入過多精力，導致你缺少有品質的時間保留給自己，你無法獨處，無法將創造力發揮在自己的工作上。你的社交肌肉已經筋疲力盡，你沒有沉思的空間，而創造力幾乎枯竭。

德瑞克．西佛斯是線上音樂先驅公司 CD Baby 的前總裁，同時也是暢銷書《終極需求》（Anything You Want）的作者，他很早就發現了自己的這個問題，在那之後，他開始重新安排自己的生活，以根治這個問題為目標，打造一個能夠獨處的平靜堡壘。每當面臨決策或者需要給出承諾的時候，他都會問自己一個簡單的問題：「我有多想要？」滿分是十分，如果這件事情的想要程度沒有拿到八分以上，他就不會接下這件事。西佛斯說：「當你對大部分的事情都說『不』，就能為生活騰出空間，留給那些讓你能發自內心說初『哇！太好了！』的珍貴事物，每當你被邀請出席一個活動，又或者參加一個新的專案，如果你的答案不是『哇！太好了！』，那就說『不』。我們都很忙，手上都已經有太多事情了，拒絕是我們必須學會的求生之道。」

西佛斯將這一招發揮到淋漓盡致，為自己打造出優質的獨處時間，他喜歡運用這些時間創造新事物。他說：「我喜歡每天獨自工作十二個小時。之所以使用『工作』這個詞彙，是因為它比較容易理解。事實上，它的意思是『我的時間』，做我喜歡做的事，寫作、學習東西、加強自己的能力、創造新事物都是。無論是做音樂、架網站、寫書還是經營公司，都是在創造新事物。」西佛斯知道，想找到自己的創造力，最好的方式就是獨處。他說：「我喜歡自己追求極致的感覺，與他人相處使我疲憊，我也不想為了他人犧牲自己的生活。這是一種個人的追求，無關商業，比較像是藝術吧，我的收穫多半是內在的。」西佛斯安排留白時間的方式，在其他人眼中可能比較像是工作，但是效果並不因此而打折扣，留白時間的核心在於運用時間的目的性，重點在於節省做某一件事情的時間，投注到其他事情上（無所事事也是一種選擇），至於是什麼樣的事情，則由每個人替自己做決定。

自從西佛斯開始對多數事情說「不」，他就能把時間用在追求自己有熱情的事物上，並且更加深入地投注心力。他說：「我讓生活保持在創造和學習的最佳狀態，減少一般人常做的大部分瑣事，追求更大的目標。可以說我是「工作狂」，但我其實都是在玩，而不是在工作。我擁有自發性的動機，照著我的興趣來行動，我找到了自己喜歡的事物，想要盡可能把時間花在那上面。」經過無數個小時的沉思，他找到了自己最舒服的位置，接下來就是讓自己盡可能地靠近那個位置。

西佛斯完全接受自己是一個假性外向者（pseudo–extrovert）。他可以無礙地跟人相處，在他人生大部分的時間裡，他是一名專業的音樂家，甚至擔任馬戲團團長及主持人長達十年。但他很清楚地知道自己需要沉澱獨處的時間：「我大約可以撐過二到三個小時的社交時間，然後我就會累垮了，只想好好獨處。」對此，他一點也不感到內疚，而是將之視為創作產出的基礎。這種個性讓他可以深入且集中注意力：「我是一個專注型的人，一次只做一件事，非常專注地去完成它，無論要花幾個小時、幾個月或是幾年。」除了獨自工作之外，西佛斯每天也會花上多達三小時寫日記：「反思、做白日夢、計畫未來，問自己幾個問題，然後試著用不同的答案去回答，我在寫日記的過程中學到很多。」多數人不常花這麼多時間在學習與反思上，然而只要願意多花一點時間獨處、讓思緒自由徜徉，就算每天只有幾分鐘也行，日積月累也會成為一個有用的工具，幫助我們拉開和眼前問題的距離，看到更全面的格局，找出事物之間的關聯性。

「專注在一件事情上」的能力對西佛斯來說非常重要，他對人際連結的科技則抱持懷疑的態度：「我不使用任何手機上的應用程式，原因都是一樣的，我不想依賴這些程式來提高生產力。事實上，我盡量不用手機，頂多打電話給朋友，或使用 GPS 定位。我不使用電子郵件，也沒有安裝社交媒體。我的手機通常都處於飛行模式，並且會在睡前一小時完全關機，隔天早上完成寫作後才打開。無論創作或學習，我的目標都能用現有的工具實現，因此我選擇避免浪費時間在找尋新的工具。在這邊告訴各位科技宅一個小秘密，西佛斯使用 Vim 完成他的所有創作，一種老派到不行的編輯器，功能相當單純，以一個科技人來說，這已經是斷開各種連結的極限了。

近年來，西佛斯找到了另一個斷開連結的理由。二〇一二年，他的兒子誕生了，於是西佛斯決定休六年長假，把陪伴兒子成長當作一份全職工作。德瑞克在二〇一七年寫道：「我的兒子出生至今，五年多來，我每個星期至少花三十個小時與他相處，一對一，全神貫注地陪著他。」德瑞克將注意力完全放在兒子身上：「無論他正在做什麼事情，我就把那當成世界上最重要的事，因此我也鼓勵他盡可能長時間去做同一件事。我不曾對他說：『好了啦！走了啦！』沒有人能像我們這樣玩在一起，其他人很快就會覺得無聊了。當然，身為一個成人，我的思緒偶爾還是會飄到別的事情上，但我選擇忽視，將注意力重新放回眼前的孩子身上。」西佛斯發現在陪伴兒子的過程中，自己的休息態度也跟著進步了：「當我試著培養他長時間的注意力，自己的注意力也隨之一起獲得提升。學習進入他的世界，我必須放下自己的世界，有點像是冥想，在我要他投入更多專注的同時，自己也跟著投入了更多。」

每個人都有野心，想要把事情做好。但有時候我們必須認清一件事，做的少一點，才能真正達成目標。「改善生活的方式有可能是加法，也有可能是減法。」西佛斯說：「外部世界鼓勵我們選擇加法，因為他們能夠從中獲利。然而，真正的秘訣其實是減法。加法的思維根深柢固，感覺自己還需要什麼東西很容易，回頭看看有什麼能刪掉比較難。」有時候，我們需要刪掉的是失控的合作、過量的溝通以及強制性的團隊意志，騰出獨處的時間，用自己的節奏、自己的方式工作。

一般來說，我們僅僅需要刪掉無謂的努力及壓力。西佛斯觀察到一件事：「令人訝異的是，每件事情還是能做得一樣好又一樣快，卻多了一種事半功倍的感覺。這讓我有了新的發現，我有一半的努力並不是真的努力，而是把無謂的壓力加諸在自己身上，營造出一種全力以赴的感覺。」我們時常給自己施加多餘的壓力，這對於產出並沒有任何幫助，只是讓自己看起來很忙，然後累死自己。

無論我們選擇刪掉生活中的什麼東西，都可以一起練習說「不」，把精力用在讓你覺得「哇！太好了！」的事情上，騰出獨處的時間，進行更深層的思考，創造更豐富的成果！

練習

獨自工作

許多行業都相信持續合作及反覆溝通可以創造成功，但西佛斯及其他例子卻證明了這與事實大相徑庭。拒絕追求合作中忙碌的假象，運用自己的時間創造真正好的產出。你可以技巧性地在行事曆中安排一些事情，藉此禮貌地對他人說「不」。誠如西佛斯所說：「活得像小說家一樣」，把獨處當作一個重要的工具，藉由獨處，提高你的創造力及生產力，提升工作的品質及深度。

以更廣闊的角度感受自己，整理深思與他人的關係

對許多人來說，聽到「獨處」，腦中會立刻浮現「寂寞」或「與世隔絕」，拒絕與他人為伴時常被視為一種反社會的行為。然而，事實並非如此。哈里斯寫道：「獨處的反面從來就不是與人為伴，獨處反面是寂寞。」如果人無法好好地獨處，最終將無可避免地進入寂寞的狀態，即使我們試圖使用數位化的社交雜音淹沒它也只是枉然。線上的陪伴、上千個「朋友」或追蹤者填補不了內心的空虛，缺少真實而深入的連結反而將寂寞放大。想要擺脫寂寞，就要學會獨處。正如哈里斯所說，「練習一種煉金術式的方法，將寂寞轉化為有意義的獨處，將蒼白的時間變成等待塗上彩色的畫布。」

獨處未必是反社會的行為。事實上，獨處可以幫助調整社交感知，讓我們更能同理他人。透過閱讀練習獨處就一個很好的例子。在維吉尼亞．吳爾芙寫給埃塞爾．史密斯的信中，她提到：「閱讀能夠消除不必要的自我意識」當我們進入孤獨的世界之中，與角色及故事融為一體，我們以他人的經驗重新活一遍，用他人的角度觀看這個世界，經過這樣的練習，我們將更懂得如何與他人相處，並且培養出同理心。」

遠離某個群體或某個人，讓我們有更多時間反思自己與他們的互動，同時培養出對他人的感謝之心。哈里斯特別提到艾瑞克．克萊恩貝格，他在著作《獨行：一個人生活的不凡之處與驚人吸引力》（Going Solo）中說：「能夠快樂獨處的人並非缺乏社會連結，而是擁有強健的社會連結。」仔細想想，與那些許久不見的真心好友重聚時，總會有一種強烈的感覺，彷彿一切都沒什麼變，而你們又比之前更欣賞彼此了。這種感覺也存在戀人之間，真切的渴望只會在獨處的時候顯現，適當的距離讓我們自己有餘裕梳理複雜的感情，而對方也一樣。

以人際關係而言，無論奠基於浪漫情懷或其他情感，現代的交流方式顯得相當頻繁卻過於膚淺，讓我們置身於一個灰色地帶，既無法獨處，也沒有真正地建立連結。我們應該重新學習如何真誠地對話，並且擁抱各種不同的人，而不只是建立粗淺的連結，

商界領導人也應該留意到這一點。如果他們太過於鼓勵或者是要求大家與團隊進行合作，不僅有可能讓溝通流於無意義的閒聊及過度的資訊交換，進而導致創造力下降，更有可能使得團隊成員之間的連結被削弱。強制性的合作關係容易在團隊內部滋生怨恨的情緒，進而減少個人的貢獻。可以鼓勵成員先進行思考並得出初步的結論，再將這個成果提出來討論。即使是團隊合作，若將「獨處」視為一種資源，則有可能獲得成功的關鍵。

這本書本身就是一個既合作又獨處的產物。法蘭茲・卡夫卡認為「寫作是徹底的孤獨，獨自一人墜入冰冷的深淵」，雖然麥克斯及約翰不會這樣說，但他們大部分的時間確實是各自努力，獨立完成各部分之後再將他們縫合為一個無懈可擊的整體。藉由高科技的輔助，人在美國德州的約翰及人在日本的麥克斯得以順暢地合作，但他們並非隨時隨地都保持聯繫，而是只有在需要的時候才會進行溝通。只要能維持獨處與合作之間的平衡，科技就能促進好事發生！如果想提高你的創造力，並且和身邊的人建立連結，不妨依照自己的想法規劃一趟愉快的旅行，多花一點時間獨處，無論是獨自走入大自然之中，或者只是待在家裡享受關閉網路的一晚都行。我們相信，這個體驗在一開始可能會有點不舒服，但是最終必定能讓你找到屬於自己的幸福，並且收穫滿滿。

備註：

- 除了有效地將獨處運用在團隊合作中，本書也同時證明了遠距合作的力量及可能性。截至這本書出版的時候，約翰及麥克斯還沒有在現實生活中見過面，他們的友誼及合作關係全部都是在線上建立的。儘管這是目前的工作模式非常有效率，他們還是希望在不久的將來能改變這個狀態。

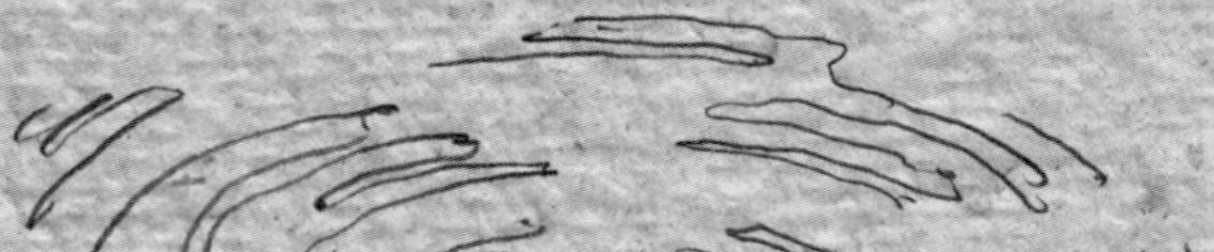

7

有意識的反思

我們經常在繁忙人事與快步調的節奏中過於分心，
無法看到自身和所處世界的一切，
自我檢視與深思，刪掉無謂的努力及壓力，
幫助自己釐清什麼才是最重要的。

當謀生與生活開始背道而馳

凡是追蹤過高登·拉姆齊或已故的安東尼·波登這一類名廚的節目或著作，大概都很清楚餐飲這個產業的工作條件有多瘋狂，十五小時一班，每週工作八十個小時，這些都是常態。拉姆齊曾經說過：「當我突然放鬆下來，就像把踩著油門的腳移開，大概會死得很難看。」很少有人能在這一行待很久，普遍存在心理和生理的問題，藥物濫用及各種成癮現象也時有所聞。

然而就在這幾年，部分餐飲業界對工時的態度有了轉變。來自丹麥的諾瑪（Noma），好幾年都被評定為全世界最棒的餐廳，他們在二〇一八年重新開幕時，採取了每週四個工作天的制度。無獨有偶，墨爾本知名餐廳阿提卡（Attica）的主廚班·舒里也將工作調整為每週上班四天。考量營運成本，不得不提高單價，但是在此同時，他們也發現這個做法更能提供高品質的成果，顧客們也因此更加沉浸在美食之中，願意為更上一層樓的享受買單。這些餐廳幾乎都早早預約客滿，要等好幾個月才吃得到。

當許多餐廳選擇縮短營業時間，一家北歐的頂級餐廳則採取了不太一樣的策略。瑞典的米其林名店Fäviken在主廚馬格努斯·尼爾森領導下，決定不減少營業時間，而是反過來將員工人數從十一人擴編為三十七人，每位員工的工作時數因此從每週八十小時左右下降為四十到四十五小時左右，他們設定工時上限為每週五十小時，而且所有員工都必須休滿每年五個星期的年假，甚至其中有三個星期必須請連休，這樣才能達到真正休息及充電的效果。尼爾森希望能轉變員工的想法：「重點不是工作時間減少了，而是休憩時間變多了。如何運用自由的休息時間是關鍵。」

這些大刀闊斧的決定並不容易，尤其會增加財務及調度上的困難。然而，經過深思熟慮後，尼爾森和他的團隊發現這是唯一的出路，他們也找出許多實現這條路的辦法。Fäviken 每晚可以服務二十四名顧客，為了平衡開銷，定價幾乎翻了一倍，晚餐從原本的一百七十五歐元漲到三百歐元。但是整體服務品質大幅提升，尼爾森的廚房不斷展現出讓人讚嘆不已的創造力，這些都使得顧客們甘心為此付出高價。

世界上許多餐廳面臨不得不縮減工時的情況（有些是因為工時與當地法律抵觸），尼爾森選擇主動做出改變，因為他們在自己及團隊身上留意到了過勞的跡象，不希望五年後的自己還像這樣在做生意。於是他們先退一步，從廚房的瘋狂日常中抽身思考，理解即便改變伴隨著風險，如果不去改變的話，遲早也是倒閉一途。「這是我們熱愛的行業，而且做得挺好的，如果要搞到不得不退出，真的會覺得心理很不平衡。」尼爾森說：「畢竟這個產業的結構一直以來都有問題，在我們進入之前就已經被別人搞爛了。」這是一個非常關鍵的見解，這種情況甚至不只存在於餐飲業。在社會及文化中，存在許多由少數人建立的既有體制，由於從很久以前就這樣了，一般人多半只是蕭規曹隨，沒有試著去質疑它的存在意義。很多時候，甚至沒有意識到這個體制之所以存在，純粹是因為人忙著在它之中內耗，沒有多餘心力去探討其價值何在。這是一個值得花點時間思考的問題。稍微反思一下：在你所處的產業或社群之中，有哪些大家深信不疑並且乖乖遵守的既定觀念或體制？有沒有可能其中有一些已經失靈了呢？

對尼爾森和他的團隊來說，挑戰現狀的成果斐然。他說：「我得到更多與家人相處的時間，變得更快樂，也讓工作表現變更好。當我走進餐廳時，不再覺得是我必須待在這裡，而是我真的、真的好想要待在這裡，這種感覺棒極了！」手藝人及創意人都可以像他一樣，從這種態度的轉換中得到好處。

天下沒有不散的筵席，不必太難過。即便是最棒的體驗，總有一天也會消失，把握它們存在世界上的日子盡情享受，然後優雅道別，這是一種休憩時間的體現。二〇一九年，在寫下長達十一年的成功經營史之後，尼爾森決定讓 Fäviken 歇業。接受《洛杉磯時報》專訪時，尼爾森說：「經營 Fäviken 這樣一個地方，需要每天早上醒來都感受到興奮，然而某一天早上我醒來，發現這份熱情消失了。那是我第一次不想上班。」那一刻他意識到，是時候結束 Fäviken 了，否則一切將淪為沒有靈魂的空虛體驗。

十幾年來，尼爾森和他的員工將全部熱情灌注給了這間餐廳。他們知道，如果這份熱情減少了，每個參與其中的人都會有所損傷。尼爾森表示：「從策略面來說，這都不是一個明智的決定。但是為什麼要經營像 Fäviken 這樣的餐廳？純粹是因為想要。一切的一切，都是被熱情所驅動著。」一旦這份熱情消失了，就只剩一個選擇。尼爾森坦率地說：「我一直都知道，Fäviken 不會一直存在於世界上，這沒什麼，任何餐廳、任何商業活動都是如此，坦白說，萬事萬物都沒有例外。」只要勇於接受這件事，並且擁有繼續前進的能力，我們將能不斷獲益。想要培養這個能力，需要對自我充分認識，並且具備冷靜看待事物的勇氣，深入瞭解你的目標和優先順序，而且終極目標當然是你自己。做到這一點的關鍵，在於騰出時間進行反思。

花時間思考有意義的問題，打造有效的行動

工作的時候，我們總是全力以赴，大部分啦。姑且先這麼說。如果不為自己抽出休憩時間，恐怕會看不到事物的全局。試著退一步，從工作中抽身思考一些事情：這真的有用嗎？我是否有在創造真正的價值？我錯過了什麼嗎？為了能夠誠實回答這些問題，並且確保自己朝著正確的方向前進，必須停下腳步進行反思。

「安靜反思之後的有效行動，才有跟隨的價值。」知名的管理顧問彼得．杜拉克如是說：「安靜的反思，可以打造更加有效的行動。」一如準備期及孵化期間的循環交替、工作與休憩時間的相輔相成，我們也需要掌握反思及行動的平衡。《少，但是更好》（Essentialism）的作者葛瑞格・麥基昂提出警告：「如果不花時間問這些有意義的問題，我們將輕易被其他人所掌控，僅能針對新收到的電子郵件做出反應，沒有自己的中心思想，每當公司發生變化，就會徹底失去方向。」他鼓勵大家可以像這樣進行反思：「我們可以每隔幾個月花幾小時來思考大格局的問題，例如：『如果未來三個月我只能完成三件事，會是哪三件？』，或者『五年後，我希望自己身在何處？』」這些專家的建議很直得效仿，許多在本書中特別提到的人，都是靠著不斷自我反思達到他們的成就。

生產力教練暨線上教練平台 Coach.me 的 CEO 東尼．斯塔布爾拜恩建議大家培養一個小習慣，他將之稱為空隙日記（interstitial journaling）。他說：「日常生活中，每當你從一個工作轉換到另一個工作時，記得寫點東西，幾句話就可以了，記錄一下剛才做了什麼，以及等一下要做什麼。」空隙日記有許多好處，除了可以幫助一點一點地進行反思之外，也有助於大腦從一項任務切換到另一個任務。藉由將餘波盪漾的思緒寫在紙上，我們將能輕鬆的讓大腦停止思考前一個任務，全神貫注於接下來的任務，也替自己爭取了一點時間，為接下來的事情做好心理準備。用斯塔布爾拜恩的話來說，空隙日記可以「避免事情不斷往後拖延，清除腦海中前一個任務的內容，把空間用來為下一個任務擬定最佳策略。」

我們都懂，悶聲不吭埋頭工作其實比停下來反思容易，我們習慣「動手做」而不是「動腦想」，而且害怕思考會拖累手邊工作。然而，只要你時常練習，心理障礙就會逐漸消失，最終就能夠自然而然地享受安靜的片刻，在筆記本上整理思緒，把事情好好想清楚。

作者（包括我們在內）總是想給予讀者許許多多（但願）有用的建議，並期待大家付諸實踐。然而，一般人很容易就把文字讀過去，覺得自己棒棒的，卻沒有真正落實在生活中。為了避免這本書的讀者發生類似情況，我們提供這個章節作為一種方法，讓你可以試著訓練如何自我反思。

無論你是菜鳥或自我反思的老手，我們都期待你能從反思這門藝術中獲得更多經驗。接下來的幾頁內容中，會先呈現一篇人物介紹，然後給你一個反思練習，讓你能從中逐步提升這項能力，為日後做出有效的行動奠定基礎。把想法寫下來，可以幫助你將它們從腦海中清除，大幅減少反思的負擔。所以說呀，趕快拿出一本筆記本吧，或者你想直接把答案寫在這本書裡面也行。

馬可・奧理略及斯多葛學派

Marcus Aurelius and the Stoics

羅馬皇帝，同時也是一位哲學家

（西元 121 年 4 月 26 日生，西元 180 年 3 月 17 逝）

沒有任何地方，比自己的靈魂更安靜、更不容易受到他人打擾。

他省下了時間，因為他不去理會他的鄰居怎麼說或怎麼想。

你到底在忙什麼

「若你渴望寧靜，少做一點就對了。或者，更精準地來說，你應該做真正重要的事。事情做越少越好，因為我們所說的話、所做的事多半不重要。如果能減少瑣事，就能獲得比別人更多的寧靜。隨時問自己一個問題：『這有必要嗎？』」奧古斯都把這段文字寫進自己的日記裡，後來成為了名著《沉思錄》（Meditations）的片段。奧古斯都是羅馬帝國的皇帝，可以說是世界上最有權有勢的人。連他都這麼說了，那你到底在忙什麼？

奧古斯都不僅是羅馬皇帝，他也是最傑出的斯多葛學派哲學家之一。斯多葛學派的歷史最早可以追溯到西元前三世紀的腓尼基人，由季蒂昂的芝諾創立，而奧古斯都則是此學派的最後一位重要學者。他留下來的論述，其實無關學問講授，而是他個人沉思的內容，奧古斯都把這些內容寫下來，成為一套自己的思想。今日所知的《沉思錄》由十二本書構成，內容關於奧古斯都試圖整理自己的思想，用以理解外面的世界，使自己能夠成為一個更好的人、更好的領導者。他確實辦到了，而那些筆記的影響力也超乎了他原本的預期。如今，奧古斯都的自我反思已經成了最有價值且容易取得的斯多葛學派論述。

斯多葛學派的核心，在於自我修煉及放下。如果外在世界的變化無法由你掌控，過度擔心就沒有意義。接受它，繼續前進。這並不是放棄，而是把注意力放在自己可以掌握的事情上，不要因為無謂的憤怒或恐懼而分心，把精力浪費在試圖改變無法改變的事物。

面對逆境時（小如同事很煩，大如痛失親人），人的反應時常揉合了憤怒、恐懼、懷疑、悲傷、困惑與無助，將不幸歸咎於他人或外在環境。然而，真正使人痛苦的根源其實是看待問題的角度及方法，它阻礙了我們前進。

這正是斯多葛學派的核心關懷之一。另一位斯多葛學派的重要人物愛比克泰德表示：「我們可以控制看待事情的態度，無法控制事情本身。沒有什麼事情非害怕不可，即便是死亡，也是因為我們的恐懼才顯得可怕。」與其被困境及痛苦嚇到無法動彈，我們可以將之轉化為成長及前進的動力，只要用對方法，採取正確的哲學態度即可。沒有什麼比靜靜地自我反思，更能將我們導引至內在的深層思想。

面對困境的第一步，就是訓練自己不要過於主觀，也不要過於被動，應該保持著一顆冷靜而沉著的心。斯多葛主義時常被曲解為漠視情感，事實上，情感或情緒並不是問題，因為這是人之所以為人的一部分。然而，真正的問題在於反應過於情緒化。因此要訓練自己冷靜，客觀地反思當下情況，而非盲目躁進，既然已經意識到情緒的存在，就絕對不能盲目地被它們牽著鼻子走，或者任由情感氾濫而無法做出正確判斷。學著控制、駕馭自己的情緒，而不是假裝它們不存在。

面對困境的時候，應該先穩定心神，把注意力留給當下，不要分神思考各種根本沒發生，甚至不可能發生的未來劇本，而是專注思考自己可以控制的事情。這麼一來，就能心無旁騖地看清楚真實的情況通常並沒有想像中那麼糟糕。認識與認知之間存在巨大的差異，而這個差異的影響力經常被低估，認識是從外部進行客觀的理解，認知則是來自內部的主觀看法。我們應該設法縮小兩者之間的差距，讓認知更加客觀。像奧古斯都一樣維持花時間寫日記的習慣，就是一個很有用的方法。這麼做可以幫助將腦海中的想法移到紙面上，用全新的眼光及更超然的視角去檢視它，如此一來，就能做出更好的決策，讓自己成為更有效率、更客觀也更沉著的優秀領導者。

這些也跟如何安排留白時間有關。斯多葛派學者塞內卡說：「一個優秀的人，會將事物染上自己的顏色，無論發生什麼事，都將之轉化為對自己有幫助的狀態。」只要有正確的心態，無論在什麼狀況下，我們都能夠找到自己的留白時間，而不只有擅長的部分。誠如奧古斯都所說：「選擇不被傷害，你就不會感受到被傷害。沒有感受到被傷害，你便不曾受到傷害。」選擇不讓自己忙碌，你就不會有忙碌的感覺。沒有忙碌的感覺，你會發現自己其實抽得出時間。

一如其他斯多葛學派的觀點，這種想法很適合用來當作自我反思的起點：在你的經歷中，有哪些壓力及缺乏休息時間的狀態是真實的？有多少情形是你自己擔心沒有休息時間，或擔心自己的時間被他人佔用呢？許多困境其實蘊藏著機會及可貴的教訓，這個能力可以幫助你翻轉困境，由負轉正為機會。這一切取決於我們看待困境的態度，許多問題之所以跟我們想像中一樣糟糕，是因為我們自己把它變得如此糟糕。解決方法很簡單，如同奧古斯都提醒我們的：「小黃瓜變苦了？丟掉吧。路上有荊棘嗎？繞道吧。你只需要知道這麼多。」別被自己的情緒反應困住，害自己被壓力及忙碌的窘境吞噬。保持冷靜，善用反思的能力衡量現況，用你自己的方式應對之，採取必要的作為。然後你就能繼續前進，在寧靜之中享受屬於自己的休憩時間。

斯多葛學派提出了一個名為內在堡壘（Inner Citadel）的概念，在內心蓋堡壘，讓外界任何事物都無法侵擾，這個概念能否實踐，正是偉大的領導者與一般人的不同之處。首先，這東西並非與生俱來，沒有誰天生就擁有一個內在堡壘。我們必須透過內省慢慢建造它，在反思的過程中逐步強化控制範疇內的事物。這是一個可以靠學習養成的概念，為寧靜的休憩時間打造內心堡壘是非常重要的休息態度，確保自己不會被外在世界的忙碌及分心事物干擾。只要你能辦到，成效就會體現在生活的方方面面。當代斯多葛倡議者萊恩・哈樂戴說：「你面對任何一件事的態度，反映了你面對所有事情的態度。」你處理工作的態度，反映了你對待休息時間的態度，反之亦然。

練習

專注在可以控制的事物上，找到寧靜

即使在最糟的情況下，也要想辦法打造自己的內在堡壘，確保自己的寧靜及休憩時間。下一次當你覺得壓力爆炸的時候，請你試著反思：哪些事情是你可以掌控的，哪些又是無法掌控的呢？千萬不要把時間浪費在擔心後者，將精力放在可以控制的事情上，付諸行動，如此一來你將得到更多寧靜和休憩時間。誠如奧古斯都所說：「做越少越好」，瞭解自己最需要的是什麼？，怎麼做會更好。你絕對需要暫停一下，好好反思。

反思習題1

- 如果今天突然失去了一切物質財富，什麼事情依舊會令你覺得心懷感激？
- 你會如何重建自己的生活？
- 這個危機有沒有可能是一個轉機，能夠創造新的機會呢？

賽斯・高汀

Seth Godin

美國作家暨線上教育先鋒

專案，這個詞彙如果放到三十年前，大概會讓人丈二金剛摸不著頭腦，在今日卻舉足輕重。三十年前，我們把重心放在工廠的微調。三十年前，一切都屬於生產線上的一部分。如今，我們的業務奠基在專案上，工作形式就是一個又一個專案。然而我們卻很少去想，到底哪一個專案才是我們該做的？

快快說不，慢慢說好

賽斯．高汀是一位多產的作家，在行銷這一塊享譽盛名。他寫過許多暢銷書，並且被翻譯成三十五種語言，這十幾年來，他每天都在自己的部落格上發表一篇新文章。更令人讚嘆的是，賽斯幾乎每天都會和家人一起煮晚餐。你大概會覺得高汀是這個星球上最有生產力的人之一，很多人也都這麼認為，他擁有驚人的成就清單，以及近乎超人的日常產出。大家都想問：「他是怎麼辦到的？」

這是一個合情合理的提問。高汀和我們一樣，每天都只有二十四個小時，他到底怎麼有辦法一邊寫出暢銷書，同時每日更新部落格，還一邊帶領團隊設計線上課程，甚至發展自己的興趣，鑽研藝術巧克力，而且還有辦法過著慢活步調，每天晚上和家人一起下廚？答案出乎意料地非常簡單：他總是快快說「不」，慢慢說「好」。

在著作中，他特別提醒：「只要做好一件事就夠了，你不可能什麼都要。商業世界也是一樣的，我們不可能擁有一切。我們試過了，沒用。相反地，我們發現果斷放棄一些專案，不僅能提高利潤，還很有效地改善生活。」對高汀來說，自我反思加上一句深思熟慮的「不，謝謝」是最大的關鍵，這個做法使他製作出顧客所期待的產品，有意義、高品質甚至革命性的內容。他太清楚了，對所有事情都說「好」的人，會消耗掉自己的能量，最終只能產出膚淺的作品，或者無法在期限內完成工作（他的說法是無法如期交貨）。或者他們會把自己累壞，提不起勁工作。精挑細選幾個專案來做，你才能在履歷上留下吸睛的工作表現。若抱持來者不拒的態度，會像是在跑步機上一直跑、一直跑，把自己搞得累個半死，卻還是停留在原地。更糟糕的是，當你答應太多事情，把工作填得太滿，當真正的好機會出現時，卻只能說謝謝再聯絡，甚至你已經被平庸的日常圍繞，好機會不再找上門。

本書的插畫家瑪麗亞就曾因為接下太多專案而必須面對這種壓力。她不想對任何專案或者可以說是賺錢的機會說「不」，她想累積厚厚的一疊履歷以及豐沛的客戶人脈。她認為，很多插畫家並沒有像她一樣幸運，而她有這麼多工作機會在手，應該感到慶幸才對。越忙，就代表自己越成功，不是嗎？然而，在瑪麗亞的內心深處，她知道事情不太對勁。穩定的收入及一個接一個的客源「理應」為她帶來快樂，事實卻恰恰相反，她覺得壓力好大，心情跌落谷底。瑪麗亞因為接下太多工作，每天都在工作室忙到午夜才搭乘最後一班列車回家。「我知道這樣不太對，我知道忙成這樣並不好，我知道其實有時候應該要說『不』，但是我好像被困住了，我被困在『這樣很正常』和『沒有其他辦法』的想法之中。」她試著回想那段時期，接著說：「別人提醒我工作得太兇了，可以考慮拒絕某些專案，試著改善自己的生活，我總是說『我知道，可是……』話一說出口，我就知道這句話聽起來有多愚蠢。」還好，最後她選擇按下人生的暫停鍵，給自己一段時間靜靜反思。反思讓她釐清了許多事，並且獲得將真實想法付諸行動的勇氣。

瑪麗亞發現自己沒有時間單純為了自己而畫畫、素描，或者進行一些實驗性的嘗試。更糟的是，她不再發自內心喜歡畫畫了。這個真實的狀態令她恐懼，因為繪畫是她生活中的核心。此外，她也發現自己的工作品質下降了。藉由對自己誠實的反思，她發現上述這些狀況，於是決定削減工作量，向前看。她從中獲得的時間、快樂、生活品質及享受畫畫的心情，這些遠比累積客戶人脈更重要。像高汀一樣，瑪麗亞開始拒絕專案。經過反思之後，她「慢慢地伸出腳，跨出原本困住自己的房間」。雖然她對於說「不」這件事情還是會覺得掙扎，但她替自己設定了一個原則，無論如何，絕對不能超過工作能量總額的八成，如此一來，當有喜歡的專案出現時（比如這本書），她就有餘裕可以說「好」！

說「不」並不容易，但是不要因為困難就放棄。領導力顧問暨《少，但是更好》的作者葛瑞格・麥基昂在書中寫道：「接受這個事實，說「不」這件事情，就是用受歡迎的程度去交換受人尊重的程度。」有得必有失，但是值得。說「不」是為自己爭取休息時間最有力的工具，也將從中獲得隨之而來各種好處，每個人都應該把「說不」列為休息態度的核心。

接受作家提姆・費里斯訪談時，高汀批判了崇尚忙碌的文化：「你們都很清楚忙碌是一個陷阱，是一個迷思。」他鼓勵自己的讀者不要習慣「打忙碌牌」。想像一下，你採納了高汀的建議，像瑪麗亞一樣深度反思自己的待客哲學，釐清什麼對自己才是重要的，如果放掉那些「不太好」的工作，會有什麼改變？可以考慮那些延遲付款的，那些總是找不到人的，或者守舊又愛對你指手畫腳的客戶。如果你把他們放掉了，生意會不會更好？放手當然不是容易的選項，但是只要你邁出艱難的第一步，你將發現自己可以創造更高品質的產出，甚至還有時間做一些自己熱愛的事。下一次當工作找上門的時候，別急著說「好」，多想一想吧。

練習

列一張「多一點／少一點」清單，思考輕重緩急

找一張紙，中間畫一條直線。反思自己的優勢是什麼，以及對你來說哪些是重要的事。其中半張紙上，寫下你希望生活中「多一點」的事物，或許是像賽斯·高汀一樣每天晚上陪家人吃飯，或許是像瑪麗亞一樣接到令自己開心的專案。在另外半張紙上，寫下你希望生活中能「少一點」的事物，有可能是半夜回覆電子郵件，或者應付那些惱人的客戶。當有新的專案工作找上門時，運用這張清單來進行反思，看看這項工作的內容是否與清單上的項目符合。如果經過比對，這份工作與「少一點」的那一半比較吻合，請你還是考慮說「不」吧。

反思習題2

- 是誰，或者什麼事情用去了你大部分的時間、大部分的精神、大部分的注意力？
- 對於你最關心的那些事，你有給予它們應得的關注嗎？你該如何重新分配（並且再次投資）你的個人資源呢？

近藤麻理惠

Marie Kondo

日本作家暨專業整理顧問

時常問自己這個問題：我正在做的這件事，是否能讓我怦然心動？想通了這一點，也會更清楚該如何實現自己想要的生活。

用各種怦然心動的事務填滿時間

物理限制了我們。熱力學第二定律指出，宇宙中的熵不斷增加，將我們從有序帶往混亂。換句話說，雜亂的狀態會隨著時間持續累積，我們當然可以想辦法與之抗衡，靠一己之力重建生活空間內的秩序，但是這很花時間和精力，尤其當我們又忙又累的時候，實在是一點也不想要付出任何時間和精力。儘管如此，整理仍然是一件值得做的事，因為從長遠來看，它可以幫助爭取到更多時間和精力。

近藤麻理惠寫過包含《怦然心動的人生整理魔法》在內的多本暢銷書，近年也在串流平台 Netflix 上推出實境秀《怦然心動的人生整理魔法》大談如何對抗雜亂無章的生活。她的核心理念可以說是一個簡單的問題：這，是否讓我怦然心動？她以這套「怦然心動整理法」貫徹對整理的堅定信念。緊接在第一個問題之後，她請我們想像自己理想的生活狀態。我們希望過著什麼樣的生活？對我們來說最重要的是什麼？我們相信的價值是什麼？我們可以逐一反思她提出的問題，將之用作丟東西的指導原則。一個分類、一個分類依序進行。我們必須問自己這個東西是否讓我「怦然心動」，是否符合我要的理想生活，如果沒有辦法給出一個肯定的「是」，那就把這個東西丟了。暫停一下，花點時間欣賞這個東西，感謝過去它給予的幫助，接著毫不留情地把它丟了，千萬不要被自己的「可是……」給絆住了。

儘管近藤主要分享的是整理物質生活的方法，我們認為這套概念也可以成功運用在行事曆上，幫助你爭取更多休憩時間。過程應該大同小異，都是從反思及內省開始，問問自己，行事曆上有哪些事情只是無聊的例行事項，並不能讓你怦然心動？然後毫不留情地將它刪除吧，動手擺脫那些事務，下定決心，絕對不讓它再次出現在你的行事曆上。近藤建議整理居家環境要照著類別一個一個來，清理行事曆時也是相同的道理，依據「工作」、「家庭」、「社交」等項目，分門別類來處理。搞清楚是哪些事情阻礙了你追求創造力，關鍵在於明白什麼事對你來說是重要，為什麼重要，只要運用得宜，這個方法將可以為你清出很多空白的時間，只要你能堅持下去，你的時間將會被各種「怦然心動」的事情填滿。

當然，事情的重要性會隨著時間而有所不同，不可能想過了一次就一勞永逸，人都會改變、會進化，隨時保持對自己的最新瞭解至關重要。不需要訂定太死板的規則，但是有必要每隔一段時間就重新反思一下。麻理惠親身實踐了這一點，她說：「我會在一年之初或生日重新評估生命中的優先事項，但是不去設定固定的期限。先生和我會聊聊自己的現況，然後捫心自問：『我們需要花多少時間在工作上？我們可以投注多少時間給家人？』現在的我專心工作，因為我有一個專案正在起步，這是我的現況，正在努力實現這一個目標。不過在這之前，我幾乎將所有精力都放在家庭。」

近藤知道，固定騰出時間進行反思是一件很有價值的事情。她說：「當我需要釐清想法時，我會找一張白紙，寫下腦海中浮現的一切，試著去指認那些糾結的感覺、擔心或焦慮的原因，搞清楚哪些問題是我可以控制的，哪些則是我無法處理的。意識到有些事情其實超出我的能力範圍，有助於我冷靜下來。」她還提到了另外一個平靜心情的好方法：「當我整個人精疲力盡，需要好好放鬆的時候，我會忘掉所有手上的事，跑去擦地板。讓雙手忙著處理擦地這一件事，可以幫助我找到平靜的心。」

保持雙手忙碌，做一些純粹身體上的活動，是一種非常有效的積極休息時間，比起看著螢幕有用太多了。未必要是什麼了不起的大活動，借助一些儀式性的小事，就能幫助我們在忙碌的日常中找回平靜的心。近藤喜歡喝茶，她說：「我一天要喝好幾杯茶，泡茶的空檔就是我的休息時間。當我做完一些事，或者覺得有點累了，我就會起身再泡一杯來喝。」這個小小的儀式可能只需要十來分鐘，卻能讓你的心智重新整理，帶來新的能量，接著面對各種令你怦然心動的事情。試著積極地去培養這種小儀式，把他們當成策略性的小工具，在你需要清理思緒的時候就拿出來用吧。

練習

清理行事曆，為自己創造休憩時間

我們的行事曆上，總有一些例行事項，如果沒有經過反思的過程，就一直存在那個地方，如果你沒有意識到這個狀況，你的休憩時間就會被蠶食鯨吞。列出那些重複性的例行事項，將他們進行分類，比如「工作」、「家庭」、「社交」，接著針對每一件事，都問自己同樣的問題，這是否讓你「怦然心動」？是否幫助你達到自己理想的生活、充滿創造力的狀態或個人定義上的成功？如果答案是否定的，就把這件事從行事曆上移除吧。

反思習題3

- 你滿意自己過去三個月的時間安排嗎？為什麼當你說「好」時，那些事情沒有讓你怦然心動，或者滿足你想要的生活呢？

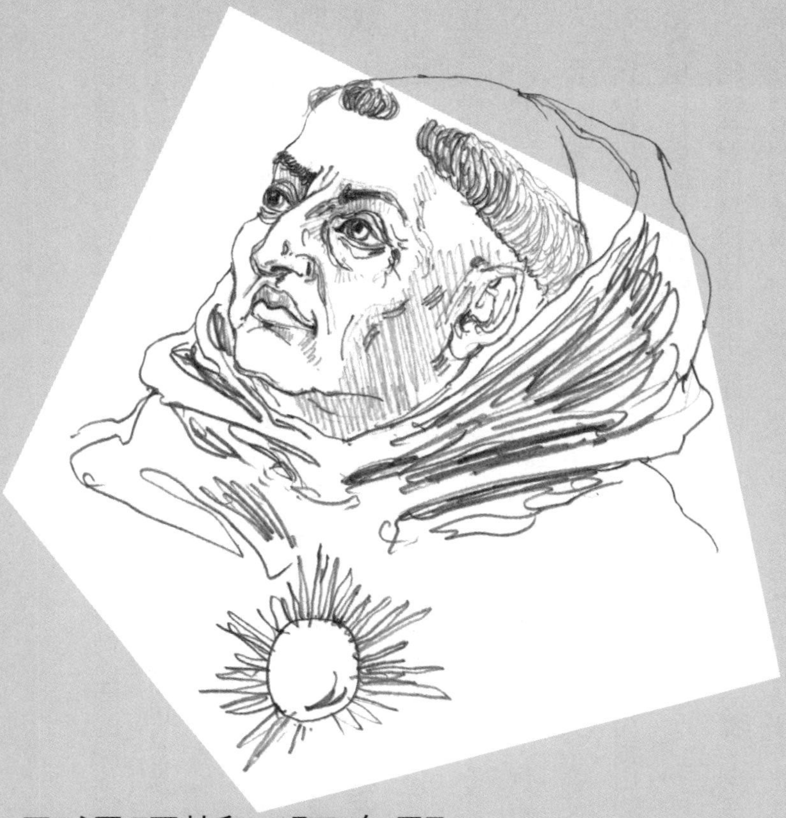

聖湯瑪斯・阿奎那

Saint Thomas Aquinas

義大利天主教神父及哲學家（西元1225年生，西元1274年3月7日逝）

美德的本質在於善，不在於難以實踐。未必比較困難的事就比較有價值」

為了使人類社會臻於完善，必須有人投身於沉思。

讓心有餘裕

在基督教歐洲的世界中，很長一段時間知識與信仰之間的關係密不可分。聖湯瑪斯．阿奎那誕生於十三世紀初，當時多數基督徒都深信異教徒無法做出正確的判斷，因為他們沒有信仰。古代世界的智慧早已被人遺忘，或是被有心人抹滅。然而，年輕的阿奎那將致力於改變這個狀況。

阿奎那誕生在一個富裕的義大利貴族家庭，因此得以在新成立不久的那不勒斯大學讀書，那是全世界第一間世俗界的大學。在學校裡，阿奎那發現許多古希臘時代留下來的文本，並且深深為之著迷。阿奎那是一個虔誠的人，後來也成為了天主教的神父，但他同時也從希臘人的智慧中發現了不起的價值及真理，古希臘的文本及觀點由非基督徒思想家及哲學家所寫就，啟發了阿奎那對於西方哲學及現代思想的興趣。阿奎那未完成的巨著《神學大全》（Summa Theologica）中，他提出與同時代人不同的想法，認為理性是上帝賜給人類最了不起的禮物之一，每個人都可以使用這份禮物做出正確的決定，無論是不是基督徒。根據「人生學校（School of Life）」網站上的文章所言，阿奎那普及了知識，並且打開基督徒的視野，超越陸塊及時代的藩籬，展現出對人性的終極關懷。他認為好的想法可以來自任何地方，無論提出想法的人來自什麼地位或背景，他的這個觀點為現代社會的發展奠定了相當大的基礎。

阿奎那對亞里斯多德特別感興趣，而且跟亞里斯多德一樣，阿奎那也將幸福當作思想的核心。在深刻理解幸福及喜悅的內涵後，阿奎那將「愛」視為人類最基本的情感，並且相信（對於某人或者某事的）愛是驅使我們行動的原動力，當愛被滿足的時候，我們會感到喜悅（伴隨著其他正面的情緒），不被滿足的時候則會產生各種負面情緒，諸如貪得無厭或絕望心死。對阿奎那來說，真正的愛並非「只」有工具性的價值，就像我們並不只是為了自己爽或者得到什麼好處才去愛，也可以為了愛的本身而去愛。儘管阿奎那支持我們在人間追尋幸福，卻選擇將幸福與上帝信仰連結在一起，他相信終極的愛及終極的喜悅只能從神那邊獲得。

在現代社會語境中，我們可以重新詮釋阿奎那的理論，把他所說的「愛」理解為我們真正渴望的事物，理解自己的原動力是什麼，然後想辦法去滿足它。然而，我們時常追求錯的目標，導致自己被忙碌所淹沒，陷入原動力無法被滿足的窘境，畢竟比起停下來思考自己真正熱愛的是什麼（可以是個人、團體、某項活動、某種職業或某個地方），讓現況延續下去是一個相對容易的選擇。我們應該要搞清楚自己真正想要追求的是什麼（不要用一些無意義的故事自己騙自己，這只會讓我們更空虛），努力滿足這個渴望。想一想你目前在進行的專案，驅使你投入其中的原動力是什麼？你目前的人際狀況如何？你的原動力是真正的「愛」嗎，抑或是你並沒有想清楚，只是在隨波逐流？

在之前的歷史回顧中，我們討論過的一位當代宗教學者尤瑟夫．皮柏，他受阿奎那的影響甚深。在皮柏的著作《閒暇：文化的基礎》（Leisure : The Basis of Culture）中，他曾多次引用阿奎那的思想。他主張「『閒暇』的能力是一種靈魂的基本力量」，一旦我們將功利性的目的加諸於「閒暇」（例如提振精神以從事更多工作），就會一不小心錯過它最深層的好處及喜悅，因為我們過度專注於外在的目標，而忽略了內在的平靜。皮柏提出一個名為「神的直覺（God's intuitions）」的概念，世俗的我們可以將它理解為讚嘆「啊哈！」的時刻，皮柏認為「神的直覺」只會造訪愉悅與閒暇的人，因為當靈魂處於平靜而安寧的狀態時，才有辦法接收得到，畢竟神創造了世界之後，也選擇在第七天以休息作為慶祝，好好地沉思一番。

阿奎那和皮柏都鼓勵聆聽內心的喜悅，好好地培養它，讓它在閒暇時間自由發展，並且把它當成人生的導航燈。哪些事物是你人生中的原動力，激發你的創造力和追求幸福的本能呢？你有對那些事物投注夠多注意力嗎？

練習

挖掘那些能夠激勵你的「愛」與熱情

驅使你做出行動的原動力、激情和渴望是什麼？誠如阿奎那所言，沒有比把時間精力花在自己愛的事物上更強的動力了，你有善用這個動力嗎？還是你總是三心二意，在不怎麼在乎的工作上虛耗光陰？你選擇跟哪些人相處呢？先搞清楚你自己真正的「愛」在哪裡，盡可能從其他地方抽出休憩時間，將精力專注放在你「愛」的事物上，如此一來就能得到喜悅、靈光及創造力。

反思習題4

・日常生活中，有哪些例行公事讓你覺得格外枯燥乏味？如果沒有辦法避免，也沒有辦法用其他事情取而代之，你會如何讓這些事變得好玩一點，增加多一點樂趣在裡面呢我們希望用這些人物介紹及自我反思的例子，提供你一些思考的基礎。練習反思的重點，在於突破日常事務的限制，按下重新整理的按鈕，發現隱而未見的問題，讓我們能夠順利地抽離日常壓力，享受有品質的休憩時間，一步步往成功的路上邁進。

反思是一個重要的練習，也確實應該認真嚴肅地看待。務必對自己誠實，時不時認真審視自己的生活。就跟所有事情一樣，保持平衡依然是重中之重，在一連串嚴肅的思考練習後，是時候再次放鬆心情了。嚴肅的自我反思需要輕鬆的遊戲心情，兩者不可偏廢。

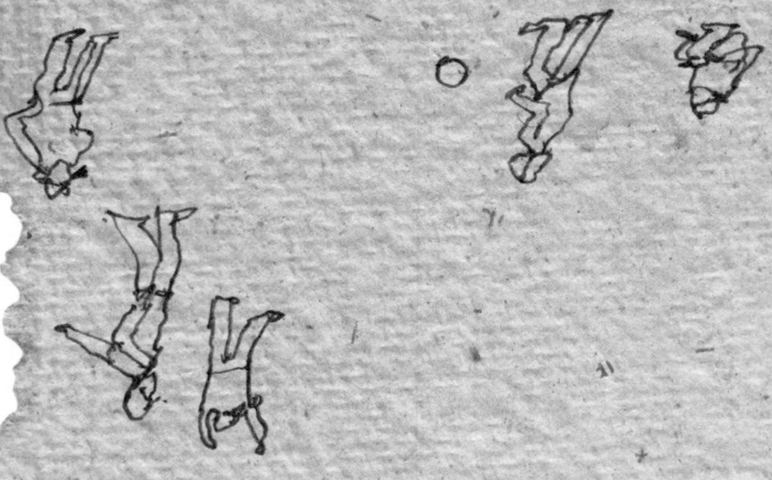

8

像個孩子一樣玩樂

把時間花在累積愉快的體驗上，
在過程中學習、在過程中探索、在過程中發現，
能在浪費中得到樂趣，就不是浪費時間。

在你的方圓二十哩以內，哪裡是最多創意萌發的場所？

我們總是喜歡在各個晚餐聚會問這個問題，雖然你得到的回答會根據你身處的場景或周圍的人而有所改變，但可能最常聽到這些回答：「大學裡」、「當地的新創企業育成中心」或「公司的創新實驗室」，無法否認那些是無數創意產生的場所。然而，就算是在最先進的機構，創意的範圍也是被這些條件所限制的：資金、體制或單純地缺乏想像力。但是，有一個地方，創意不會受到限制，不受自然法則約束。

身邊附近有一個遊樂場吧。沒錯，就是那個有各種單槓、嬉鬧的孩子們、無數優秀的創意點子和「沒有不可能」思維方式的地方。還記得？你曾在那裡享有自由，發明各種東西，擁有發自內心的好心情以及無限個冒險的可能性？大部分的人都遺忘了那份曾經在玩鬧中想拼個輸贏和大喊大叫的心情，但現在重新發現它的重要性並不算太遲。在遊樂場中，我們有機會與深沉的智慧不期而遇。

遊樂場思維

約翰在他位於美國德州奧斯丁市家的附近的街區散步，正在前往最喜歡的咖啡廳的路上。他的腳步被一聲「嗨，先生！」打斷，而這道聲音來自左邊的籬笆一側。

「嗨，先生，」又是這個聲音「我們有一個問題！」看了一眼後，約翰不禁嘴角上揚。他低頭望著這四個小不點，個個都抬頭看著他。他們全部看起來都大約是七歲左右，現在應該是利用課間休息時間來到學校的遊樂場玩耍吧。他露出一抹微笑，想著這點子不錯，聽聽他們要問些什麼吧。」他依稀記得自己孩童時期問過的各種問題；只希望他們不會問他關於放屁的問題。

一個小男孩往籬笆前走近一步。「我們想知道，如果我們發明一個足夠整個地球用的恆溫器，你覺得怎麼樣？」約翰內心已經笑了出來，但還是想看看這幾個好奇寶寶想要做些什麼。「為什麼？」他問。「你們是不是想把學校變成實驗室，用來製造這個恆溫器？」出乎意料地，他們的理由還相當合理。他們說想要讓德州夏天不那麼熱，這樣就能夠種植酪梨樹，還有啊，除了三、四月之外的其他季節也能看到春天的小動物。在約翰繼續提問前，休息時間結束了，這群孩子的老師以他們需要「回去學習」為理由中斷了約翰和孩子們的談話。

約翰在享受他的咖啡時間時，陷入沉思。他覺得這群小孩子有著極豐富的想像力，雖然那個「世界之大的恆溫器」想法可能無論多久都不會實現（都是這該死的熱力學定律不好……），但他們的思維確實讓他開始思考更加宏觀的氣候變遷問題，以及其衍生問題相關的預防科技。這些小孩擁有的熱忱、好奇心以及玩樂心才能促成這些瘋狂的點子，現今許多專業人士都已經失去這些特質。

在約翰的商業輔導課程中，他會幫助客戶跳脫他們的成人思維，讓他們能夠再次像孩子一般玩團隊遊戲。他的「孩童思維」（Child's-Mind）工作坊以這群「世界恆溫器孩子」的趣事中開始，隨後，他會邀請他的客戶像孩子一樣玩鬧，單純地為自己的創意和構思而去實踐，而不是為了虛榮心、成就或政治因素。在這樣玩鬧的狀態中，他們可以全心全意地專注在活動本身，以開拓更加寬闊而不受限制的思考和創造方式，他們的「沒有不可能」思維方式也就被解鎖了。

在他的工作坊結束之時，每個參與者都會展示他們以七歲孩童的玩鬧思維創造出的新商業想法或設計。一名工程師開始介紹他的想法，創造一個巨大，並且能夠容下多間自然學校的生態艙。一名廚師開始構思他的登山探險結合美食之旅的新菜單。這個工作坊把一個滿滿都是嚴肅穩重的出席者的空間變成一個充滿可能性的成人遊樂場。不得不承認，創意和玩鬧是有關聯的。

在反思了約翰的孩童思維工作坊的成功原因後，我們開始思考遊樂園中的氛圍，以及孩子們是怎麼能夠輕而易舉地把任何場所都變成遊樂園的。只要給他們一點時間，他們就能把機場航廈、等待區和餐廳變成實驗室、工地或太空站。一個遊樂場有著能夠讓人玩鬧的環境，這是對想像力和發掘能力至關重要的一個環境，且它可以存在於任何地方，沒有吊桿和攀登架也無妨。這樣想的話，大人是不是也能創造這種環境上的改變，並從中獲得一些什麼呢？

在某些時間和地點當然需要維持成人思維，但是其實有很多工作值得發揮無界限的創意。如果每個人都能把他們的孩童思維方式帶到會議室裡，不管是線上還是面對面的，並用於他們的創作，那就更能夠去探險、笨手笨腳地修補、發明，和靈光一閃的突發奇想，不去擔心別人笑他們傻。為了能夠發揮創意的最大極限，我們需要再次釋放玩興。而玩的中心思想就在於放下自身的日常擔憂，放下過去和未來，並全神貫注於當下。

艾倫・瓦茨

Alan Watts

英美哲學家（1915年1月6日～1973年11月16日）

時機這個東西確實是存在的，這是掌握節奏的藝術但時機和匆忙卻是相互排斥的。

我們過於期待幸福快樂，並急著找尋它，以致於我們在快樂到來時無法盡情地享受。因此，我們是一個長期飽受失望之苦的文明社會，一群正在砸壞自己的玩具，難以應付且被寵壞的孩子們。

活在當下，體驗現在的美好

沒有多少人能和瓦茨一樣，盡心盡力地致力於東方哲學在西方的普及，這裡尤指禪宗。瓦茨擁有神學碩士學位，並以聖公會牧師的身分度過了他人生中的五年。他有無與倫比的天賦，可以發掘世界上各類繁雜的心靈和宗教活動的共通性，並以人們能夠理解的現代化方式詮釋它們。把這一層神秘面紗揭開後，他把這些法則看作一種強大的心理治療方式。他用它獨特的英文腔發表了許多書籍和講座紀錄影片，並感動了無數個生命。

貫穿瓦茨作品的其中一個關鍵思想就是存在於「當下」和適應當下的重要性，以及他對我們是否喪失這項能力的擔憂。我們的思考方式越來越活在未來，因而忘記為當下感到快樂滿足，人過度沉浸於未來可能會出現的事物，忘了甚麼才是真實和真正在我們面前的。瓦茨寫道「未來，是完全的以抽象但又合乎邏輯的元素建立起的，比如推論、猜測、判斷，你無法食用它、感覺它、聞它、看它、聽見它或者享受它。追逐它就好像在追逐一個不斷後退的幻影，而當你追得越快時，它就向著前方跑得越快。」他的話不禁讓人聯想到在賽狗場奔馳的獵犬，追逐一隻它們永遠都追不到電兔。而你，在追逐什麼樣的兔子呢？

瓦茨知道，如果一個人想要活在當下並忘記過去和未來的煩惱，最好的方法之一就是保有孩子的玩興。他在他的書《心理治療：東方和西方》（Psychotherapy East and West）提醒道：「所有單純因為好玩，不帶任何不可告人的動機或考量而做的，都使我們感到愧疚。」並導致我們錯誤地為自己的所作所為找理由。「為了改進工作，我們休息；為了改善品德，我們讚頌主；為了忘記煩惱，我們甚至喝得爛醉。」瓦茨相信，我們需要把因為玩樂和休閒而產生的愧疚心放下，把它們看作是你生活中不可或缺的元素。「西方的心理分析學和東方的解放運動方式，」（這裡的解放運動並不是政治上的解放運動，而是佛教中將自己從慾望和牽絆中解脫的概念）他提議說：「應該可以讓我們意識到，唯一一個有效的方法是呼籲歡愉法則（the pleasure principle），這是使責任和理性，不那麼枯躁的方法。」換句話說，如果你想要有效率地工作以及尋找它背後的意義，你必須同時也重視歡愉和玩樂，隨著在工作中越來越頻繁地使用自動化程序和演算法，這可能是讓人與機器做出差異的因素。

瓦茨遙遙領先於他所生的時代，他預料到了人工智能（AI）的崛起，以及它將來怎麼在日常工作中表現得比人類還好。「現代城市裡勞動的居民們每天主要都在從事與計算和測量有關的活動，」他說道，同時指出機器的效率遠超過做著同樣工作的人類，並因此，他對人類的大腦最終會不會被遺棄抱有一絲疑惑。瓦茨提醒，「如果我們要繼續活在未來，並做一些主要與預測和計算有關的工作，那麼最終人類必須成為這群機器的寄生附屬體。」我們當中的一些人已經處於這種變遷的邊緣，該是採取行動的時候了。

瓦茨相信，如果不想被這個充斥著比人類的大腦還要「高速和高效率的機械和電腦」的世界拋棄，那麼就必須把關注點聚焦於現在，並訓練自己活在當下的本能，而不是嘗試預測未來。「正常運作的情況下，人類的大腦就是最高階的本能智慧（instinctual wisdom），」他堅定地認為，大腦只能在「意識（consciousness）做著它本來該做的事」的狀態下運轉，而不是為了擺脫『體驗當下』而不斷焦慮地想著過去擔心未來，更有意識的處於當下。」我們會在這本書的最後討論這個想法及重新探討瓦茨的這個觀點，並欣然接受人工智慧接管我們枯躁乏味的日常工作，而不感到驚慌。它讓我們有多餘的時間把焦點放在更有人性的事物，比如說創意和同理心。但想從中受益，我們就必須停止與機器在這場「比誰比較忙的遊戲」中競爭，並鍛鍊休息態度，讓其作為平衡的要素。

瓦茨敦促我們放下對時鐘的執著，讓自己沉浸於這個世界，更專注於當下。這是為了讓我們有多一些「卡俄茹斯」（Kairos）時間，少一些「柯羅諾斯」（Chronos）時間。「鬧鐘的時間，」他在《它重要嗎？：人與物質的關係散文》（暫譯，原文 Does It Matter ?: Essays on Man's Relation to Materiality）寫道，它與我們地圖上縱橫交錯的經緯線一樣的真實（或不真實），「它不過是一種文明社會共用的計時方式。」倘若你太過靠近「柯羅諾斯」和它作為提示音的「嗶」聲，以及那些哀嚎中的計時員，那麼你就無法活在當下。「如果被時鐘蠱惑，」瓦茨提醒，「『現在』對你的意義就僅僅是當未來成為過去時經過的一個幾何點。」他相信「現在」是緩解過度使用鬧鐘時間的方法，「如果你以真實的方式感知和感受這個世界，你會發現除了現在，什麼都不存在，或不曾存在。」

雖然在近年來，人們尤其是關於自我成長的社群，對「處在當下」更加的關注，但艾倫覺得整個自我成長的想法是荒謬的：「如果讓我為了自我提升而活成一個完美的自己，那麼我認真地想到的辦法只有讓我分身為兩個我。兩個之中必須有一個好的「我」，而他會幫助差的那個『我』提升自己。」他給出理由說，這種分割不會改善問題，反而會讓問題變得更加嚴重。不管你是不是同意他的說法，我們當中確實有很多人執著於提升自己，讀了一本又一本的書，出席了一個又一個的工作坊。儘管如此，他們卻不願意靜止下來反思他們自身的本質。這種對於自我提升的投資並不是「成長」，它是一種抵抗焦慮。倘若你正在閱讀這本書，我們鼓勵你時不時放下這本書，思考一下這些思維模式與你的生活有什麼關聯，以及你該怎麼樣在生活中實踐它們。為了真正地提升自己，有時我們不得不在自我成長的過程中騰出一些時間休息，並純粹地和當下腦海中的想法和諧共存。

練習

盡情活在當下

你上一次像孩子玩耍一樣，讓自己全神貫注於一項活動是什麼時候呢？當你不考慮任何事，覺得管他的做就是了的哪時候？請列出於去年發生所有你能想到的時刻。你做了甚麼？是什麼時候，在哪裡做的？有沒有任何玩樂的元素？如果適用，什麼情況（例如請了一名保姆或一個長週末）促使你做出這個行動？接下來，請查看你的清單，看你能不能找到其中的規律。什麼樣的活動讓你能夠感覺更處於當下，盡情地玩樂呢？什麼樣的情況可以幫助你或阻礙你活在真實的現在？一旦完成這項反思，你便可以嘗試盡情地活在當下，並盡情地玩樂。

用孩子的眼睛看世界

MoMA 館長和《世紀之子：與設計一起成長，1900 ~ 2000》（Century of the Child : Growing by Design 1900 ~ 2000）的作者茱麗葉・金欽說道，「孩子們能夠幫助調和現實和理想。」遊樂園是兒童把實體世界打造成幻想之地的場所。我們相信能以正確的意圖把任何場所打造得很有趣。在遊樂場，會自然找到像「燈籠一樣的意識」（lantern–like consciousness），而在成人的工作場所，例如辦公室、零售店和工廠，能夠找到像「聚光燈一樣的意識」（spotlight–like consciousness）。

你可能在想：「等等，燈籠、聚光燈、遊樂園以及意識有什麼關聯嗎？」

艾莉森・高普尼克加州柏克萊大學的心理學教授，TED 演講者，暢銷書的作者，同時也是頂尖的發展心理學研究人員。他對兒童學習和他們是怎麼發展認知能力的問題特別感興趣。他在他的書《寶寶也是哲學家》（The Philosophical Baby）中形容道，兒童以他們的「燈籠意識」探索並塑造周遭的環境。他們觀察身旁的所有事物，就像燈籠的光向四周散發光芒一樣。他們專注力的缺失是有目的的，因為這讓他們更容易感到喜悅、發現可能性。燈籠意識是他們理解一切的方式，從社交場合到物理學。他們的思維使周圍的事物都散發著光芒，能夠在原本看似毫不相關的事物之間找到新連結，在危機中看見轉機。

高普尼克解釋道，與燈籠意識相反的是我們在成人身上所看到的意識，這也被他稱為「聚光燈意識」。大人對他們手中的工作任務有著很傑出的、如同雷射光束一般的專注力，卻常常忽略了周遭其他有趣的事物。像聚光燈一樣，只聚焦於眼前的事物並照亮它們。這種意識往往產生限制，尤其是想像力和創意。

創意是把無數個點連接起來，而玩興則讓我們找到這其中的規律，並創造新的連結。不管是對孩子還是對成人來說，他們解決問題的關鍵是把這些點和有創意的玩樂連接起來。這也能讓他們培養看見可能性的能力。高普尼克也指出，「兒童的大腦具有非常高的可塑性，這個特質適合用來學習，而不是完成任務。用來探索，而不是開發利用。」正常人的大腦是一座能夠根據過去豐富的經驗快速地做出決定的機器，然而，它常常讓我們把自己困在陳舊的思維方式和規矩當中，這讓我們無法用像孩子一樣的方式去探索，想出讓人難以置信的解決方案以及不受任何條件限制的新點子。回頭看前面探討創意的章節，我們可以發現，成人的思維適合（有意識地）地做初期計畫和最終確認等階段的工作，而兒童的思維則比較適合（無意識地）醞釀點子並從中得到啟發。

幸運的是，就算身為大人，也不必永遠困在聚光燈意識裡。其中一個暫時轉變為燈籠意識的好方法就是常常讓接觸陌生的新想法，並嘗試從別人的角度觀看這個世界。在迷幻藥的影響下，成人的燈籠意識也會變得尤為明顯，近年來，人們熱衷與研究迷幻藥對大腦產生的影響，高普尼克在第一次看到這些研究成果時感到相當驚訝，這是因為研究結果顯示，服用了 LSD（迷幻藥的一種）的成人的大腦運作方式和兒童的非常相近。「簡單來說，嬰兒和兒童無時無刻都處於使用了迷幻藥的狀態。」

有趣的是，根據我們自己的經驗，可以證明科學家，尤其是物理學家，是一群對於迷幻藥體驗相當開放的人，他們藉此探索心靈，並試著在淺意識裡發掘正在研究的問題的解決方法。麥克斯的博士論文（關於在量子力學的範疇中，時間概念是如何變得模糊）背後的核心思想，就是在他經歷了「心靈狀態改變」的狀態下找上他的。如果你想要了解那些遠遠超出基本常識和日常生活經驗的概念，例如基礎物理學以及它與時間的關係，你必須意識到，我們是透過成人的「理智的」腦袋（雖然這在許多情況下都十分有用），這樣帶有成見的有色鏡片來建構這個世界的認知，但這並不是觀看世界的唯一方式。

在各種形式的留白時間裡，我們的思維和想法都比較像燈籠。但是一旦不小心，就會再次陷入熟悉的例行公事中，把重心放在行事曆和結案日上，在我們自願踏入的迷宮中跑來跑去，我們變得憤世忌俗又嚴肅。當想要有所突破時，即使真正需要的是擁有燈籠思維，我們卻可能會把僵化的聚光燈思維投射在工作夥伴上。我們限制而不是開拓思維方式，甚至把這種方式也套用在其他人的身上。想要反其道而行，只需要觀察孩子們玩鬧。如高普尼克所言，「如果你想要真正了解擴展意識（expanded consciousness）是什麼，你只需要坐下來，和一名四歲的小孩一起喝杯茶。」

愛麗絲・華特斯

Alice Waters

美國廚師，餐館經理，社運人士以及作家

這就是我每個禮拜天在做的事：邀請朋友們來家裡。我準備了從當地小農市集買來的食材，其實並不是很清楚到底要煮什麼，現場即興發揮。然後，和朋友們一起擺好餐具、一起清潔整理。這真的是我每個禮拜都非常期待的一段時光。

用時間交換快樂

從這裡，我們能夠和愛麗絲．華特斯學到兩件事。第一件事，就是在這個與時間賽跑的行業，給予自己一段留白時間可以幫助培養更多的創新能力和熱情（這我們也已經在瑞典餐廳 Fäviken 的故事中看到了）。第二件事，花時間烹飪和慢慢地享受食物可以找回玩樂的興致。

華特斯是加州柏克萊市知名餐廳潘妮思小館的老闆，他不以查看電子郵件或觀看新聞來開始新的一天。取而代之，他會盯著家中餐桌旁的爐火瞧。用爐火烤麵包，然後再塗上一層新鮮的鷹嘴豆泥。細細地品嘗著早餐，搭配一杯泡了許久的後發酵茶，以及木柴燃燒而散發的淡淡木香，像這樣慢慢地品嘗食物是他畢生事業的核心。食物對於愛麗絲來說，同時是工作也是玩樂，而烹飪是處於當下且充滿無限創意的活動。

華特斯於一九七一年開設了潘妮思小館，並奠定了後來被稱為加州菜系的料理的根基。幾十年（且獲頒無數的榮譽）後，他成為一名先驅和社運人士，籌劃並帶領了多項活動，希望藉此改變美國人的飲食習慣，轉而使用本地，有機和永續食材烹煮的食物。華特斯一直試著呼籲美國人重視他們所吃的食物，從推廣「慢食運動」（slow–food movement）到提倡學校提供更加營養的食物，再到拒絕把藍鰭鮪魚作為餐館菜單上的料理（因為捕撈方式對生態造成極大的傷害）。他的這家旗艦餐廳坐落在沙特克大道上一間溫馨舒適的小房子裡，一路走來，他的餐廳仍然是美國最受敬重的餐廳之一。愛麗絲在餐廳的過程中不斷創新，與其在不斷地倦怠和靈感之間徘徊，他以可持續保持的方式分配他的工作量。他總是能夠為「當下」和玩樂撥出時間。

他說「在餐廳、咖啡店和下午茶館，我們有雙廚制度，我很難解釋它有多重要。這代表著你有一整群的廚師，在緊急時刻，或當某個員工需要更多休息時間的時候，他們便能夠接手這些工作。員工因此有更多時間陪伴家人，或專研食材與料理。他們可以在白天而不是晚上工作，可以回家吃晚餐。自從我們開始這麼做之後，因著員工之間健康的競爭和合作，料理變得更美味了。這個方法真的激發了更多的想像力。」當一群才華橫溢的廚師可以自由地「玩弄」食材時，神奇的事就發生了。因此，潘妮思小館之所以能夠以一流、創新和有趣的食物聞名絕非偶然。

你無法強迫創意的出現，你肯定也無法強迫自己玩樂，但你可以支持一個能夠幫助我們培養玩興的工作文化。這麼看的話，我們能夠從愛麗絲・華特斯和潘妮思小館身上學到很多知識。其中最重要的就是放慢你的腳步並創造一個有創意、創新、歡樂、以及更符合人性的空間。騰出一些休息時間來玩食物吧。

練習

不事先構思菜單，即興地和朋友、家人或工作團隊一起烹飪，共享一餐

到一個小農市集開啟購買食材的尋寶之旅。比起直接翻開你的食譜，更可以自由發揮，讓創意帶領你去嘗試不同的烹飪方式和食材搭配。你們可以一起分工合作，歡笑，並在烹煮的過程中嘗試味道。我們強烈推薦安德魯・唐納柏格和凱倫・佩吉的《風味聖經》（The Flavor Bible），讓你不需要制式的食譜也能找到靈感。愛麗絲・華特斯也提醒：「我們想要坐在餐桌旁，想要聞到火的味道，想要以這種方式邂逅料理。我也仰賴大自然作為老師，它從人類文明開始時就一直在那裡，自然也存在於我們每個人之中，而我們必須與它建立更深的連結。」

欣然接受愚蠢的點子

當剝奪自己玩樂的權利時會發生什麼事呢？肯定不是好事。事實證明，適當玩樂和擁有良好的睡眠品質以及均衡的飲食一樣重要。

斯圖亞特·布朗博士將他的時間和注意力全投注於研究玩樂在人類生命的重要性，並探討人類和動物玩樂的演化過程。他還同時經營美國國家玩樂研究院（National Institute for Play），這是一家致力於將遊戲中的知識、習慣和好處帶入真實生活中的非盈利性組織。根據布朗博士的研究，如果成人無法獲得足夠的玩樂，其後果包括「缺乏重要的生活參與感；缺少樂觀態度；墨守成規地生活，沒有好奇心或想像力來改善他們的處境；容易成為逃避生活的人。」最糟糕的是，布朗最後還補充了一個特點：「對於自身的感覺，覺得自己比起人生的贏家，更像生活中的受害者。」

如果仔細地觀察周圍，這些缺乏玩樂的症狀在成人世界裡其實挺常見的。一些成人甚至把玩興看作是一個人不成熟的象徵。對於他們來說，玩樂是無稽之談，是在浪費那些可以拿來工作、提高生產力的時間。在「巧克力冒險工廠」（Willy Wonka & the Chocolate Factory）這部電影中，一段劇本中的對話反駁了這種觀念：「我從來沒有見過任何一個人，像他這樣胡說八道！」喬治娜奶奶說道。對此，旺卡爺爺回應道，「真正聰明的人都喜歡偶爾胡說八道。」

旺卡先生的話中其實含有很多的智慧。一些人認為沒有意義的玩樂可能是提高生產力最好的方法，不受限制，充滿幻想的思維可以帶來突破。愛德華·哈洛威爾，一名專攻腦科學的心理學家解釋，很多著名的創作者都是在玩樂的狀態下得到新的發現：

哥倫布是在玩樂的時候偶然發現地球是圓的。當牛頓的大腦處於玩樂狀態時，他因為看見一顆蘋果樹而聯想到萬有引力法則。華森和克里克在把玩各種 DNA 分子可能的形狀時，偶然發現雙螺旋。莎士比亞一生中都在玩強弱五音步。莫札特（Mozart）在他不演奏時幾乎沒有清醒的時刻。

提到創新，在理想和現實世界中探索，我們觀察到孩子們在遊樂場上孕育出一種有韌性、包容性和想像力的文化。從這個方面來看，他們站在烏托邦思想的核心，他們激發一個不同的、更好、更明亮的未來的想像。在遊樂場的那群孩子對約翰講提出「世界性恆溫器」的想法一點也不愚蠢，他們是聰明的。現階段他們可能因為缺乏嚴謹的態度和分析能力，無法把這個想法發展到下一個階段，但是單單擁有這個想法就足已經遙遙領先許多成人。這是突破性發展最理想的起點，擁有正確的思維，愚蠢的想法，甚至是不可能實現的想法。就像愛因斯坦想像自己坐在一縷光束上一樣，思想實驗，打破物理定律或過度簡化現實世界的假說等，是讓人類在科學領域突破和進步的原因。這些將玩樂之於科學思維的例子，最優秀的科學家往往珍惜、讚頌這些愚蠢的點子。

我們之前提到過的發展心理學家艾莉森・高普尼克說道，「不是說孩子是小科學家，而是說科學家是大孩子。科學家可能算是成人中少數保有時間去探索、玩樂、搞懂這個世界到底是怎麼一回事的一群人。」如果與科學家聊過天，尤其是最有成就的那些，會發現，他們可能是唯一會公開地承認他們的工作內容只不過是比較複雜一點的玩樂的一群人。

但無論工作類型如何，每個人都可以成為大孩子。作為成人，需要從孩子的玩興中學習。對我們來說，在這個環境和社會經濟都有極具挑戰性的時代，玩樂能夠彌補目前所處的情況和想像中的美好世界之間的差距，我們需要給予自己一些時間和空間玩樂。正如旅遊作家羅爾夫・波茨在他的書《流浪》（Vagabonding）中所說：「如果你覺得比起在小學六年級時，現在的時間過得比較快，那可能是因為身為大人的我們還沒有真正的使用自己的權利，為自己制定休息時間表。」在玩興中，時間過得緩慢。在玩興中：不尋常的事可能發生。我們不是建議你應該要在遊樂場度過餘生。然而，如果偶爾把遊樂場思維帶到辦公室、家裡的客廳或工作室，那我們可能就可以從中受益。

你不必因為從日常職責中抽出時間來玩樂而感到愧疚，這對你的工作是有幫助的。你可以把這段時間當作是為創意和整體幸福感而做的投資。如果你將在下週和你的工作團隊一起去田野調查，那會發生什麼事呢？如果你嘗試向一群富有冒險精神的十歲孩子推銷你的創業點子，又會怎發生什麼事呢？如果你和你的朋友一起晚耍，那會是怎麼樣子呢？除了感到開心和好玩之外，你還會發現新的可能性，這是在成人的例行公事中無法看見的。

要把聚光燈模式轉換為的燈籠模式，其中一個最好的方法就是打破常規，讓自己重新找到驚奇和感嘆的感覺。在平常熟悉的環境中，要戒掉根深蒂固的習慣和模式並不容易，但是如果改變身旁環境，那一切就簡單得多了。到異地旅行，將自己置身在不同的文化中，不得不暫時放下原有的價值觀，重新學習新的文化，這是解鎖新的思維模式最好的辦法之一。接下來我們將深入探討旅行，但在這之前，見一見這個能夠在最簡單平凡的生活中尋找玩興的大師。

赫曼・赫塞

Hermann Hesse

德國詩人和小說家（1877年7月2日～1962年8月9日）

你對每一分鐘的高度重視，把匆匆忙忙當作是生活中最重要的目標，毫無疑問地是快樂最危險的敵人。

那個生平第一次摘了一朵小花，以便在工作時能就近觀賞它的人，已因此向人生中的喜悅邁進了一步。

因錯過而獲得

想到娛樂，聯想到的第一件事可能是那些壯觀的電影大片，在派對上和朋友一起瘋狂的夜晚，或者在有著異國情調的地方度過的令人難忘的冒險假期。不管是什麼樣的娛樂活動，它可以是盛大且令人覺得眼花瞭亂的。越大越好。越快越好。雖然說這些活動有它們存在的道理，但能長期維持的休閒娛樂可能與這些深具刺激性的活動恰恰相反。

赫曼・赫塞在德國南部的一個小鎮出生和長大。他的家人是虔誠的基督教徒，但是是以一種「不傳道，只以其道生活」的方式。他的許多親戚尤其是他的祖父母，都曾是傳教士，在印度生活了相當長的一段時間。這種與亞洲的連結激發了赫塞對佛教思想和哲學的興趣，這在他後期的作品中更是的明顯。一九一一年，他踏上前往印度的旅途。然而，這趟旅途的經歷讓他感到十分沮喪，其中主要原因來自於他所見識到的極端貧困，這也對他產生了不可磨滅的影響。在敷衍應付地試著成為鐘錶匠學徒和之後的書店店員後，赫塞最終成為一名受人尊敬的作者，奠定了他的地位。他著名的作品有《德米安：徬徨少年時》（Demian）、《荒野之狼》（Steppenwolf）和《玻璃珠遊戲》（The Glass Bead Game），以及麥克斯最喜歡的小說《流浪者之歌》（Siddhartha）。他也在一九四六年榮獲諾貝爾文學獎，「他非凡的作品，在大膽和極具穿透力的同時，也體現了經典的人道主義理想和高品質的風格。」

早在二十世紀之初，在不知道下一個世紀會帶來什麼樣的極端變化的情況下，赫塞就已經將我們對快節奏娛樂的追求，視為一種嚴重並且令人堪慮的問題。他覺得許多處在同個時代的人過於專注在工作和庸碌的生活，並因此「沉悶且無愛的度過他們茫茫的一生」。但他看到的問題不僅是人們對工作的態度，他覺得人們經常對娛樂抱著相同的態度：「我們享受人生的方式往往和工作所帶來的壓力一樣令人心煩和緊張。我們的座右銘是『盡可能多，盡可能快』於是，娛樂越來越多，快樂卻越來越少。」

赫塞可能是第一位直言不諱地推廣「錯過的喜悅」JOMO（joy of missing out）的人，很多人常常不斷地擔心錯過下一個大事件，不管是職場上的新發展還是一場朋友們都會出席的派對。然而赫塞深信，錯過這些事情能夠提升生活和工作品質。我們不需要關注每一篇新聞報導，看每一部新的電影，立即閱讀和回覆收到的每則訊息，或了解專業領域內的每一個新動向。實際上，這些短暫性覺得有成效或有趣的事，往往會讓我們從真正的效率和喜悅中分心。與其擔心會錯過什麼事，不如為因錯過而獲得的多餘時間和精神空間喝采，並勇敢地捍衛這個決定。

即使他在以下引述的例子可能有點過時了，我們仍然能把這段引述中所講訴的普遍觀點套用到今天（你只需要把「每週電影系列」替換為 Netflix，「出版物」替換為迷因就可以了）：

在一些特定的圈子裡，「節制」需要拿出錯過一場首映會的勇氣；在某些工作圈，不去閱讀幾個禮拜前發表的出版物也需要勇氣；在大部份的生活圈，如果一個人沒有讀過當天的報紙，他就會成為被嘲笑的對象。但我知道，有一些人對他們所展現的勇氣一點也不後悔。別讓那些訂閱了每週電影系列的人覺得如果他每隔週才使用一次是一種吃虧。我保證：不管怎樣他都賺到了。讓那些習慣在展覽中快速地觀看大量作品的人嘗試一次，如果他們還能夠做得到：花一個小時，甚至是更多的時間欣賞一幅傑出的作品，並為此感到十分滿足。他也會因此而從中得到收穫。讓那些「雜食性」的讀者也試試同樣的方法。有時候，他會因為無法參與某些出版物相關的討論而感到懊惱；有時候，人們會因為他跟不上話題而訕笑。但很快的，他會因對此有更深的了解而為自己而笑。對於不願受到任何約束所限制的人，可以試著養成每週至少一次十點鐘上床睡覺的習慣，你會驚訝於這個小犧牲所能帶來的豐厚回報。

偶爾在享受上有所節制，並從中撥出一些休息時間，這樣的話，在真正沉溺於娛樂活動時，能夠感到更加的快樂。毫無節制地享受最終只會讓我們感到乏味，忘記該怎麼好好玩耍。

「珍惜具體而微的喜悅的能力，和節制的習慣是密切相關的，」赫塞深信。「這項能力原本對每個人來說都是與生俱來的，它是喜悅、愛和詩意的前提，然而，在現代的日常生活中，它們不被重視，或者說幾乎已不復在。這些簡單微小的喜悅，在日常生活中是那麼的不顯眼，它們散落在各處，以至於那些擁有枯燥乏味心靈的勞動者難以察覺它的存在。」我們應該放慢腳步，停止自我感覺良好的忙碌生活，真正地去感受我們周遭一切具體而微的美好事物。「慢慢地，我們的眼睛能夠不費吹灰之力地發現無數的細微喜悅，思考大自然和城市的街道，去體驗日常中無窮無盡的樂趣。」真正的快樂可以很簡單，只需要花一點時間尋找它。這些具體而微的喜悅往往能夠激發好奇心，讓新的想法和創意萌發。它讓我們的作品重獲新生。

留白時間的關鍵在於更有意識的地利用時間，這也包括注意到一些可以讓生活充滿喜悅的細微時刻。赫塞的建議本質上是一種「微量」的休息：「一片天空、一堵枝葉懸垂的磚牆、一匹強健的馬，一隻可愛的狗狗、一群孩子、一張美麗的臉龐，我們為什麼願意剝奪周遭的這些事物呢？」是的，不是所有人都能夠隨心所欲地擁有一段自由的長假，但赫塞建議的形式是每一個願意嘗試的人都能夠輕而易舉地得到的。在真正準備好享受長假帶來的好處之前，必須先學會對這些時光心存感激。「對於覺得時間總是不夠用或是對生活感到麻木的人，這是我的建議，」赫塞寫道。「每天盡可能地尋找一些細微的喜悅，把更大的快樂留給假期或其他適當的日子。比起更強烈的喜悅，這些簡單的喜悅才是能讓我們在日常生活中卸下負擔並放鬆一下的事物。」

練習

微量的留白時間，記錄讓你嘴角上揚的簡單事物

你是不是將自己沈浸於忙碌中，像上癮一般進行休閒娛樂，以致於忽略了生活中小小的、真正的喜悅呢？今天，把你的目標設置為暫停手邊的工作至少三次，並發掘任何能夠讓你嘴角上揚的簡單事物。公園裡玩鬧的孩子、一朵美麗的花、對你回以微笑的人，或者劃過樹梢的風聲。如果你能夠把它們紀錄下來，那就更好了。接著明天、後天都重複做同樣的事，每天持續地這麼做，直到這種留白時間的小習慣變得自然而然。這樣，你就會在日常生活中的各個角落發現無窮無盡的樂趣。

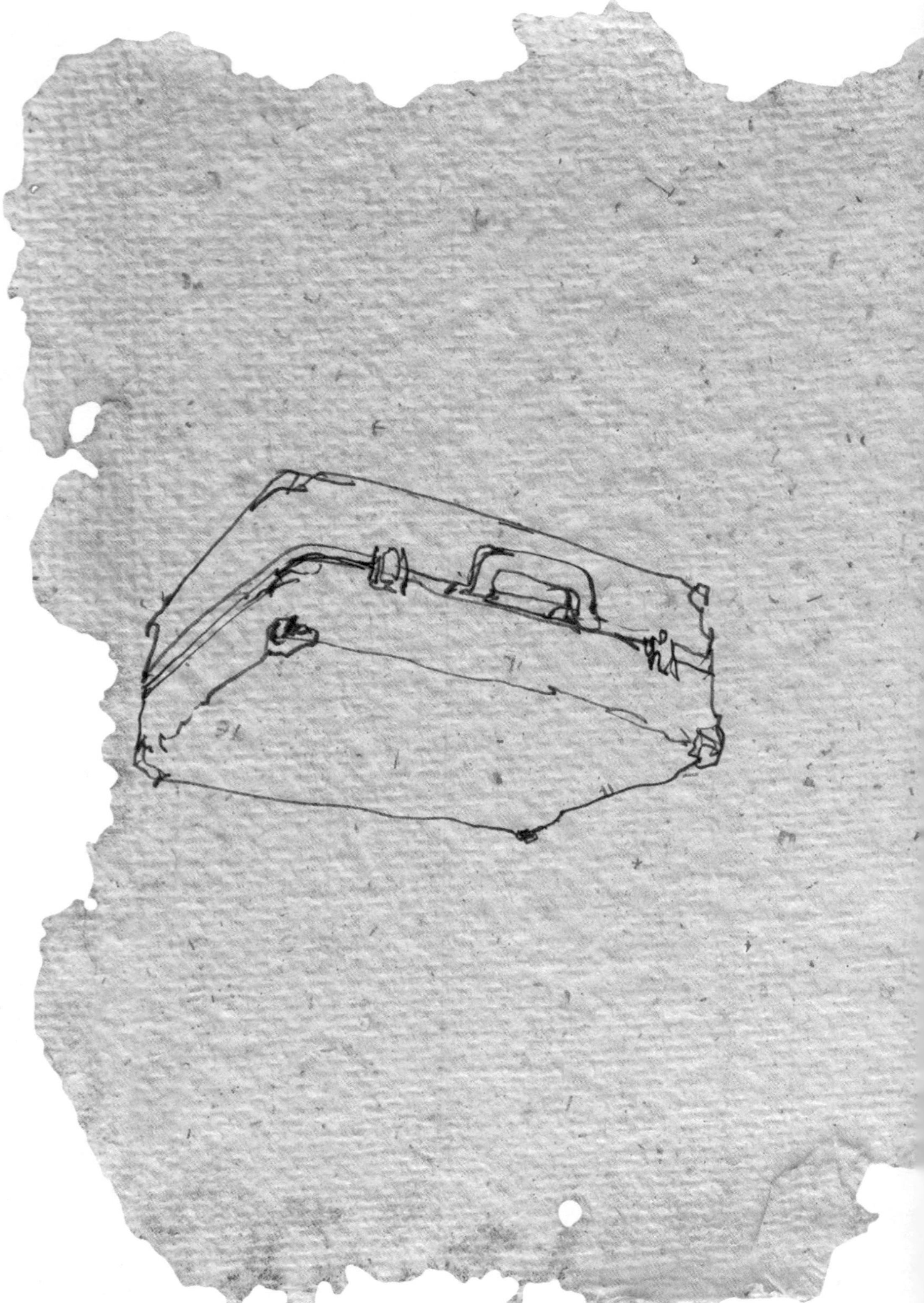

9

豐富行囊的旅行

離開當下，探索空白，
旅行，是熱情迸發與靈感洋溢的歷程，
跳脫束縛，練習重組生命裡的每個選擇。

對工作速度踩煞車

幾乎每一個擁有博士頭銜的人都會告訴你他們多麼討厭寫論文，這個過程有多痛苦和折磨人，他們因為迫在眉睫的截止期限而承受了多少壓力，每天只寫幾個字的人，因為論文苦惱了幾個月。但麥克斯就不一樣了。他會告訴你他在這個過程中感到十分愉快，並且他從寫下第一個字到完成整篇論文只花了不到六個禮拜的時間。這段日子同時也是他人生當中最高效率卻又輕鬆和沒有壓力的日子。實際上，寫論文的過程讓他覺得像在度假一樣，從某個角度來看，他還真的是在度假。

和大部分普通的博士生不同，他不會像這樣寫論文：把自己鎖在房間、大學的辦公室或圖書館裡。麥克斯選擇改變他的環境，從倫敦繁忙的城市生活中跳脫出來，逼自己盡可能地不使用網路。他也想要去探索一個他從來沒有到過的地方，和大自然融為一體。於是，他決定到希臘完成他的論文。作為許多西方文化的發源地，這個國家應該很適合讓他將他的學術成就彙編成一部有條理的著作。倒也不是說他自欺欺人地相信自己能夠為這個文化做出任何顯著的貢獻；他的論文幾乎都是抽象的數學概念，它並沒有太多可以直接應用的地方。

麥克斯在俯瞰埃爾穆波利的山間租了一間小房子。埃爾穆波利是希臘小島錫羅思的一個港口城鎮，遠離塵囂和自然風光的完美結合，同時也享有城鎮的便利性，輕易就能購買日常用品以及還不錯的網速。二〇一六年八月中旬一個溫暖的傍晚，他提著一個裝滿了博士時期累積下來一本又一本的筆記本，坐上從雅典出發的輪船抵達錫羅思。他友善的房東貝蒂和楊尼斯在港口邊溫暖地迎接並歡迎他的到來。他們不僅讓他在錫羅思有家的感覺，還帶著他認識了當地的文化特色和當地的拉克酒。

他花了幾天的時間探索這座小島，很快地就習慣了在孤獨中沈思和刻意安排休息時間的作息，這其中也穿插了短時但高度專注的寫作時間。每天九或十點起床，這對他來說其實蠻早的，以冥想和伸展運動來開始一天，然後到山裡慢跑，或騎著租來的小摩托車前往一個美麗的沙灘游個泳。接下來，悠閒地準備一份豐盛的早餐，之後則是一小時的閱讀時光。只有在做完這些之後，他才會在午後到鎮裡的小咖啡館裡，開始這一天第一個為時六十至九十分鐘的寫作工作。儘管寫作時間不長，但早上的行程讓他能夠處於平靜專注的狀態，文字也就自然地從筆下流出。在這段期間，麥克斯從未經歷過寫作瓶頸。在完成了一些寫作後，也許還會在咖啡館吃頓簡單的午餐，然後回到家裡小睡一會，讓大腦消化他先前寫的東西。接著再次出門探索這座小島、購買生活生活所需、游泳、到沙灘散步或繼續閱讀，這些活動並不會讓他一直想到「工作」。受到當時正在重讀的亨利・大衛・梭羅的散文集《湖濱散記》鼓舞，麥克斯花了許多午後時光來做麵包，他很享受這個興趣，到今天也仍然如此。當然，這並不只是為了美味的成品，還有冥想與反思方面的效果，揉麵團、等待發酵的緩慢過程有助於放慢腳步，專注於當下。

在這之後，他開始今天第二次的寫作，隨後再給自己充足且不受干擾的時間沈思。他常常利用這段時間來做其他次要的工作，像是自學人工智慧和深度學習，一個他當時才剛開始接觸的領域，後來卻成為他的主要工作。他採取了一種從容的態度，不需要追求任何成果，也不需要擔心公司的交付工作，讓自己以探索的方式來學習，而不是死讀書。

在一天接近尾聲時，為自己倒一杯紅酒，並坐下來繼續深夜的最後一次寫作。一開始時，紅酒能夠激發創意，但漸漸地就會讓他開始分心。這時候，他就知道是時候結束這一天了，或者是時候看一部電影或讀一些小說來放鬆一下了，也許搭配一兩杯當地的紅酒，然後好好地睡一覺。

大部分的人可能不會將這樣的日常行程與高生產力聯想在一起。畢竟，麥克斯每天只花不到四個小時的時間積極地「工作」。然而，在這個能激發靈感的新環境中，正是這樣悠閒的日程讓他能以比任何人都快的速度完成論文，還能一邊享受美好的休閒時光，甚至完成了一些停擺許久的次要工作。他的思緒變得更加的清晰和敏銳，對麥克斯來說，在錫羅思的這幾個禮拜是他經歷過最有效率也最悠閒的一段日子。

放慢步調，悠閒旅行

當然了，參觀一個地方的熱門觀光景點、手裡拿著著一杯雞尾酒躺在沙灘上放鬆、踏上一趟長途的公路旅行，走得越遠越好。這些活動肯定能帶來的無限的樂趣和益處，但是最好的方式往往是以更輕鬆、悠閒的慢節奏旅行。這不是在逃避日常工作，而是將旅行融入到生活中，讓我們有機會真正地體驗、探索一個地方以及跳脫日常環境時，發現那個與平常不同的自己。非常建議每一個人都試試看相同的方法，是的，根據你自身的情況，請一個長假可能不是那麼簡單，但幸好你並不需要特地跑到希臘來享有這種旅行方式的好處。

如果你負擔不起長途旅行，也可以前往附近陌生的地方。在一個晴朗的週六下午，約翰決定把手機留在家裡，然後漫步到德州奧斯汀市內的一個他不曾到過的地點。這是位於城市東邊的一個區域，有著濃厚的拉丁文化氣息。在這裡散步一段時間後，約翰覺得他有如身處於墨西哥一般。新鮮出爐的甜麵包香氣、建築物側面螺旋狀的彩色壁畫，以及商店櫥窗裡閃閃發光的錫製飾品，都像是在告訴他，他人就在瓜達拉哈拉。他和當地的居民以西班牙語小聊幾句，甚至在附近的酒館小酌各種梅斯卡爾酒，這整個下午就像是一趟墨西哥之旅。就某個程度來說，他甚至覺得這趟旅行比他的一些長途旅行更美好。約翰不用事先預訂當晚的旅館或回家的機票，他離家裡的床僅是一小時的步行路程。

搭乘長途飛機到遙遠的國度的興奮感是無庸置的，但是當行程無法擠出數週的時間來趟異國之旅時，也許附近公園就有未知的地方等著我們去探索。除了能夠體驗新的文化，看見城市的不同風采，還能發掘所居住的城市或小鎮美麗的多樣性。到城市另一端的小農市集買菜，或者在散步時能有什麼新發現。其實這些事情都是到國外旅行時會做的事，只需要把同樣的心態套用在你現在居住的地方就可以了。赫爾曼・梅爾維爾在《白鯨記》（Moby Dick）中寫道，「真實的地方，從來就不在任何地圖上。」

遺憾的是，很多人把旅行視為他們繁忙的工作生活的解藥，如同一場全力衝刺的短跑，最終這趟旅行就和塞滿行程的日常生活一樣匆促。許多的旅客喜歡匆匆忙忙地從一個景點去到下一個景點，而不是真正地體驗這些地方。當說到長期的旅行，人們通常聯想到的都是這種旅行方式，又或者是另一種極端，也就是什麼也不做。我們經常幻想著，在變得富有後就要逃往一個熱帶天堂，但我們極少問自己，到達那個天堂後的會做些什麼？正如羅爾夫・波茨在他的著作《旅行是為了放大生命的極限：出走不是為了逃避現實，而是想讓人生更加精采》（Vagabonding：An Uncommon Guide to the Art of Long–Term World Travel）中寫的，即使你只有少數的金錢，「那股渴望被可可脂香氣環繞的熱情，很有可能在你把錢花光前就被磨光了。」我們想像中的熱帶天堂只不過是日常工作壓力的一個對比，一旦這些壓力消失，這種天堂般的幻想就失去了它的魔力，甚至顯得挺無聊的。

真正的旅行並不是這樣的。它不一定是所費不貲或十分倉促的，也不一定是一項很快會變得無聊的消遣（倒也不是說偶爾純粹的放鬆有什麼不對）。波茨在這裡特別地提到長期旅行，「如果說，在你剛踏上旅途時有什麼關鍵的原則是你必須牢記的，那就是放慢腳步！」我們相信這同樣也適用於短期旅行。與其把旅行當作是另一種裝備，有著美麗外表、包裝好的體驗，如同購買衣服或家具時一樣。不如放慢節奏，尋求這種體驗的深度，而不是廣度。這並不是意味著必須和很多人一樣，執著於「遊客」和「旅人」之間的差別。這種執著只會讓我們對旅人的意象過於癡迷而試圖成為一個旅人，而不是純粹地用心體驗旅行。「與其花心思想著自己到底是一名遊客還是旅人，」波茨建議道，「旅途中，讓我們能夠真正看見周圍環境的秘訣就在於保有純真。」像孩子一樣玩耍，睜開雙眼，打開燈籠意識，讓周圍環境為你帶來意想不到的驚喜和靈感。

在旅行時，你被周遭陌生的景象、不熟悉聲音和味道環繞，即使只是買菜或搭公車這樣平凡的事，都變得新奇有趣了起來。這些平凡的事情讓我們覺得自己好像真正地生活在一個地方，如果我們從不放慢腳步，就會錯過這些美好。這聽起來可能有些老套，但旅行確實是對我們的一種犒賞。如同老子說的，「一名旅人沒有特定的計畫，也不會執著於抵達目的地。」波茨提出他的觀點：旅行的核心在於「學習日常生活」每個決定不去餐廳，而是到當地的雜貨店或小農市集找尋食材的旅人都知道這一點。香料獨特的氣味、從沒見過的水果和蔬菜、異國風味的魚和肉，這些對當地人來說微不足道又平凡的事物，在旅人的眼中，都能激起好奇心和無限意與可能性。

如果確實地實踐它，把這種旅行的思維帶到生活中，發掘日常生活中的小細節。這不僅能讓我們用相當不同的方式體驗旅途上的新事物，在旅途結束後更是如此。如果能夠把這種旅行精神帶回家，如同約翰在奧斯汀市漫步之旅，在家鄉感受異國風情。慢下來，透過旅人充滿好奇心的雙眼觀察我們的周遭，這和全心投入於遊戲的孩子並沒有太大的區別，甚至連每日通勤或是在公園散步都能是一趟有趣的旅程。你可能會發現創造性突破和絕妙的點子一直以來都在眼前，只是我們因為太忙而不曾注意到它。

施德明

Stefan Sagmeister

美國平面設計師

我們花了大概……人生前二十五年的時間學習，把另外的四十年完全留給工作。最後還有大概十五年的退休時間。我認為，把這段退休時間中抽出五年，並分配穿插在工作時間裡，可能會對我們有所幫助。我自己很享受這種做法。更重要的是，我這些年來的作品回流到公司和整個社會，而不僅僅是讓我的一兩個孫子受益。

註：施德明是中國平面設計師王序為 Stefan Sagmeister 起的中文名字，這個名字更為華人設計圈所熟知。

從高速的追求中刻意暫停

施德明是個有個狂放思想的人。他和夥伴共同創立了位於紐約市的設計公司 Sagmeister & Walsh Inc.。在紐約市，他對平面設計、故事和字型排版學的獨特見解讓他迅速地受到關注和讚揚。在這之後，結合他所熱愛的設計和音樂，並與眾多多產的音樂家合作。他曾經為路・瑞德、OK Go、滾石樂團、大衛・伯恩、Jay–Z、和史密斯飛船設計專輯封面。但他最為瘋狂的想法之一，是為了休假而把他的設計公司關閉整整一年，利用這段時間作為進修假期。在業務穩定增長了七年後，他為整間公司按下了暫停鍵。

這是一個相當不容易的決定：「當時，我們的設計公司已經有七年歷史了，」他回憶道，「那時網路如火如荼地發展，每個人都在做賺大錢的生意。而我們關閉公司來嘗試新事物的舉動顯得十分地不專業。」他的公司獲獎無數，網路時代所帶來的經濟效應也讓公司信箱被各式各樣的工作機塞滿。到底為什麼要暫停事業一年呢？簡單的說，就是施德明對他重複性的工作感到厭倦了。

最終促使他做出這個決定的有兩個事件。一天，他在葛蘭布魯克藝術學院舉辦一個工作坊時，意識到他必須做出一些改變。他發現，學院裡的學生可以花上一整天的時間來做不同的嘗試和試驗。施德明幾乎忘記了自己也曾經是如此，他渴望回到在學校裡的日子。另一件事是當艾德・菲勒一位當時被譽為字體設計大師的平面設計師，來到了施德明的工作室時，菲勒給他看了他的筆記本，裡面充滿了自由發揮、隨心所欲地試驗的字體設計。「就是因為這個原因，」他回憶說，「我提前一年選定了一個日子，接著打電話給每個客戶告知他們這個決定。」施德明給自己放了一整年的假，重新找回他不斷嘗試、試驗的創作方式。從那時候開始，他每隔七年就會休假一整年。

所以他那一年的假期為他帶來成效了嗎？在 TED 講台上，他說道，「我再次拉近了自己與設計的距離，在過程中得到許多樂趣。在公司的財務方面，因工作及作品品質大幅提升而能夠開出更高的價格，因此以長遠來看也是相當成功。最重要的是，在休假一年後的七年間，我們的創作基本上都是源自於那一年假期中醞釀的創意點子。」

如果你剛好是一名企業家，讀到這裡，將公司關門休息一年的想法可能會讓你感到焦慮。施德明當然也有他的擔憂：「我擔心各種事情，主要像是『我的天啊，我們會失去所有客戶，漸漸被遺忘，這七年間所努力的一切都會毀於一旦，然後我們必須重頭開始。』但這些恐懼沒有一個成真。我們發現客戶們的反應其實是有些羨慕的，你也知道的嘛，誰不想放一年假。誰知道我們原本預想的狀況全都不是問題。路．瑞德甚至為了讓為他設計封面而延後了他的專輯發行日期。這段休假基本上沒有為我們帶來任何的壞處，反而幾乎全是好處，而最奇怪的是，從長遠來看，休假反而帶來財務上的助益。」

這些年來，施德明一共安排了三次進修假期，每個週期（工作七年休假一年為一週期）都讓公司的營運都有所成長：

第一個休假是最極端的，真的完全停業。那個時候，我們有一台說著「請在一年後再打來」的答錄機。第二次休假較為溫和一些，我們請一位設計師留守，這樣至少能接聽電話和為一些長期的專案計畫收尾。第三次時，營運幾乎沒有中斷，因為潔西卡（施德明的共同創辦人）決定他不想休假，所以公司基本上是正常運作的，只是我不在而已。但我發現這三種方式在商業上都是可行的，而我在第一次假期的擔憂是最強烈的。

如果你是一家重視創意的公司或專業人士，那你有沒有想過進修假期對你來說是怎麼樣的？你能夠暫停工作多久呢？你能夠做些什麼？你會做什麼樣的嘗試或藝術創作呢？施德明發現，假期讓他的公司變得更加獨特：

因為這些進修假期，我們開始嘗試做一些其他設計公司不做的事，完全把自己從這場價格競爭遊戲中脫離出來。我們不做和其他公司也能做到的事，因為這樣客戶只會擇價格最低的那間。因此，即使在財務方面也是相當成功的，但當然了，這不是我們選擇進修假期的原因。我從進修假期得到的最大收穫就是能夠繼續把設計看作是我的志業，而不是工作。這有著很大的意義，因為在多數職業中，人們需要面對的最大問題就是對職業的倦怠。

我們對創意性工作感到倦怠和失去熱情是一件很常見的事。你可能沒有辦法請為期一年的休假，但你的休假方式能讓你重燃對工作的熱忱。施德明篤定，當你失去了對工作的熱情，這是很好的補救方法：「米爾頓．格拉瑟曾經對我說，在他五十年的設計師生涯中，最為之驕傲的就是他還對設計抱有興趣並仍然全心投入其中。我自己發現，進修假期是最好的良藥。」

施德明決定離開 Sagmeister & Walsh Inc，並於二〇一九年離職。他接下來將會做些什麼呢？我們不知道具體的細節，但敢打賭，進修假期將仍然是他休息態度的一部分。

練習

以這三步計畫一個進修假期：

a. 下定決心　b. 告訴他人　c. 一個完善的規劃

計畫自己的進修假期可沒那麼簡單，但我們能以施德明的例子作為參考，並列出這三個關鍵步驟：

首先，一旦下定決心為自己請一個長假，你就得遵守對自己的承諾。當然有許多事都需要投入時間，但如果想讓進修假期成真，你必須提前在行事曆上預留大量的時間。

再者，一旦把它列入行事曆中，你就能開始和身邊重要的人分享你的休假計畫，透過告知其他人，也能敦促自己實踐這項計畫。如施德明所說的「我盡可能地告訴更多人，這樣我就不能打退堂鼓了。」

最後，沒有計畫的休假可能會讓你浪費很多時間。施德明說，從某種角度來看，他的第一個進修假期虛耗了不少時間，因為當時覺得他應該在沒有計畫的情況下休假：「如果沒有計畫，我就只會做點小事，我也因此成為自己的實習生。」因此，他建議大家列出一張清單，寫下那些想在進修假期完成的事情，然後按照它們的重要性一一排列出來，根據這張清單來安排進修假期。

與自我重新對焦

「在旅行的路上，」波茨寫道，「你會學著隨機應變，更留心所看到的一切，還有不要太執著於行程表。」它讓我們從日常的環境裡跳脫出來，重新檢視自己根生蒂固的思維模式。「沒有比這更好的機會來打破舊有的習慣、面對潛在的恐懼以及測試性格中被壓抑的一面，」波茨說道。旅行，就像一個遊樂園，能讓我們重新定義和重塑自我。波茨繼續說道：「如果你在閒逛時能睜大雙眼，再帶上好奇心，你會發現，當你從一個地方移動到下一個地方時，各種不同的可能性在每個角落呼喚著你。」而這些可能性大多都來源自你的內心，我們從旅途上學到的事情往往都是自我的投射。旅行和陌生的環境放大了我們的行為傾向，這對自我反思來說是絕佳的條件。約翰和麥克斯都因此而有一些重要的見解和經歷，這也讓他們尋求更多的留白時間，最終在旅途中寫下了這本書。

學習，或（重新）從事你的興趣不失為在旅途中善用時間的一個好辦法。不必因為這件事「在哪裡都可以做，何必挑在旅行的時候」，或者為了不錯失一些景點、想在沙灘上多享受一小時的日光浴，就覺得這沒有意義。不同的環境和思維方式能使其成為一種新的體驗，幫助你發掘新的創意泉源。它讓你跳脫日常，對事物更加敏銳，像是繁忙道路上差點撞到你的公車和就藏在眼前新點子。「不管選擇用什麼樣的方式去體驗一個地方，」波茨建議道，「記得不斷地挑戰自己嘗試新事物和持續學習。」

在旅途路上，即使是工作也可以一種享受、有意義的體驗。為了持續旅行，這可能也是一件不得不做的事。新聞記者查爾斯·庫拉爾特相信，「如果你想真正認識一個國家，那就在那裡工作。」波茨提出了「反假期（anti-sabbaticals），在每一次旅行之間短期工作，以賺取足夠繼續下一次旅行的費用。無論你的目標是長期或短期的旅行，你很難否認波茨寫出的這項觀點：「流浪的第一步不過就是以工作來支助興趣，而不是與之相反。」不論你相信與否，這與大部分人看待工作和娛樂的態度背道而馳。我們覺得這不僅限於流浪，而應該是我們做任何事情的第一步。

在錫羅思的幾個禮拜，麥克斯重讀了幾本他喜愛的書，其中一本是尼克斯．卡山札基的《希臘佐巴》（Zorba the Greek）。書中的主角亞力克西斯．佐巴象徵著對生活的熱情。他是一個有著許多壞習慣和缺點的角色，儘管如此，或者說正因為如此，他是一位出色的老師、一名不因循守舊的智者以及一個令人欽佩的榜樣。如佐巴所說，「這全是因為人們總是半途而廢、不全力以赴，空口說白話，今天這個世界才會如此混亂。神說，好好做事！好好地敲打每一個釘子，然後你就能成功！神憎恨半調子魔鬼的程度是憎恨真正大魔王的十倍！」請僅記佐巴所言。連是短短幾天的旅行也要不斷地查看工作郵件，要放鬆不放鬆的，乾脆不要去了。斷開心思所繫無謂的事物，全心地投入在那件一直想完成的事情，然後給自己充足的時間放鬆和充電。你也需要時不時地放下所有工作，徹底地休息。去吧，有時放任自己沈溺於一些壞習慣又何妨，你的人生反而會因此而變得更加豐富。不要認為這段時間是一種浪費或沒有效率，在創造的過程中，這些時間和你認真地工作的時間同樣重要，少工作一些，反而才能夠多完成一些。你會因此而對你潛在的創意和創造力而感到驚訝，這些正面的影響會持續很長一段時間，即便是在你回到正常的生活後也是如此。正如作者皮克．耶爾所觀察到的，「就本質上說，旅行只不過是為了變回年輕的傻子，讓時間慢下來，再被騙一次，再墜入愛河一次。」踏出家門，以旅人的眼睛體驗這個世界，不管是遠是近。重新發現和重塑自我。放慢時間，重新愛上生活。

露皮塔・尼永奧

Lupita Nyong'o

肯尼裔墨西哥演員

完成一項時程緊湊的專案計畫時，你已經習慣了繃緊神經，但突然間這些都不必要了，這個感覺就好像宿醉一樣。我必須空出時間，因為如果不這麼做，我無法撐過來。

抽離日常慣性，避免負循環

露皮塔・尼永奧在漫威影業的超級英雄電影《黑豹》（Black Panther）中飾演名為娜奇雅的角色。電影裡，他飾演的角色是一名勇敢的間諜，保護著電影中虛構的東非國家瓦甘達。這部電影在全球的票房收入超過十三億美元，並打破了多項票房紀錄，其中包括黑人導演執導電影中的最高票房紀錄。這部電影成為有史以來票房第九高的電影，美國和加拿大區票房第三高的電影，也是二〇一八年度票房第二高的電影。

隨著這部電影的成功，人們篤定尼永奧會開始不斷地大肆宣揚他演員職業生涯中這項重要的里程碑。想像中的他在電影結束後會接一個又一個的採訪、參加派對或者更賣力出演脫口秀來宣傳這部電影，又或者趕快打鐵趁熱地簽下另外一部電影的角色。然而事實上，露皮塔選擇放下炒作和宣傳的機會出走旅行，讓自己能夠在高壓又緊湊的電影拍攝工作結束後重新恢復。然而，他的目的地與豪華奢侈的度假村相差甚遠。

在《黑豹》上映不久後，也是他出席奧斯卡頒獎典禮的第二天，他飛往德州開啟一趟為期十天的靜心冥想之旅。冥想曾經是讓他感到畏懼的一件事，但一個朋友說服了他去嘗試看看。「這是一份禮物，」他回想道。「我是為了我的生日而做這件事的，而它就是最棒的禮物。我的工作主要包含兩個的部份，其中一個是演戲，另一個是當藝人。身為一名藝人，我需要付出的有很多。在說了這麼多話，不斷地耗弱、耗弱和再耗弱之後，終於能夠坐下來單純地聆聽自己內心。生活充滿了讓我們分心的事；不斷地從一件讓人分心的事轉移到另一件。」

這次的靜修讓尼永奧能逃離那些讓人分心的干擾，戒除他和這些事物之間的連結，而這個戒癮過程對他來說一點也不簡單。為了這次的靜修，他的手機被沒收，還簽下一份保證留到最後的誓約，而且他還沒有交通工具。「我一直想著要離開，但又不斷挑戰自己再多待一個小時，接著又再一個小時。我的天呀，這既瘋狂又美好，因為在這十天後，我並不想念說話。這個計畫的核心在於擺脫我們對歡愉和厭惡的牽絆，我們對於喜歡或不喜歡的事物所賦予的意義，以及它們如何影響我們的情緒。雖然說我們是透過把這些東西拼湊起來的過程來建立自我認同，寫下人生故事，但學習擺脫它們的操控能夠讓你更輕鬆地生活，純粹地存在著。」

最近有沒有朋友告訴你，你看起來像需要休息一下？你應該聽聽他們的意見。身邊的人往往都比我們自己自身看得更加清楚。那位建議尼永奧踏上這次靜修之旅的朋友肯定很清楚，現在身為知名藝人的尼永奧，勢必能透過此行拋開名人身分帶來的種種不便與限制，真正地釋放壓力。

靜修之旅的十天後，一個人該怎麼重新融入日常生活中呢？尼永奧的朋友對此又有一個深刻且直切重點的建議。他讓尼永奧在結束靜修馬上為他自己做一件事，去聽一張他喜愛的專輯：

我聽了肯德里克．拉瑪爾的專輯《Damn》。通常我聽音樂都是把它們作為背景音樂，但這次靜修之後，我能夠完全地只專注於聽音樂這件事，在那個當下讓音樂充滿了我。我曾經在回紐約的飛機上聆聽他的音樂，我喜歡他的音樂，但是曲子裡的繞舌部分有時對我來說太快了，我沒辦法聽得很清楚。但是這次，我可以聽得見肯德里克．拉瑪爾說的每一個字，我聽見了它的音樂性，我聽見那些我之前不曾聽見的樂器，再清晰不過。而我當時就想著，哇！我一直以為人們只能偶爾通過藥物體驗這種感覺，但我只需要空出時間與自己相處就能有這種感覺，這真的很棒。

我們常把旅行視為一件必須和其他人一起做的事，我們想要朋友和家人的陪伴，一起分享旅途中的回憶和沿路風光。這並沒有什麼不對（除了當你們毫無頭緒地為晚餐要到哪裡吃而爭辯的那些時刻）。但你有沒有考慮過自己安靜地單獨旅行呢？當你以這種方式旅行，即使是一趟國內的短程旅行也可以像發現新大陸一樣，目的地並不是那麼重要，重要的是真的想要「離開」的意圖，如果你把最喜歡的專輯做成一份播放清單，聽著音樂前往一個未曾到過的城市或鄉間漫步，那會發生什麼事呢？在好好完成一項工作後，也許這正是你需要的慶祝方式。

練習

嘗試靜修或不兼做其他事地專心聆聽一首歌

尼永奧的這趟靜修之旅和飛往異國旅行一樣的有效。你不需要去一個遙遠的地方來徹底地重新恢復。你可以在你下一次完成一個大型計畫時，以一趟靜修之旅來獎勵自己，或者你可以在今天嘗試一次小型的靜修，試試看簡單的版本，在單獨聽音樂前保持幾個小時不說話，聆聽音樂時，克制想要一邊做其他事的衝動，閉上眼睛，或者凝視著樹都好。這種沉浸於一首歌的感受可能會把你帶到一個任何飛機票都無法到達的地方。

10

擺脫科技制約

人類正處於訊息超載的沉重負荷狀態，
忙於確認各種通訊軟體，
每一滴注意力被各式訊息消耗殆盡，
同時，一種無法維持思緒的焦慮也籠罩著我們。

切斷網路，驅動大腦的不同思考

有多少次，不過是幾秒鐘的空擋就讓你感到無聊，或者在超市、咖啡館排隊等待時，你下意識地拿出手機，幾乎像是反射動作一般，查看一些根本不在意的事，儘管你在一小時前已經看了好幾遍了？你可能想著：搞不好會有什麼新鮮、有趣的事呢！一個新的讚、留言、標註。一封新郵件、新聞報導或部落格的新文章。任何事情都好。尼可拉斯・卡爾在他榮獲普立茲獎提名的著作《網路讓我們變笨？：數位科技正在改變我們的大腦、思考與閱讀行為》（The Shallows – What the Internet is Doing to Our Brains）的前言中寫道：「我發覺自己的大腦思緒並不只是飄移不定而已，它還非常飢渴。渴望檢查電子信箱、點擊每個網址連結、沒事上 Google 搜索一下。它不斷地渴求與外界連結。」我們幾乎都經歷過這種感覺，而且近年來越來越常發生，你肯定也體會過吧。大腦變得連安靜下來幾秒鐘都沒辦法，也無法長時間專注於一項工作、消化那些不能以「懶人包」的方式呈現的資訊。在注意力不斷地被周遭事物干擾、打亂的情況下，我們的大腦又怎麼能完成這些事呢？還好，這裡有一個簡單易懂但實際執行起來可不一定容易的解決方法：給如此依賴網路科技的大腦一些留白時間，拔掉插頭，切斷網路！

把注意力分散的問題歸咎於網路科技上再容易不過了，而且這說法也不完全是錯的，但我們仍然必須更深入地了解眼前這個問題，從更細微的角度來分析它。科技本身並不是沒有錯，人們使用科技的方式才是真正的罪魁禍首。在約翰和麥克斯的職業生涯中，他們都把大部分的時間花在研發新科技上，並對科技能為人類帶來的無限可能性和進步保持樂觀的態度。我們不會想要活在沒有科技的世界。這其中的關鍵在於利用科技來輔助想做的事，更有意識地使用它，同時留意哪些是該避開的。這說起來簡單，做起來可不容易。人類的大腦可不是為了處理現代科技所帶來的資訊轟炸而設計的。

科技給予許多，也奪走更多

人類最早期的「大腦」，從我們的單細胞祖先開始，它不過就是一個把感知轉換為反應行為的簡易機制。身體對周遭環境的正面或負面感知被大腦接收、處理，並促使與其相應的行為。這個過程並不包含任何的規劃或目標，它只是一種單純的反應動作。但隨著大腦演化為更加精密的系統，不僅感知和反應行動變得更加的複雜，我們也擁有了提前思考的能力。有一些人認為，人類的獨特之處在於能夠在感知和反應行動間按下暫停鍵，讓大腦中的執行功能接管，這讓人能夠根據評估和決策來採取行動，而不再只是讓衝動和反射行為掌控（至少有些時候是這樣）。獨創性和創意從來都不是源自於這種單純的反應行為，想要擁有這些能力，必須按下暫停鍵以縱觀全局。

人體原始的「下腦層」（bottom–up）行為和近代的「上腦層」（top–down）行為之間的相互作用是極為複雜的。可惜的是，它也是導致我們現今在注意力和集中力等相關問題上備受折磨的主因。神經科學家亞當．格茲扎利和心理學家拉瑞．羅森在他們的著作《分神之心》（暫譯，原文為 The Distracted Mind）中提出，這種問題並不是現代科技所導致的，而是「我們大腦根本性的弱點（易受影響、原始的本能反應）。」現代科技只是剛好引發了這個弱點，它並沒有製造出這個問題，但它加劇了這個問題的嚴重性。

格茲扎利和羅森把這種問題稱為「干擾」（interference），並點出它背後兩種主要成因：「因無關緊要的事情分心，以及同時追求太多個目標而半途而廢。」造成分心和半途而廢的原因可能是相同的，但是處理它們的方式卻有所不同，它們分別涉及不同的大腦機制。但在這兩種情況下，它們產生的干擾都會影響生活的各個層面，從情緒和情感一直到創造力和心智能力，這些影響往往都是負面的。

在大腦的彈藥庫中，其中一個最強大的武器就是「選擇性的注意力」（selective attention），它能夠直接影響人類本能「感知觸發反應行為」的過程，讓大腦能夠訂定目標和採取行動。但選擇性注意力需要高度的認知控制。比起於訂定目標的能力，我們的認知控制，也就是「分配、劃分，和保持注意力」的方法其實還是挺原始的。雖說相較於身體的其他部分，負責認知控制的前額葉皮層是人類演化過程中進化得最多的，然而我們無法否認格茲扎利和羅森點出的這個觀點：「從很多方面來看，我們是在高科技世代中的過時腦袋。」這些過時的腦袋是不能同時兼顧多件事的。

從人類的神經層面來看，大腦並不是同時處理多件事，而是在不同模式間快速切換。大腦能夠在不同作業模式間快速地切換，讓我們誤以為自己可以一心多用。「這種模式的切換，」他們寫道，「不管這種切換是否由得我們決定，都會降低我們在工作中的表現。」在這個干擾越來越多的世界，無論我們願不願意，都很有可能陷入這種快速切換作業模式的狀態。

作業模式切換是選擇性注意力最大的敵人。要擁有注意力，這兩個步驟缺一不可：只專注於一件事，以及忽略其他所有事。這兩件事並不是相對的，而是本質上完全不同的兩個過程。雖然它們同樣的都需要你主動的採取行動及運動大腦的資源。令人驚訝的是，多項實驗顯示，對於記憶來說，忽略不相關的資訊這個行為比我們自身的專注力還要更重要。大腦中負責判定是否該處理或忽略直覺及反射行為的區域，更是漸漸被推向極限。早期，人類一天可能只會在草叢中遇見一隻美洲豹。幾百年前，人們走在街上時，可能每隔幾個小時才會有一台車對著他們按喇叭。然而今天的我們，一直持續性地被現代科技以各種看似重要的「提醒」輪番轟炸。而當我們把注意力分散到不同的事物上，能夠從選擇性注意力上獲得的好處就會隨之減少，前提是我們還能夠把這稱為「選擇性」注意力。現在是時候讓重新找回注意力，並且更有意識地從各種讓我們分心的事中找回留白時間。

如同漫畫家和教育工作者琳達・貝里所說，「手機給予我們很多，同時卻也拿走了探索過程中的三個關鍵元素：孤獨、不確定性和無聊。它們往往是創意想法的來源。」如果想要創作、解決、影響和做一些有意義的事，我們得盡量減少接觸那些會讓我們分心的事，並在使用科技和遠離科技間找到平衡。心智漫遊（Mind wandering）對創意無比重要的過程，停機時間是必須的。持續性的切換和中斷工作讓我們的心神只能在徘徊幾步，然後就會被強行拉回原先的出發點。與其硬是把心思從一個及時反應拉到下一個，不如給它充分的時間自由地漂泊。

然而，我們需要良好的認知控制能力來做到這點，而這項能力會隨著各種不同的因素而不斷變化，舉幾個

備註：

- 心智漫遊（Mind wandering）：心理學名詞，指當處於空閒狀態，或在完成某項工作時，我們的意識常常會不自覺地轉移到與當前環境或工作無關的思維、想像或體驗，也就是我們日常所說的「白日夢」。
- 上腦層與下腦層行為：上腦層行為即「由上往下的行為」（top-down）是指由大腦皮質區所主導的行為，指經歷精密思考後做出的行為。相反的，下腦層行為即「由下往上的行為」（bottom-up），是由腦幹所掌控的行為，主導呼吸、心跳等。

例子來說，壓力、睡眠、酒精和年齡等都包含在內。其中，缺乏睡眠對持續性注意力有著最糟糕的影響。由於認知控制能力會消耗大腦的資源，就和鍛鍊肌肉造成的肌肉疲勞一樣，當我們越是挑戰它，同時一口氣處理多項工作，讓自己處於容易分心的環境，就越是容易掉進這個注意力分散的陷阱。糟糕的是，人與科技的互動方式越來越多元（尤其是在感官上），因此需要投入更多的注意力，這更近一步的惡化了這個問題。結果就是，「我們好像喪失了完成僅僅一項工作的能力，」格茲扎利和羅森擔心地說道。「我們已經無法察覺：什麼事是必要的，而什麼事僅僅是像被尖銳的刺戳到而引發單純反射行為。」而現在，高科技世界的尖刺幾乎刺穿了我們過時的大腦。

干擾式工程

人們落入現在這種處境並不是一個單純的巧合。就某種程度來說，許多科技技術都是精心的設計過的，目的就是要抓住你的注意力。如同人文科技中心的主管和共同創始人特里斯坦．哈里斯所提出的，許多大型科技公司都在參與一場「看誰能夠直抵人腦最深處」的科技設計比賽。他們聘請了成群的心理學家和精明的產品設計師，來確保自己公司的產品比競爭對手的還要吸引人，只為了讓人更頻繁地使用他們的應用程式、一次又一次地點開他們的網站。對他們來說，注意力等同於廣告收益。這些產品的設計刻意地削弱我們的認知控制能力、觸發人類本能的反射行為，它們就是想要讓人上癮，而還真的成功了！

一直到二十一世紀，我們都以為只有有形的東西才會導致真正的成癮。但是在過去的十年或二十年間，我們也發現，行為成癮也同樣真實。這些科技之所以有讓人上癮的魔力，其中一個關鍵原因就是「間歇性正向增強」，它以一種無法預測其規律的方式讓人們在使用的過程中得到反饋。多項研究顯示（還有每一家賭場老闆跟賭徒的經驗加以確認），比起能夠預測的反饋，隨機性的反饋能讓大腦釋放更多的多巴胺。這種隨機元素也解釋了為什麼我們在感覺到一絲絲無聊時，就會渴望檢查手機。搞不好有什麼精彩的事正等著呢。也許啦。如果不檢查看看就無從得知了！

尼爾．波茲曼在他的同名著作裡對「科技壟斷」做出了定義：一個幾乎不曾討論過人類將為新科技付出什麼代價的社會。只要是新的就是好的，就理應使用它。他也探討了人們對科技的神格化和「網路崇拜」。許多人活在這種科技壟斷中，並持續地透過行動鞏固它的力量。廣用於各個組織與公司的即時通訊服務 Slack（通常作為工作團隊溝通平台），它的行銷標語為「工作之處」（Where work happens），但真的是這樣嗎？什麼樣的工作呢？是否大多是瞎忙的工作？卡爾・紐波特在他的書《深度工作力》（Deep Work）中感嘆道，許多知識工型工作者參與培訓、受聘從事專業性工作，最後卻只能淪落為「人體訊息路由器」（human information routers）。從某種反面來看，Slack 和其他相似的數位工具不過是把「可見的忙碌」搬上網讓所有人都看到你有多忙、多認真，這也是它們之所以如此成功和受歡迎的原因之一。

這些數位工具的開發商不僅是利用「新穎」作為賣點，也利用了人們對這種「可見的忙碌」的強烈渴望。在科技壟斷中，對新事物質疑的人可能會被視為異端，或如同紐波特所說的，在這個以網路為中心的時代，建議人們離開網路就好比燒毀一面旗幟，這是對它的「褻瀆，而不是辯論。」雅虎的前首席執行長梅麗莎・美爾（Marissa Mayer）曾經臭名昭著地禁止旗下員工在家上班，只因為他們沒有經常查看電子信箱。他大概以為，如果這些員工沒有「明顯的」忙碌和「明顯的」在線上，那麼他們怎麼可能會做任何對工作有利的事呢？

為了得到社會認同是促使人們成癮的主要驅動力，人類本能地渴望這種認同，在過往，當我們還生活在小而緊密的的部落時，得到群體認同是生存的必要條件。現在，「按讚」讓我們隨時都能即刻獲得社會認同，我們也極度渴望這種關注。這種本能的驅使力也解釋了為什麼人們想要即刻回覆收到的訊息或郵件的那份衝動。當我們不屈就這種現代部落的社交模式，還是會為此感到深植於心的恐懼，就像害怕成為老虎口中的食物一樣。遺憾的是，在一些公司文化中，這種現象顯然與實際狀況相去不遠。這些開發商相當了解人類本能性的恐懼和渴望，利用這些讓人成癮的特性精心地設計了許多的科技產品。

特里斯坦・哈里斯

Tristan Harris

美國電腦科學家和設計哲學家

我們想要的科技，是能夠幫助善用時間以及好好生活的，不是那種引誘我們浪費很多時間緊盯螢幕的，也不是那種不間斷地干擾或讓人分心的。

最終級的自由就是自由的思維，我們需要和科技一起團隊合作，讓它幫助我們自由的生活、感受、思考和行動。

數位排毒，拉回注意力

「大約五歲時，」特里斯坦．哈里斯回憶道，「母親給了我一台麥金塔 LC II 電腦，而我就此沈迷於其中……我迷上了創作，繪畫、用 HyperCard 編寫互動游戲的腳本、一些小軟體工具或游戲的程式設計。」許多年紀較長的人，在智慧型手機和網路成癮現象出現之前，應該都有類似的美好回憶。而現今多數人大概也能體會他接下來說的話：「我覺得自已不斷地被許多事情誘惑而導致注意力分散。無止境地查看電子郵件、使人分心的網站、被即時訊息打斷手邊工作，反反覆覆地安排行程，或者在凌晨一點鐘時，即便打著瞌睡，精神恍惚，也依然堅持滑著手機。」到底發生什麼事了呢？「為什麼我們使用網路的方式會走向這種趨勢？一步步邁入分心，離科技的益處越來越遠？」哈里斯覺得他知道這些問題的答案：「這是因為我們生活在一個注意力經濟（attention economy）裡。

雖然大部分的人都對這個議題有自己的看法，但只有少數人和哈里斯一樣對此有深刻的見解。他曾於史丹佛說服性技術研究室學習，而後在 Google 應用他所學到的知識（在他自己的公司 Aperture 被 Google 收購之後）。但他很快地就注意到設計師們千方百計地奪取人們的注意力的策略，他為整個科技行業的走向感到擔心：「這種注意力經濟意味著，不管一家科技公司的目標為何，都會透過取得人們的關注而贏得勝利。一開始看似是一場公平的比賽，為人們創造一些有益的科技產品以善用時間，最後卻淪為一場「看誰能夠直抵人腦最深處」的比賽，而其目的僅是讓人們花更多的時間在這些科技上。」哈里斯從一開始就直言不諱地表達他的擔憂，這使他後來成為了 Google 的設計倫理學家，負責帶領設計上的決策，朝著道德和人性化的方向發展。當他最終離開Google後，他成為人文科技中心（Center for Humane Technology）的主管和共同創辦人，以及「善用時間運動」（Time Well Spent movement）的共同創辦人。今天，他仍然站在第一線，為創造更加深思熟慮的科技世界而努力著。在一篇關於他的簡介中，雜誌《大西洋》（The Atlantic）把他稱為「矽谷中最有良知的人。」

光是怪罪如 Facebook 和 Google 等大型科技公司很容易，但它們當中大多數人一開始也沒料想到這會形成注意力經濟效應。「蘋果和 Google 的設計師最初也沒想過要讓手機如吃角子老虎機一般運作。它的發生是一場意外。」然而，這些公司在發現它們的利益與抓住人們的注意力有直接的關係後，便開始刻意地剝削大腦的弱點（下腦層反應，感知與行動間沒有停頓）以贏得注意力。哈里斯爭論道，就像食品產業中的「有機」標示，我們應該推廣「善用時間」標示來證明一些軟體確實能夠幫助有效率地利用時間，而不是只是為了贏取關注：「我們想要的科技，是能夠幫助善用時間以及好好生活的，而不是只會引誘我們花費很多時間緊盯螢幕的，毫無間斷的干擾和分心。」換句話說，我們想要的科技是能夠帶來高品質娛樂、扶助建立良好休息態度，而不是只會侵奪我們的留白時間。

哈里斯強調，「善用時間運動」並不是反對科技的一項運動：「這不是適用於每個人的標準觀念，不是說盯著螢幕一定是不好的，我們應該關掉這些螢幕；也不是說一些特定種類的應用程式（例如社群軟體或手遊）是不好的。」基本上，它是一個鼓勵消費者和開發商更有意識地設計和應用科技的運動。

在面對這個問題時，設計師可能會閃爍其辭，並辯解說他們只是提供了這項服務，如果用戶不停地使用它、因為它而分心或受到干擾，那完全是他們自身的選擇。但這只是推卸責任的說法，現實中它卻不是那麼的簡單。如果他們設計了這些刻意地奪取人們注意力的應用程式，那他們至少應該為這些用戶的使用習慣負起一部分的責任。而作為消費者，與扮演被動的角色，應該要有意識地作出選擇，把時間花在值得的科技產品、應用程式上，而不是無謂地浪費你的注意力。

練習

評估你所使用的科技產品，判斷它們是否值得「善用時間」標示

如同哈里斯指出的，這場遊戲是針對我們的，而我們因為一連串奪取關注的通知而分散注意力也並不（完全）是我們的錯。但這並不代表我們不需要負任何的責任。我們也可以對開發商施壓。所以，你需要評估所有使用的網路服務和應用程式，更有意識地思考它們是否值得「善用時間」的標示，如果不是，現在就停止使用，尋找一個更加尊重你的時間的替代品，或接受你可能根本不需要這項網路服務／產品的事實。

患有注意力缺失症的社會

前面探討過在不同工作間切換所需付出的高昂代價，以及它對心智漫遊和選擇性注意力所徵收的「稅金」。但是這個問題只會變得更加嚴重，當我們在切換工作時，注意力並不會緊跟著切換。一部分注意力會停留在先前的工作上，而這導致的結果就是它對生產力帶來災難性的影響。如同蘇菲．勒羅伊在他題為「為什麼把工作做好這麼難？」（Why Is it So Hard to Do My Work ?）的研究中提到的工作切換時遇到「注意力殘留」的問題。勒羅伊形容，當你連讓你分心的事情都無法做好時，這種影響就顯得特別地糟糕（像是瞥一眼剛收到的郵件或Slack 上的訊息，然後不即刻回覆或解決剛發生的問題）我們的部分注意力就殘留在這些未完成的工作上。而當這種注意力殘留得越多，在接下來的工作上的表現就越差。當我們在兩項工作之間切換，除了會耽誤完成工作的時間，還會導致在兩個工作中的表現都雙雙減低。

就算沒有直接的干擾事物，維持注意力也是有它自身極限的，尤其是做著那些無聊、沒有新鮮感的工作時。現今，我們對於無聊的忍受程度也很大幅度地下降了。如同格茲扎利和羅森所言，我們「似乎失去了什麼都不做也不會感到無聊的能力。這讓人幾乎沒有時間自我反思、沉思或只是純粹地坐著，讓天馬行空的想法帶著我們前往那個平常可能到不了的地方。」我們大多忘記了於獨處時光心智漫遊對於創意和構思有多麼重要。現在的各種精心地設計的媒體和應用程式將我們緊緊地套在它們的反饋圈套裡，從根本上改變了對於無聊的承受能力，一小段空擋都無法忍受，也變得更焦慮，還不斷增加獨處的恐懼。

一般來說，就算排除掉一些像運動和飲食習慣的因素，研究顯示，大量使用社群媒體和科技，是孩童和成年人身體與精神狀況不佳的一項明確的指標。即使年輕的一代總認為他們能夠一口氣兼顧好幾種不同的工作（而且也比其他族群更常這麼做），但這對他們認知能力的影響也一樣地嚴重，甚至可能更糟糕，畢竟他們正處於需要專注於學習和成長的階段。如果想要學習一個新技能，或真正理解一些複雜的概念，那麼長時間不間斷的專注是必不可少的。只有下定決心地專注才能強化腦神經通路，而分散的注意力則會讓同時刺激太多條神經通路，但這當中沒有任何一條通路能夠被強化。你可能以為能夠多任務處理（multitasking）是一項優越的技能，但從長遠來看，一點好處也沒有（除非，我們是以提姆．哈福德的『慢速多重作業』或索倫．齊克果的『輪作』方式，在一個緩慢、謹慎和無干擾的狀態來完成多項任務。）持續性的切換注意力會對大腦造成一種不可磨滅的負面影響，而我們也變得完全無法真正地專心工作和沉思。

如何離開網路，實踐數位極簡主義

如同紐波特所寫的，當我們嘗試重新找回注意力的時候，如同在「發動一場大衛和歌利亞之戰，以對抗那些超級有錢並企圖利用它們的財富來阻止你贏得勝利的企業。」但是就像大衛一樣，我們可以智取那些巨人歌利亞般強大的 Google、臉書和其他類似的科技公司。可以採取兩種互補的方式贏得這場戰爭，讓大腦作出改變以增強認知控制能力，並改變我們的習慣和環境來減少這些來自科技的干擾。

長久以來，人們都以為成人的大腦是停滯且無法繼續被開發的，然而現在這個觀點已經被完全推翻。在人的一生當中，大腦都一直保有神經可塑性。因此，任何年齡的人都可以改善大腦運作的方式，並增強認知控制能力。而且，有許多工具能對此提供幫助，像是腦神經回饋（neurofeedback）或穿顱磁刺激儀（transcranial magnetic stimulation，簡稱 TMS）等新興技術可以直接（且不具侵入性地）刺激大腦中的神經細胞，以改善睡眠、情緒，或提升認知控制能力。不過，不一定要仰賴現代科技來訓練大腦，有許多傳統、與科技關係較低的方法也能改善大腦運作的方式，其中不少方法已經在前面的章節中介紹過。

例如，只需要讓自己處在一個全新和陌生的情況和環境（像是在旅游或玩樂的時候），就可以刺激大腦的可塑性。越來越多的證據顯示，固定地實踐正念（像是冥想或反思）可以直接改善認知控制能力。即便是身處大自然這樣簡單的舉動，也可以達到同樣的效果。此外，另一種被充分研究過的增強認知控制能力，同時也能提升整體身心健康的方式就是運動。這些休閒方式都被反覆證實能幫助增強認知控制能力，並克服那些使我們分心的干擾因素。高層次休閒可說是讓思緒保持敏銳的最好方法之一。

如果在從事這些休閒活動的同時，也嘗試改變行為，就很可能可以打破干擾鏈。其中第一步就是改善我們的後設認知（metacognition），意識到受到干擾的這個問題（並接受會因此受苦的事實），以及不斷切換手上工作需付出的高代價。我們希望你在讀到這裡的時候，已經成功完成了這一步。接下來，我們需要實踐紐波特稱為「技術使用哲學」（philosophy of technology use）的這套規則，規定哪些科技可以出現在生活中，哪些不能。我們需要決定自己真正想要使用的數位工具的種類，而不是盲目地全盤接收。

在《深度數位大掃除：3分飽連線方案，在喧囂世界過專注人生》（Digital Minimalism）這本書中，紐波特呼籲人們「把上網的時間投注在少數經過細心篩選、符合個人價值觀的活動上，然後放輕鬆地忽略其他事物。」這就和高層次休閒的道理一樣，關鍵在於必須有意識地運用我們的時間和注意力。我們需要小心地評估所有新工具或科技，只使用那些能帶給你許多附加價值的產品，而所謂的附加價值是由我們自己定義的。

我們經常有把「做很多事」和「生產力」劃上等號的錯誤認知。然而，如果我們限制在任何一個時間能夠使用的精力，便可以提高專注力，進而增加生產力。早在現代科技出現之前，亨利·戴維·梭羅就已經在他經典著作《湖濱散記》（Walden）中對此做出一個十分精闢的結論：「我將做一件事情的代價稱為人生。無論投入的時間長短，我們都需要用人生來交換。」即使一項科技看起來十分有用，我們可能仍需要為了使用它而以更有價值的「人生」來交換。你願意交出多少「人生」，來換取那個看起來很好玩的新應用程式？

此外，很多人只會考慮他們應該用什麼科技，卻忽略使用科技的方式。如果使用得當，社交媒體可以是一個很好的工具，但在使用不當的情況下，也可能大幅分散注意力，讓我們感到迷茫。針對這點，有一個簡單卻有效的小技巧，就是把所有的社交媒體應用程式都從你的手機中移除。你還是可以從電腦上使用這些應用，享受它們帶來的所有好處，同時避開它們帶來的長期干擾，也不會忍不住一直想用手機。很多令人上癮的應用功能，都是為手機而設計的。整體來說，所有讓我們較難快速轉移注意力的方法都值得嘗試。身為計算機科學教授的紐波特曾說，我們應該建立一個「長遠來看，可以使用於普遍用途，同時也能有效地在任何時間完成單一任務的電腦。」

網際網路是讓電腦變成多用途工具的最大罪魁禍首，但如果使用得當，網路也是其中有史以來最偉大的科技之一。如果想要更有節制地上網，可以嘗試使用一些類似 Freedom（這也是用來編寫這本書的工具之一）、可以在設定的時段內限制上網的應用程式和工具是非常有效的方法。我們發現，限制上網時間剛開始出乎意料地令人痛苦，但這也顯示了當時我們的網癮有多深。所有正在戒癮中的癮君子都會告訴你，快速戒癮的過程極其令人不快，長期來看也很少有成功的例子。但是如果你刻意空出一些時間不使用科技，就可以逐漸取回你所失去的自由。

最初可能會覺得很痛苦，但離開網路並不如想像中的那麼困難。我們可以關掉所有通知，可以登出所有的電子信箱、Slack 和臉書帳號，甚至可以關掉我們的網絡連線，把手機設置為飛行模式，並完全關閉所有電子設備。

蒂芙尼・史蘭

Tiffany Shlain

美國企業家暨電影製片人

我們每個禮拜都會找一天會關閉生活中的所有科技產品。這深刻地改變了生活，讓我每週都能重新設置我的靈魂。你會開始做所有那些當你面對誘人螢幕時無法騰出時間完成的事。

暫停一下，登入真實的生活

你上一次手握實體地圖、手寫筆記或列印出來的路線圖，在一座陌生的城市裡閒晃是什麼時候呢？你上一次連續二十四小時不看任何電子螢幕又是什麼時候呢？對蒂芙尼．史蘭來說，這很有可能不過是上週末發生的事。

許多年來，史蘭和他的家人都會在一個禮拜的其中一天關掉所有螢幕，進行他稱為「科技休息日」（Tech Shabbat）的一天。每個禮拜五晚上，他們會拔掉所有科技產品的電線，整整二十四個小時不為它們插電。這種一整天不使用數位裝置的舉動，讓他擁有和家人或自己相處的高品質時間。而且，這種以一週重整自己一次的行動，也讓他不將科技視為理所當然。

每週從我們的職責和工作中騰出一天的時間休息是一個古老的傳統。「休息日」（Sabbat）與「安息日」（Shabbath）和「長期休假」（Sabbatical）的概念是有聯繫的。安息日是人們進行宗教活動、禁止工作的一天。猶太教徒的安息日是從星期五傍晚到星期六的傍晚，而多數基督徒的安息日則是在禮拜日。在這個無時無刻都保持網路連接的世界，現在正是向這項宗教習俗學習，將其應用於我們與科技的關係中的絕佳時機。

那麼，他們這一家人是怎麼開始實踐科技休息日的呢？當史蘭第一次和他的伴侶肯．戈德堡約會時，他就很清楚地向他說明他一直在實踐休息日。他跟史蘭說他不在週六工作，因為這一天是休息日，而這一天對他來說非常重要。史蘭當時對此十分感興趣，因為戈登堡是一名備受尊敬的機器人技術教授，看起來非常忙碌，並不像是能夠定期騰出空閒時間的人。史蘭本身創辦了威比獎（The Webby Awards），表揚網路上的優秀作品，而且身為一名企業家和科技愛好者，他很難切斷自己和這些科技的連結。戈德堡這種嚴謹的休息實踐方式深深吸引了史蘭。他們最終結了婚，並生了幾個孩子。和我們多數人一樣，他們把舊款手機升級為智慧型手機，並迅速地被手機帶來的永無止境的訊息和誘人干擾吞噬。

二〇〇九年，史蘭的父親去世，而他的女兒則在幾天後出生。在他的人生這一段特別且深刻的時期裡，他開始意識到科技不斷打擾他對當下的感知，尤其是在這些他人生中最重要的日子裡。在他深陷在喪父的悲痛中時，他參與的一個名為「Reboot」的組織舉辦了「全國斷電日」（National Day of Unplugging），參與者必須暫停使用科技二十四小時。當他們邀請他參與時，他已經準備好要在這種沒有數位裝置的情況下探索生活中的其他事物：「所以我參加了。我失去了我的父親，這個對我來說最重要的人之一，也因此失去了方向。我看著我人生中這些我深愛的人，意識到如果我想以一個我覺得舒服的方式生活，就必須做出一些改變。當時，我們已準備好要回到當下。在參加「全國斷電日」的那天，感覺很好、耳根清靜，並能深刻感受當下發生的事，所以我們決定從此每週都實踐一次。」

想像一下沒有數位裝置和螢幕的整整二十四個小時。在沒有科技裝置的情況下，你所居住的小鎮或城市可能會成為一片任由探索的陌生土地。不依賴衛星定位系統的時候，你內在的探索器會更加留意四周，為自己設下定位點。當你無法上Google搜尋你的目的地時，你就很可能會去詢問一個陌生人或者咖啡廳店員的意見。你也會發現，圍繞在身邊的這些人其實是有史以來最偉大的創造物。

在離開網路之前，你需要做一些準備。史蘭會提前告知他的朋友和家人，讓他們知道他們一家人在接下來二十四小時裡將會暫停使用數位裝置。有時候，他會把行程以及一些可能需要的電話號碼手寫或列印出來。在做完這些準備工作之後，他和家人會以一種有儀式感的方式，在一個特定的時間（像是星期五太陽下山時）一起關閉他們的電子裝置。

在沒有這些電子螢幕的二十四小時裡，可以做些什麼呢？史蘭的建議是讀一本書、做園藝、慢火燉煮食物、散步去拜訪鄰居、像孩子一樣再次探索並發明小遊戲、在沒辦法上網搜尋答案時靠自己認真地思考問題，或者和約翰一樣，在他的第一次科技休息日赴一場長長的約會。

約翰在一次和史蘭的廣播訪問中受到他的啟發，有了嘗試一次科技休息日的想法。因此，約翰和他的女友決定試一試。他們兩個人都覺得難以置信的一件事是時間似乎過得比較慢。他們發現，我們的所有人際關係都可以透過放慢一起相處的時刻而受益。把讓人分心的裝置刻意丟在一旁，擁有一段因放慢速度而延長的時間，絕對是一個讓你能夠擁有更多高品質休閒時間的好方法。

練習

進行一場小型的科技休息日

大多數人都用電子螢幕工作，但是你上一次和這個電子世界切斷連結，欣賞現實中這個美麗的世界是什麼時候呢？沒錯，你可以在網路上找到很多靈感，但是在網路上看到的很多東西都來自於數位世界外的真實生活。因此，你應該給自己一些時間，探索這些東西的根本來源，並發掘自己對這些事物的體驗和靈感的新深度。二十四個小時不使用數位裝置聽起太過激進嗎？那你可以先邁出一小步，嘗試「科技休息」的一個下午或早上。與其直接開始週五晚上至週六的晚上之間的二十四個小時週期，可以先找一個下午或早上關掉裝置。這些離開螢幕的時間能幫助激發靈感，為你接下來重新登入電子世界的時間而做好準備。

填補空虛

改善認知控制能力，和培養使用科技的良好習慣一樣重要。一旦做到這兩件事，可能會揭露一個潛在的問題。我們可能會發現，對科技成癮其實只是另外一個深層問題的表象。紐伯特寫道：「對很多人來說，手機強迫症掩蓋了他們由於缺乏良好閒暇生活而造成的空缺。」缺乏高品質休閒會「留下一個空虛，當你嘗試正視它時，你可能幾乎無法忍受，但數位裝置產生的噪音可以讓你忽略它。」又一次地，我們因為忘記如何好好休息而必須面對無聊感所帶來的問題。如同社會心理學家埃里希·弗羅姆所說的，「無聊感是一個人因為他們的活動或生活環境缺乏意義而產生的焦慮。」我們必須有意識地以意義填補這些新的空閒時間，否則這些積極的改變可能就白費了，而我們也會再一次回到無意識使用科技的生活，以逃避面對這個空虛感。現在，我們可能比以往任何時候都需要回到亞里斯多德的高層次休閒概念，填補這個空虛，並找到一個強大且富有意義的平衡方法來抵抗這些不斷增加的誘人干擾物對你的吸引力。

我們甚至可以使用科技來這麼做。正如紐波特所說的，「某種程度上，網際網路透過提供普通人有史以來最多的休閒選擇，而激起了休閒復興的時代。」他也表示，不需要完全避開科技，而應以更有意義的休閒活動來取代極具普遍性的被動消費狀態，創造高品質的休閒時間。他建議，這些活動最好和現實世界中的實體物品和技能，或者面對面的人際互動有關。不過，網路也可以是鍛鍊這些技能、學習新知識的最佳方式。YouTube不只有貓咪影片，也有很棒的教學影片幫助人們學習一些能夠應用於現實世界的技能。當人沉浸於新愛好或技能時，無聊感和錯失恐懼症會顯著降低，而這能夠幫助我們持續專注在所追求的事物上，而非不斷切換手上的工作。藉由創造一個更令人滿意的休閒生活，並培養休息態度，我們就可以直接地改善使用科技的方式。

以正確的方法使用科技，並以休息時間和高層次休閒作為支持和平衡的方式，將會讓公司、專業人士和創意人士取得競爭優勢，讓他們未來在工作上蓬勃發展。

布內羅・古奇拉利

Brunello Cucinelli

義大利時尚企業家

你覺得在一天開始的前五個小時和最後五個小時是一樣的嗎？不可能。你會感覺疲憊，而感覺疲憊時，你將會停止聆聽。在這個時候，你做的所有決定都是有風險的。

什麼都不做之必要

現在是義大利索羅密歐小鎮上的午餐時間。在一家可以俯瞰翁布里亞翠綠山谷的咖啡館裡，悠閒的人們正在享受一頓悠閒漫長的家庭式午餐。他們撕開溫熱的小麵包，享用幾道擺盤精緻、營養豐富的菜餚，並啜飲著紅酒。人們的笑聲和談話聲稍微覆蓋了咖啡館裡優美的義大利吉他音樂。

這個描述聽起來可能像是歐洲夢幻夏日假期中的一個場景。然而，對於在 Brunello Cucinelli 工作的員工來說，這只是他們一頓日常的午餐。Brunello Cucinelli 是一家以生產高級喀什米爾毛衣而聞名的名牌服裝店，每年的收入超過四億五千萬美元。

Brunello Cucinelli 的員工在一個以人的尊嚴和心靈成長為核心、而非剝削靈魂的工作文化中達到優異的表現。和許多老闆不同，Brunello Cucinelli 的創辦人布內羅．古奇拉利不會目不轉睛地盯著手機，檢查爆滿的電子信箱。他拒絕讓員工不分晝夜地工作。比起將這些耗人心力的郵件轉寄給團隊，他花更多時間考慮該怎麼保留公司為員工提供的文化津貼，讓他們能夠學習新的手藝和技能。古奇拉利極為重視打造一個平靜且具有創意的工作文化，因為這最終會體現在公司所創造的精美時尚產品上。Brunello Cucinelli 的工作倫理準則指出：「『總體的品質』是每一個人的內在心靈品質的結果，生活品質、情感關係和員工的個人生活都是需要被捍衛的價值。」

「如果我讓你過度工作，那我就偷走了你的靈魂。」古奇拉利說道。當更多的企業領導人也開始這樣考慮員工勞動狀態時，世界將會變成什麼樣子呢？古奇拉利這種領導企業的方式，和其他許多企業領導人純粹受盈利數字驅使、「發揮人力最大限度」的思維形成了鮮明的對比，但他的公司卻能持續穩步成長，值得人們學習。

「奧蒂姆（Otium）」是古奇拉利個人哲學的核心。這個拉丁語的詞彙可以粗略地被翻譯成享受休息、沉思、美食、其他休閒活動或純粹什麼都不做的休息方式。「在一個冬天的週六下午，我可以整整六個小時坐在火爐前，盯著火焰思考。而傍晚，我會沉醉在一些美麗的想法中。」他解釋道。

對於古奇拉利來說，拋開工作是能夠更好地工作的一個必要元素：「在這家公司，你不可以在下午五點半公司關門之後寄送電子郵件。如此一來，你的創造力在隔天早上就會大幅提升。」他以這種領導方式善待他的員工。對古奇拉利來說，蘊育一個優良的企業文化，和他公司製作的不朽時裝一樣重要。

練習

進入一個合理的工作生活，以解鎖工作和生活的品質

你的目標是什麼，品質還是數量？如果增強你的工作或工作環境品質是你的目標，你可以學習古奇拉利保護人類尊嚴的這種領導方式。你有沒有想過可以在每天結束工作後，和你的工作團隊一起為此慶祝？你可以提供什麼樣的文化津貼，讓你的團隊感覺到你支持他們變得更有創意、更有趣，而不只是像機器一樣工作？尊重你的團隊生活品質，也能快速提升你們的共同工作品質。這看起來可能有些小題大做，然而，好好思考你的工作習慣，能幫助你在企業文化上投入更多的「奧蒂姆」。

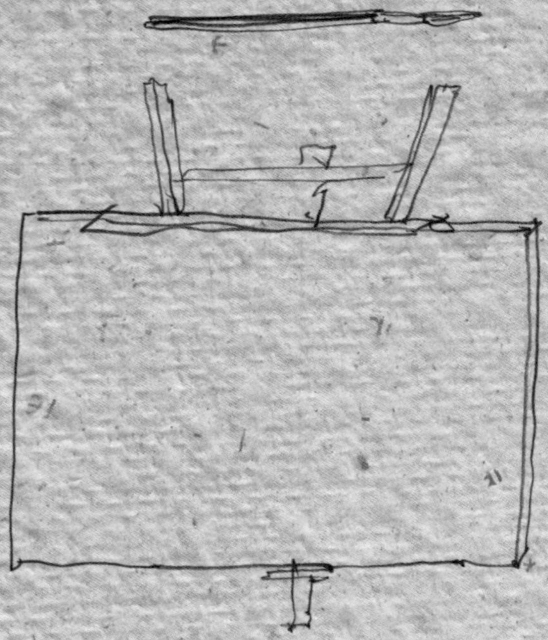

11

未來的工作型態

提高時間使用良率，養成留白的習慣，
為生活騰出空間，停下來整理心中的混沌，
不焦慮、不恐懼、不慌張，活得更有人味。

我們憑什麼勝過人工智慧

二〇一六年三月，電腦科學的世界出現了令人震驚的大事。由 DeepMind（現在是 Google 的子公司）開發的人工智慧程式 AlphaGo，在古老的圍棋比賽中以四比一的結果打敗了韓國圍棋大師李世乭。從第一眼看去，這場勝利對很多人來說並不出乎意料，或特別值得注意。畢竟，早在這場影響重大的圍棋比賽的二十年前，IBM 的 Deep Blue 就已經打敗過西洋棋大師加里．卡斯帕洛夫。然而，這兩場比賽帶來的影響性是不同的。在每一輪的過招中，圍棋的選項和變數比西洋棋更多。任何一台足夠強大的電腦都有能力詳細搜尋可能的西洋棋走法的分支樹，選擇其中最好的走法。Deep Blue 並沒有特別了不起的部分，它僅僅是一台搜尋能力良好的電腦。

但圍棋不一樣。圍棋是在一張更大的棋盤上，以更簡單的規則進行的。但是，這不代表它是一個更簡單的遊戲。圍棋規則的簡單性帶來了更高的臨場複雜性。相較於西洋棋的四百種變數，圍棋在走了僅僅兩步棋之後，就已經擁有十二萬九千九百六十種可能的棋盤變數，而這個差異會在接下來的每一步呈幾何倍數增長。實際上，圍棋棋盤上的所有可能變數達到一百七十一位數，比整個宇宙的原子數量還要多，估計為八十位數。即便是我們能夠想像得到的最好的電腦，也無法用搜尋能力處理這麼大量的可能變數。如果要打敗李世乭，AlphaGo 必須運用思考能力。就像一名人類棋手一樣，AlphaGo 必須在它的「腦海」裡決定該走哪一步，或是該捨棄哪一步。這需要真正的人工智慧技術，而不是一個僅能按照其預定規則執行計算能力的電腦。DeepMind 完成開發這個人工智慧技術的時間點，比多數研究者預料的速度還要快上許多年，讓整個電腦科學界以及圍棋界都為之震驚。

這項技術突破的其中一個負責人是DeepmMind的首席研究科學家大衛・席爾瓦，他也是AlphaGo背後團隊的領導人。在打敗李世乭贏得勝利後，席爾瓦和他的團隊並沒有覺得他們完成了這個技術的開發，而是馬上繼續改善這個人工智慧技術。AlphaGo後續的版本是AlphaZero，也是更強大且普遍（能夠玩其他的遊戲，例如象棋）的版本。AlphaZero的起源故事對我們每一個人來說都是重要的一課。一次在接受萊克斯・弗里德曼（Lex Fridman）採訪時，席爾瓦回憶說：「我可以準確地告訴你我是在哪一個時刻得到關於AlphaZero的靈感的。」你沒猜錯，正是在他休息的時候。

「那個靈感其實是在我度蜜月時出現的，」席爾瓦解釋道：「我當時處於一個完全放鬆的狀態，全然沉浸在假期之中，然後靈光一閃，AlphaZero的演算法就這樣完整出現在我的腦海裡。」席爾瓦相信他在休息時得到靈感並不是一個機緣巧合：「我覺得很多過於沉浸在研究當中無法自拔、無時無刻都在工作的研究者們都可能可以從我的經驗中得到領悟。」我們同意席爾瓦的想法，也相信他的建議對研究界以外的人同樣適用，如果要在任何領域中得到偉大的想法，就需要時不時從工作中脫身。實踐休息時間是讓我們能夠在未來保持競爭力和能力的方法，因為人工智慧將並不只是在一些遊戲中戰勝人類，在一些工作上也會取代我們。

李開復

台裔美國人工智慧專家，風險投資家和作家

我們並不是為了做日常工作而存在。或許我們的存在是為了創造；或許我們的存在是為了能夠去愛。

我會在我的小孩有空餘時間時安排休假，而不是在我有空餘時間時。

被工作狂態度洗腦

李開復開復職業生涯中的大部分時間都像個機器一樣工作，他為他這種嚴厲的工作態度而感到自豪。他對娛樂和閑暇抱著強烈的厭惡感，並把它們看作懶惰的惡習。對他來說，一週工作八十個小時是再平常不過的一件事。他習慣在凌晨兩點鐘起床，開始處理他的郵件、回覆國外的同事，好似在傳遞一種「嘿！我正在認真刻苦地工作」的信號，而他的成就似乎也證明了他的努力是值得的。在大學時，李開復開發了Sphinx，有史以來第一個可快速個人化的行動數字語音辨識系統。之後，他開始帶領蘋果、微軟和Google的人工智慧發展，隨後開創名為創新工廠（Sinovation Ventures）的風險投資基金。

當李開復回顧他的習慣時，他承認他的工作態度是非常激進的：「幾個世紀以來，人類每天都會以工作來填滿他們清醒的每一個小時，以時間和汗水交換金錢、能遮風避雨的地方和食物，」他反思道。這種「交易」是一種根深柢固的習俗信仰制度和價值觀，而很多人都已經習慣了透過日常工作來建立自我價值。我心甘情願地承認我是被這種工作狂態度洗腦的受害者之一。」很長的一段時間，李開復都把他的工作態度排列在他對家人的愛前面，但他的態度在二〇一三發生了變化，那年，他被診斷出第四期淋巴癌，醫生告訴他只剩下幾個月的時間。

「突然意識到我可能真的只剩下幾個月的生命，」李開復回憶道。「在那段充滿不確定性的時間，我思考了很多。我發現像我這樣以工作上的成就來決定自身價值是多麼愚蠢的一件事。對於什麼是真正重要的事情的認知也完全是一團糟。我忽略了家人，父親去世了，母親患上老年痴呆症，再也不認得我了，而女兒們也都長大了。」幸好的是，現在李開復漸漸恢復健康，在治療的過程中，他得到了一些顛覆性的見解，讓我們能夠一窺人工智慧世界（一個李開復貢獻良多的世界）中人性的用途。

在一次和安德魯．祖克曼的訪談中，李開復分享了他的想法：「我想，病情讓我覺得我們之所以在工業革命時期開始習慣努力工作，是因為這場革命以流水線工作取代了原本的匠人工作。」但是如同所見，這種思維並沒有在工業革命時期結束，還遠遠地超出了它的適用期限，並導致李開復和許多人走在這條極度忙碌與操勞的道路上。「我將自己變成了一台機器，」他領悟道。但是現在不必再這樣了，人工智慧可以代替我們完成機器的工作。李開復也激動地表示，在不久的將來，我們將見證機器學習以及機器人科技為人類帶來數十兆美元的財富。

數十兆美元。這可不是一筆小數目。這種科技方面的進步將會重新塑造全球的經濟，同時重新打造就業前景。這些巨大的變遷即將發生，並如同李開復所指出的，它們會讓我們享有有史以來最多的留白時間：「我們將會看到許多常規性的工作被取代，以讓人擁有更多的空餘時間。」但我們應該如何利用這些留白時間呢？

「人們註定要做其他事，」李開復說道。「人類的專長在於我們的創意、策略性處理問題的能力、我們與他人的連結、同理心，以及我們的愛。這些才是我應該做的事，我希望別人也能意識到這是他們應該做的事，不是那些無趣的日常工作。我們需要學習怎麼放下這些常規性的工作，尋找熱愛的事，擁抱創造或同理他人的能力。我覺得這裡不僅存在著讓人類能夠在人工智慧洪流中生存下來於並與其共存的希望，並且為人類發展寫下新的定義與意義。」

人類特別之處在於愛的能力

在與死亡擦肩而過後，李開復對他一直努力研究的科技領域有了全新的認知。他認為我們可以在與人工智慧的關係中著重人類特有的愛與創意等特質。在他的書《AI 新世界》（AI Superpowers）中，他提醒道，「我們發明新事物並為此歡慶。我們對科學研究、治癒疾病、寫書、編寫電影、述說故事以及在營銷方面做得既有創意又出色。我們應該為這些創意歡呼，這也許就是生而為人的原因。」李開復也強調，人工智慧「永遠無法取代人完成那些需要同理心的工作。」他對此抱持樂觀。常規性的工作並不會讓我們更有「人性」。人類的特別之處在於我們愛的能力。

李開復意識到人類的愛和創意能和更聰明的機器共同推動我們的未來，他鼓勵人們想像一個更豐富、有趣的未來工作型態：「假如我們要從零開始建造這個世界，那人類應該變開心的，因為有機器來取代我們完成這些重複和常規性的工作。這樣能把節省下來的時間與精力用來提升自己，無論是在思考、發明、創造、社交、享樂或是培養愛好等面向。」從很多方面來看，這種創意工作的重造已經正在發生了。如果亞里士多德今天還在這個世界的話，當他看見現今科技的發展，相信他會把這視作為人類回歸高層次閒暇的可能性。

人工智慧的影響不再是個不切實際的想法，商業性應用指日可待，而人們的工作前景可能因此變得更有創意，而不再是枯燥繁瑣的重複性工作。李開復主張，「把它想像成一台能高提高效能的超級機器，它可以比人類更快速地完成這些工作，挑選股票、發放貸款、提供客戶服務、電話營銷、流水線工作、助理工作、買賣中間人的工作、律師的助理工作，而且比人類做得更好。它們將會接手這些工作，而我們能夠空出時間去做我們真正熱愛及擅長的事。它是我們這一生難得的際遇，而不是像反烏托邦電影、文學所想像的那樣併吞、取代人類。」現在，讓我們接納這種際遇並培養自己的休息態度，投資創意潛力，為往後人工智慧的就業市場做好準備。

練習

審核你的創意技能

為你現在的工作反思片刻：新興的科技技術能夠將你工作中的哪一部分自動化？你需要在哪一部分發揮創意？現在，你需要思考你擁有的技能，以及你在哪一方面投入了較多的資源（時間、精力、金錢），是關於創意及人類特有的才能，還是能夠被人工智慧自動化的技能？。那些你熱愛的創意工作才是你應該加倍投入資源的。現在就開始朝這些方面發展，因為在人工智慧的時代，創意和人類的特有的能力，才是讓我們能夠擁有蓬勃的發展及有影響力的關鍵。

人類能夠和 AI 一起蓬勃發展

綜觀當前的就業格局，越來越多人被類為知識工作者，被要求思考並發揮創造力，而不是透過人工和體力勞動來貢獻價值。大多數知識工作者都是各自領域中的佼佼者，透過高等教育、工作經驗，或是兩者相結合來獲得專業的知識。然而，這些知識工作者通常只花一小部分時間來應用自己的專業知識，做那些讓他們成為「專家」的工作。許多時間都浪費在繁瑣且重複的常規工作上，像是行政工作或傳送訊息。這些常規工作都即將被人工智慧及其他自動化工具取代，而如果我們不往有創意及工作專長的人性化面向，重新調整職業規劃，那我們的工作可能也將消失。

如果你所做的事情能夠被輕易地以一套規則或指示寫出來，你便將會被機器或更廉價的勞工取代。這不代表這項工作很簡單，只是它在將來不會和現在有一樣的價值。因此，如果想持續保有價值，投入人工智慧無法取代的工作才是明智的選擇。深度學習（現有人工智慧技術中最突出的形式）是無比強大的技術，但它實際上只是一種分析大量資料的方式。研究人員將圍棋和西洋棋稱為「完全資訊賽局」，在這些賽局裡，所有玩家都能夠掌握所有資訊的細節。在這種情況下，人工智慧能找到其中最成功的規律並贏得遊戲。但現實世界中往往不會有這麼有利的情況，尤其是在人類的創意和獨創力扮演關鍵角色的事物上。人工智慧可以完成很多事，但無法與人類跳脫常見規律和現有資訊進行思考的獨特能力相提並論。根據創意這個詞的定義，真正有創意的想法總是來自統計的異常值。如果想在未來保持競爭力，那目標應該是創造這些異常值。

人類也擁有一項與身俱來的能力，讓我們能夠退一步反思哪些事是行不通的，然後設法解決。我們可以抹除一些舊有的知識，接受某些事再也無法發揮功用，並重新改造自己。也被譽為電腦科學先驅的艾倫．凱伊曾建議：「從某種方面來看，開啟未來的能力並不是仰賴於學習知識的能力，而是我們抹除舊有知識、改變習慣的能力。」變化是歷史中不變的常數，但當前世界的變化速度正在迅速增長。抹除舊有知識、改變習慣可以讓你適應這些變化，並利用接下來幾波科技發展中出現的新機會和工具。

如果要與人工智慧共同蓬勃發展，你需要投入學習的是怎麼學習，而不是怎麼按部就班。你需要跳脫明顯的框架工作，訂立自己的規則，打亂正在做的事情，並將看似不相關的遙遠的點連接起來。你需要適應這些不確定性，讓創意引領你前進。不管身處什麼領域，將需要學習的是即興爵士的隨遇而安，而不是古典音樂的死板規律。

重要的是，你必須是一個名符其實的人類。從工業時代工廠流水線出現的時刻開始，我們都一直被教導該如何像機器一樣工作。現在，如果要和機器一起蓬勃發展，我們就必須丟棄忙碌指揮棒，發展屬於人類的獨特技能、特徵和天賦。令人慶幸的是，我們已經擁有這些東西，我們只需要找回它們。

人類能夠縱觀全局

隨著 AlphaGo 壓倒性地戰勝李世乭，許多圍棋選手都為此萎靡不振。但是在最初的震驚退卻之後，許多積極的進展在這次的混亂中湧現出來。人們在 AlphaGo 與李世乭的最初五場博弈中就可以很明顯地觀察到它下棋的方式與人類選手有很大的不同之處。有時候，解說人員也無法確定人工智慧是犯了致命性的錯誤還是走了明智的一步。然而，他們都同意的是沒有任何一名棋手會考慮採取人工智慧相同的策略。很快的，人類選手也開始分析 AlphaGo 的走法，利用它作為一個厲害的練習夥伴。實際上，李世乭在對戰 AlphaGo 的五場戰弈中贏得的唯一勝利是因為他所下的一步棋，後來也被觀賽者稱為「神來一筆」。他承認，如果不是因為 AlphaGo 以它不尋常，卻非常成功的策略將他逼入一條死路，讓他不得不想出一個「超乎常人」的棋步，那他可能永遠都不會走這步棋。這之後的許多年裡，許多專業的圍棋選手都從這種非人類玩法中得到了大量的靈感，並使用它們來開拓對這項游戲的進一步了解。

策略是知識型工作的一個核心要素。人們在制定及更新策略時需要應用「發散性思維」（divergent thinking，構思和思考大局的技能）以及「收斂性思維」（convergent thinking，深入挖掘和高度專注的技能）的能力。現有的人工智慧應用程式和系統都擅長收斂式的工作模式。它們被專家稱為「狹義人工智慧」，非常擅長深入探究及專注於單一工作，但是無法在（就算只是一點點）不熟悉的工作或情況中拓展它們的知識。它們能夠找到狹窄範圍內的所有連結點，但是距離稍遠的點取決於我們人類天生被賦予發散性思維及制定策略的能力。狹義人工智慧在未來幾年將會有極大的進展，而許多的專家都對近期和中期的通用人工智慧抱有懷疑的態度。現在，很可能也在未來很長的一段時間裡，思考大局取決於人類。我們應該把焦點放在如何充分利用狹義人工智慧，並將它們的成效以及我們自身的「神來之筆」結合。

那些成功地應用此觀點的人，對人工智慧的全新可能性進行了反思，怎麼結合這項科技在未來嶄新的環境中發展、合作、整合策略。如我們今天所見，深度思考透過 AlphaGo 及其他相似的工具及軟體應用在現實生活中各種問題上，例如快速判斷眼部疾病、完善 Google 數據中心的冷卻系統以減少百分之三十的能源消耗，以及增進我們對人體內蛋白質折疊（protein folding）的了解。

現今的人工智慧是一個能提升效能與生產力的機器，但它無法制定策略、跨領域思考、利用直覺來處理陌生的情況或看見更大的格局。但是人類可以。我們也能夠使用人工智慧，讓它化身為強大的工具幫助我們完成這些事，那些只有人類做得到的事情，而且做得比以往還要出色。

人類可以感同身受

Alexa 或 Siri 是否曾經讓你覺得它們能夠理解你辛勤工作的一天的疲憊？應該沒有吧。這種看似簡單的理解或分享行為對維持與人的互動和關係來說非常重要。在演化的歷史中，同理心這項技能一直根深蒂固地存在，從給予朋友衷心的建議，到與工作夥伴培養感情。在合作與協調的過程中，同理心是必不可少的，而機器對此十分不擅長。

情感與境遇就和經歷它們的人一樣特別。雖然說人工智慧可以分辨開心的臉與傷心的臉之間的區別，但這種看似能夠明確地「理解」人類情緒的能力雖然讓人驚艷，卻僅是透過視覺上的蛛絲馬跡及大量的範例數據而完成的樣本配對。然而，人類的情緒遠比這還要複雜。我們可以喜極而泣、或在受挫的時候傻笑。這又一次的回到人類在資訊匱乏的情況下應用直覺的能力。人類的關係與互動是錯綜複雜的，它們完全不是像象棋和圍棋那種的「完全資訊博奕遊戲」。我們有時候甚至無法理解自己的情緒，更何況是別人的。能夠正確地為情緒貼上標籤是一回事，但了解它的境遇及其中的細微差異，並為此做出正確的反應，這需要一些機器無法取代的特質——同理心。基於統計資料及大數據的處理方式永遠無法與每個獨一無二的人產生共鳴。對於情感的直覺，讓我們能夠充分地理解人工智慧沒有的概念，並感同身受。

透過與新技術「合作」，也就是讓它們完成我們工作中單調又無聊的部分，我們就能使用人類獨有的技能來做擅長的事情。在過去的一項工作中，麥克斯帶領團隊開發了一個應用人工智慧的產品，幫助金融分析師從大量的新數據中提出他們的見解。透過這個新工具，分析師花在搜尋相關資料的時間縮短了高達百分之九十。這也意味著他們浪費在常規工作的時間減少了百分之九十，而現在，這些時間能夠被投入在真正有意義的工作上，也能夠真正地運用他們的技能、創意及人際關係。這些分析師並沒有把人工智慧當成他們的競爭對手，而是欣然地把它們看作一個有效率、能夠將工作提升到另一個水平的得力合作夥伴。

讓我們來看看醫療專業人士或律師這兩種典型的「專業職業」。他們有多少時間是浪費在行政工作或繁瑣的搜集資料中？多少的時間才是真正用於診視病人或深入了解客戶及個案呢？有時候，現代的醫院就好像工廠一樣，它們對待病人的方式如同對待在輸送帶上的標準化流程，從一個點到下一個點，被快速地掃視過，確保他們處於特定的容差範圍之內，然後後繼續往前輸動。現在讓我們想像，如果人工智慧為醫生減少用於常規工作中的百分之九十的時間，讓他們能夠把時間重新投入在和病人會診的時間中（或純粹地用來睡覺，而不是值三十個小時的班），那將會是什麼樣的畫面呢？當人類能專注於人類的工作，而機器完成機器的工作時，醫療護理的品質又會提升多少呢？

在二〇二〇年度關於人工智慧的圓桌會議報告中，阿斯彭研究所（Aspen Institute）引用了 Siri 的前首席技術官、共同創始人及設計總監湯姆・格魯伯在一份題為《人工智慧親密關係》（Artificial Intimacy）所說的話：「我們可以透過打造人工智慧這個新角色來幫我們一起成為更好的自己。」這份報告除了敘述了屏棄就有認知和接受自己的無知的重要性，也分享了 MIT 教授雪莉・特克爾的觀點：同理心「不是從『我理解你的感受』

開始的，它是在你發覺你並其實並不完全了解別人的感受時開始的。」這種基於反思和同理的領會需要人類獨有的特質才做得到。話雖如此，我們還是能夠使用人工智慧來讓自己在這方面做得更好。

人類可以策展

這裡的策展並不一定單指展覽，而是「負責篩選，整合與揉合資訊給他的讀者使用」的能力。在撰寫這本書時，麥克斯還是 Qosmo 的全職成員。Qosmo 是設立於東京的一支小型團隊，致力於計算機的創造力及將人工智慧應用在藝術、音樂及設計中。德井直生，Qosmo 的首席執行官以及慶應大學計算創造力系副教授，喜歡使用文學例子來解釋人工智慧在創意領域的影響及可能性。著名的阿根廷作家豪爾赫．路易斯．波赫士在他精彩的短篇小說《巴別圖書館》（The Library of Babel）中幻想了一個巨大的圖書館。這個圖書館可以容納所有人們可想像到的共四百一十頁的書，從一本除了「a」字母什麼都沒有，到一本除了「z」字母什麼都沒有，以這之間所有可能的其他組合。當然，這些書中絕大多數是沒有邏輯的，但隱藏在這種令人無法想像的龐大書籍收藏中的，也可以是優美的詩集、國家真實及構想的歷史、具有突破性的科學論文、你自己過去甚至是未來的自傳，以及你現在手中握著的這本書。這個圖書館有著所有曾經被撰寫，或即將被撰寫的作品。問題是，這些書的順序是完全地隨機的。

這個故事和先前討論的議題有何關聯性呢？它其實是息息相關的，因為我們在創造所有事物時，都能以巴別圖書館作為類比。就算是在幻想中，也存在著一個擁有所有可能的畫作、所有可能的應用程式、所有可能的樂曲及所有可能的商業計畫。當我們進行創作時，基本上是跌跌撞撞地在這個龐大的圖書館裡尋找符合需求的那一本書。這也是人工智慧和深度學習的用武之地。人類的歷史中可能沒有任何其他能夠讓我們比使用機器學習還更快速、更嚴謹地探索這座圖書館的工具，而我們現在不過才剛踏上這趟旅途。人工智慧可以幫忙，為雜亂的圖書館帶來一絲秩序。然而，我們還是必須自己決定要尋找什麼，以及找到之後該保留什麼。人工智慧可能是一個勤奮且非常有用的圖書館管理員，但我們是策展人。什麼是藝術，什麼是沒有邏輯的胡言亂語，是由人類決定的。

Photoshop 及其他數位平面設計軟體的出現並沒有在一夕之間讓平面設計師被淘汰，如果說它真的做了什麼，那它所做的與這恰恰相反。那些決定使用新工具的人發現這些工具讓許多創作過程變得更簡單，並讓他們能夠迅速地在「所有可能的設計中」找出適合的元素。這些軟體並沒有參與設計或評斷什麼是優秀的設計。它只是讓設計師利用這個工具來探索更多創意想法。

就根本上來說，人工智慧與這毫無區別。如同一名畫家在練習筆觸之前先研究他的畫筆和布料，或一名鋼琴家在精進琴藝之前先研究他的樂器複雜的細節，一名成功的人工智慧創造者會先深入研究他使用的系統以及他需要操作它的方式，才能精準地把他腦海裡的創意想法編寫出來。人工智慧及腦神經網絡並不是創造者，它們就像是鋼筆、毛筆、相機、小提琴、鑿子等，它們不過就是工具。由於它們的高度複雜性和新穎性，目前看起來可能像是魔法一般，或是擁有自主性的設計師，但是最終，它們只是我們身為創造者手中的工具。

那些願意接納這些工具、透過展現人性的一面來和它們合作的人，除了能夠發現真正發揮創意的新方式和實踐同理心，還能夠有更多的時間從各方面思考全局。人工智慧是一個具有極高可能性的新工具，至於怎麼使用則在於我們。

軟實力將成為最強硬的貨幣

教育人員透過有趣的遠足讓孩子們學習，幫助他們開拓潛在的技能；年輕一代探訪上了年紀的族群，為他們提供陪伴；一群專業人士聚集在一個舒適的環境中，敞開心扉地暢談他們的心理健康狀況；或整個社區的人前往城市中曾經是光禿禿的一片的地方，在那裡種下一顆顆的樹。這些活動在過往都被稱為校外教學或志工服務，但這些其實都是高層次閒暇的體現，它們的價值在你往後的工作中顯得更為可貴。與其說是志工服務，這種人道任務讓我們能夠關照彼此，為社會帶來價值，為這個世界貢獻更多的正能量以及讓我們最終能找到自身的價值與意義。年輕人能因此提升情商；年長者除了能夠傳授他們的智慧，也感覺被在乎與重視；人們聚在一起，顯得不那麼孤立了；而大自然和現代的社會也能一起茁壯成長。為什麼我們在進行這些活動時從來都沒領到薪金呢？這明明是相當有價值的經驗，與其在結束一天傳統形式的工作後，才能逃離到小小的社交窗口裡與他人交流，度過所謂的「快樂時光」，我們能夠把這些「校外教學」、「志工服務」轉變成填滿一整個工作天的快樂時光。

在任職 Animal Ventures（一家專門供應鏈自動化的科技公司）的風險投資夥伴時，約翰經常為世界財富一百強（Fortune 100）企業高層提供建議，鑑於自動化浪潮為他們的企業帶來影響的情況下，如何為手下員工的前途做投資。他的建議很簡單：訓練他們成為「想法設計師」。

從向亞馬遜或蘋果的大企業到當地的麵包店，或印刷店到在線上工作的自由工作者，每種運營方式都有供應鏈。這可以被粗略地劃分為四個環節：設計、製作、協商以及運送。例如，一家銷售植物性人造纖維服裝的線上公司需要設計服裝，從原材料製作服裝產品，與多個商家協商產品的開發，然後將他們的產品運送到點擊了「確認購買」按鈕的客戶手中。一名律師需要籌劃他的論點及觀點，擬出所有有關的法律文件，在多項資料和調查夥伴間協調，然後才為他的客戶提供法律服務。而隨著自動化工具的興起，這三個環節中的大量工作將由科技接手：製作、協商和運送，走向自動化機器管理的趨勢。

想像你在運營以上所提及的植物性人造纖維服裝公司。機器人可以處理製作及生產過程，機器學習演算法可以和協調並安排原料的輸送，預先通知你的供應鏈夥伴，而無人機與自動化交通工具將會接手處理最後把商品送到客戶手中的運輸環節。

但還有設計這個最重要的環節，而「設計」的工作需要非常人性化的特質，像是溝通、同理心、創意、面對不確定性時的策略思考、質疑，以及天馬行空地做夢。我們總是把這些特質統稱為「軟實力」，但別讓這個名稱糊弄了；當人工智慧和科技取代你那些更適合機器的工作時，這些軟實力在就業市場中將會成為強硬的貨幣。

如同所見，多數成功人士的對社會的貢獻不是來自繁瑣且重複性的工作，而是他們具有突破性的想法和創意；伯特蘭・羅素及特里・魯道夫可不是因為準時提交他們的資金申請書而聞名，而是因為他們對哲學和科學的貢獻才會聞名於世。貝多芬、柴可夫斯基與艾德・伍迪・艾倫也不是因為他們擅長刻苦地抄襲早前的藝術家而讓他們的音樂扣人心弦。麥克・曼西亞斯和費拉斯・札哈比並不是透過模仿其他教練的作法而成為出色的教練的。愛麗絲・華特斯和馬格努斯・尼爾森更不是因為他們擅長尋找食材或安排廚房員工的輪班時間而成為世界級名廚的。

他們都是透過設計、創意、玩興，即使是愚蠢的想法也沒關係心態，以及他們和其他人之間的連結，才造就這些貢獻。沒錯，他們所有人都擁有顯而易見的「硬實力」，但其他無數人也是如此，但讓他們脫穎而出的是他們如何利用軟實力來充分發揮才能。

我們希望讀到這裡，你已經很清楚地意識到設計的工作和醞釀創意，是透過正確地利用不同形式的留白時間而達到的。所以與其埋怨自動化的到來，不如做足準備好好利用這些即將到來的巨大變化。如果你現在開始邁開正確的腳步，停止像個機器一樣工作，你就可以讓自己處於優勢，將自己定位為理想的機器合作夥伴，並在這場格局變化中蓬勃發展。如果你要在這場遊戲中升等，那你必須重新定義你與工作和休息之間的關係。就像大衛・席爾瓦一樣，他對 AlphaZero 演算法的關鍵見解是在一個放鬆時刻得到的，我們要清楚意識到留白時間和閒暇並不只是辛勞工作後的獎賞。

在未來的工作型態中，留白時間將不會是一種「很高興擁有」或是慷慨的雇主為了吸引和留住人才而提供的員工福利。人類獨有的能力、技能和天賦將會成為我們關鍵的競爭優勢，這些都是需要透過正確地使用留白時間才能被激發的。這也讓留白時間就如同照明和 WiFi 這些最基本的東西一樣，對我們的工作無比重要。我們擁有人工智慧所缺乏的智慧，但需要一個空間來蘊育他們，而怎麼創造這個空間則由個人來決定了。

斯蒂芬・奧爾斯托

Stephan Aarstol

美國企業家暨作家

總體來說，每個禮拜員工必須忍受百分之七十的時間，以便他夠享受剩餘的百分之三十的時間。這是一種集體性的精神錯亂。

現在是時候停止盲目地跟隨，並開始更具有策略性地規劃我們的時間和決定。

縮短工時不代表偷懶或少做

在陽光明媚的聖地牙哥，一個美好的七月天的中午一點半，當其他辦公室的員工結束午餐時間，準備回去查看電子信箱的同時，Tower Paddle Boards 的全體工作人員已經下班了，正要前往沙灘去放鬆一下、享受自己的時間。這天並不是公司的假期或節日，對他們的員工來說，這只是一個普通的上班日。每當七月至九月的夏季到來，這間公司就會實施五個小時工作天的政策，從早上八點半工作至午時一點半，讓每個員工都有充足的留白時間來享受這個季節的燦爛日光。如同這家公司的網站所聲明的，「我們的工作日比多數人的假期日還要更好。」

Tower Paddle Boards 的創始人和董事長斯蒂芬・奧爾斯托堅定地相信留白時間的重要性，並把五個小時的工作天視為是他公司文化中的相當重要的部分。他的著作《五個小時的工作日》（The Five-Hour Workday: Live Differently, Unlock Productivity, and Find Happiness）敘述了他如何透過五個小時的工作天取得成功，其他人同樣也能效仿這個方法。奧爾斯托讓我們重新思考工作時數，就和一個世紀前亨利・福特對他的工廠員工所做的一樣（詳見前面章節神、你的老闆，以及所有擁有你的時間的人）。「八個小時的工作天是為了我們的身體（的勞力負荷）而製定的，不是我們的思維，」他爭論道。然而，現今的就業環境是由我們的思維主宰的。所以，奧爾斯托和他的公司表明八個小時的工作天已經「過時了，在很大的程度上，與現在高生產力的知識工作環境已經失去了關聯。」因此，這間公司主張五個小時的工作天的方針。

Tower Paddle Boards 整間公司都施行了這個新政策，包括實體店面和客服部門。多數的企業業主大概都認為，這種減少服務時間的政策將會造成客戶的不滿，但奧爾斯托對此有不同的觀點：「即使是在我們『即刻享樂』的社會，全天待命也不必要。你只需要在你有空時溝通就好了。」而他似乎是對的。他們實施縮短工作天的月份（七月至九月），其實是他們一年中最忙的幾個月，並為公司帶來了百分之七十的年收入。奧爾斯托強調：「即使我們只是做了像是『兼職』的工作時數，但這並不是『零工經濟』企業。」每日五工時的政策並不代表允許員工偷懶和少做。情況正好相反。「在更短的工時內得到相同甚至更多的生產量，效率並沒有下降，反而提升了。」

問自己什麼是重要的

縮短的工作時長需要專注力和清晰的腦袋，你需要培養被奧爾斯托稱為「生產思維」的概念，問自己自己什麼是必須的，然後落實更有效率的工作時程。他相信多數人都沒有花費足夠的工作時間來思考「怎麼工作」，而僅是為了工作而工作。「五個小時的工作天鼓勵員工優先處理高附加價值的工作，也把時間管理得更好。」透過人為的時間限制，其實有助於生產力的提升，因為這種限制能夠驅使你重新評估你做事的方式。奧爾斯托自信地表示，如果你以正確的方式實踐它，並把它與工作和健全的休息態度結合，那麼你就能在不減低效率的情況下縮短百分之三十的工作時間：「人類不是機器。整整八個小時坐在你的辦公桌前也不代表你是有效率的。」他也指出了另一個往往被忽略的因素：「快樂能夠讓你提高效率。」除了這以外，Tower Paddle Boards 的成功不言而喻。二〇一四年，Tower Paddle Boards 被《聖地牙哥商業雜誌》稱為聖地牙哥成長最快速的私人企業，而其投資人馬克．庫班則在「鯊魚坦克」（Shark Tank）的一期節目中將它譽為他最好的投資之一。二〇一六年，在一天只有七個人工作五個小時的情況下，Tower Paddle Boards 的營收超過了一千萬美金。

五個小時的工作天並不只是在工作上的效率有所提升，在這種文化中，創業精神也將會隨之蓬勃發展，奧爾斯托相信這對員工和雇主來說都是一件好事。Tower Paddle Boards 並不只是允許，甚至是支持員工利用工作外的時間開創副業和興趣，「就和船長一樣，企業家需要透過鼓勵員工開創副業來體驗相同的自由感。然而遺憾的是，許多雇主都企圖阻止他們的頂尖人才去追求他們熱愛的事情或是讓他們有增進其他技能的空間與時間。」最有天賦的人不論如何都會把重心放在自己想做的事上，如果我們更積極地鼓勵這種精神，那這將會是一場雙贏的局面。對於員工來說，這讓他們能夠減少財務上的負擔、提高工作動力及創意；對於雇主來說，如果他們積極地鼓勵，公司也更能夠留住人才，更不用說員工從開創副業中習得的技能和經驗也能應用在工作上。留白時間能推廣創業精神、志工服務、社會群體的連結以及這些經驗伴隨而來的學習。

留白時間有很多種形式，平衡和深思熟慮的意向是關鍵。奧爾斯托承認五個小時的工作天並不總是有效，公司並不是整年都實施這種工作方式，而這背後的原因是因為他注意到員工在工作時總是會陷入一種孤立的狀態，這對工作效率來說是極好的，但是這也讓他們錯過了在那種「正常的公司」裡長時間和同事在一起工作時建立起的同事情誼。所以在一年中的其他月份，他們保留了傳統的早上八點半到下午五點半的工作時間。即使是在夏季的月份，當有突發狀況時員工仍然需要增長工時，但是如果這種情況只是特例而不是常態，那做起來也容易得多：「就和朝九晚五的工作一樣，有時候你必須拉長一天工時。但是當你可以在午時一點離開辦公室前往海邊衝浪，或到你孩子的學校去接他們放學，那這種工作方式和你的生活就不是完全切割開的；它純粹是你的生活。」

縮短的工作工時也並不適用於所有人。我們當中的許多人被逼著在辦公室裡待上八個小時、甚至更長的時間，這讓他們不知不覺地變得懶散，而一部分人則是不願意改掉這種舊習慣。如果要適應 Tower Paddle Boards 這種方式，那麼你必須願意打破這些習慣，在需要時完全地專注在你的效率，然後在不需要時完全不去想它。身為一名雇主，奧爾斯托態度必須強硬，向大家證明更短的工時並不代表更少的產出，傳授員工「生產思維」的概念，為他們設定清楚的目標然後貫策執行，甚至在必要時開除一些人。但他也有許多優秀的人排隊想要加入這個團隊，而他們十分樂意接納這種工作的新方式。如同奧爾斯托所寫的，「我們不用接受過去習以為常的工作方式，我們不接受！」

練習

訂下工作完成期限並嚴格執行，並建立一個能讓你騰出留白時間的系統

你可以嘗試訂下一個假想的工完做成期限，限制自己完成一項工作的時間，而且這段時間必須比你原先認為的所需時間還要短。然後反向思考，找到你在這麼短的時間內能夠完成工作的方法。這會促使你思考你的工作方式，落實工作時程。如果你在運營企業，可以思考五個小時工作天的方法可以以什麼形式套用在你的公司，如果夠大膽的話，那你可以直接照著 Tower Paddle Boards 的方式來試試看。

重新建立於高層次閒暇上的文化

如果要為未來的工作做準備，那麼所有人都必須對自己的習慣和行為進行評估，改善我們的休息態度。但除了對自己，我們也需要在集體的層面上探討它。觀察社會、群體和公司裡出現的挑戰和機會，並一起孕育一個以留白時間的價值為中心思想的文化。

人類正在面臨許多挑戰，從全球暖化和擴大的大自然破壞，到政治的不穩定性和社會的動盪。如果要應對這些挑戰，我們必須了解我們現在生活在一個以創意作為驅動力的新經濟形態中，而我們需要新的全球模式和確切實踐才能順利地過渡到未來。現代科技改變的快速節奏也意味著目前使用的系統和體制會隨之發生極端的變化：舉幾個例子來說，醫療、生產、配送以及能源。管理這種改變並不是簡單的一項工作，我們全部人都有責任。

世界經濟論壇在它二〇一八年的議程中勸告我們，「緊握不放的心態已經是過時的思維，企圖修補現有的流程和制度是不可行的。相反地，我們必須從頭開始重新設計他們，才能夠抓住正在前方等候著的全新機會，同時避免我們正在目睹的這些崩壞、瓦解。」我們必須應用游樂場思維，欣然接受愚蠢的想法，以及想像那些「如果…」會是什麼狀況，並給予自己的精神一些時間和空間，反思它們所帶來的結果，然後醞釀可能的解決方案。我們需要放下那些已經不適用於這個現代世界的過時模式和思維。

許多最聰明的知識型工作者已經意識到了。他們的目標不再是提高整體薪水。對於他們來說，金錢可能只是用來購買更多時間的資源。因此，相反的，衡量的關鍵標準是每個工作時數的工資。令人難過的是，即使是那些看起來高薪的工作，其實相對來說也是一個不高的數字。因此，難怪許多有才能的人離開這些工作職位，轉為自由工作者。在自由工作界，自由工作者和客戶都能夠理解、接受的是：在這裡，唯一重要的是產出，而不是花費了多少時間。然而，一些雇主不知為何十分頑固地抗拒這種認知。結果就是，這些人意識到，如果按照自己的時間表工作，他們可以在更短的時間內完成更多的工作，因此選擇成為自由工作者，且在過程中發現他們不僅收入倍增，工作品質也變高了。在未來的工作中，效率和閒暇的關係將不再是「非此即彼」，而是「魚與熊掌兼得」。

幸運的是，我們也看見越來越多的領導者意識到員工過度工作及缺乏留白時間，對他們的企業是相當不利的。而其中的一些人已經開始像斯蒂芬・奧爾斯托一樣主動引領轉變。Basecamp 的創辦人和《工作何須賣命》（It Doesn't Have To Be Crazy at Work）的作者傑森・弗裡德及大衛・海尼梅爾・漢森長期以來一直在公司內部倡導充足的休息時間，並為其他領導者提供了讓他們的公司氛圍更加沈著平靜的有效方法：「當你開始把你的公司看作為一個產品，各種能改善這個產品的可能方法就會湧現。當你意識到你的工作方式是具有可塑性的，你就可以開始塑造全新的、更好的工作模式。我們花在公司上的精力就和花在產品上一樣。」你可以透過這個方法來審視任何公司文化，然後你會發現，我們的公司和其他軟體產品一樣，有許多需要被修補的小漏洞。當你發現了那些讓你的公司文化產生缺陷的習慣，那就是時候升級公司的文化軟體了。

那些像奧爾斯托、弗裡德及海尼梅爾・漢森的領導者已經走在正確的道路上。但是我們也需要更加廣闊的文化變遷才能真正將努力化為成果。一些公司推出了像是無限假期的福利制度，但是如果沒有更大的文化改變，那麼許多人會不敢使用他們的福利，或是不相信它們能有所助益。

這在美國尤為明顯。無限假期的政策反而造成員工減少請假和休息時間，因為在他們有意識或無意識地想要展現他們有多麼的有效率又多麼努力。結果就是，這種具有良好用意的政策可能會成為焦慮或過勞的新原因。從經理的角度來看，在現在的文化中，「強迫的」留白時間（像是全公司的假期）可能才是比較理想的方式。這其中的措辭極為重要，與其說「你不需要在晚上七點之後查看電子郵件」，「你不能在晚上七點之後查看電子郵件」可能顯得更適當。這同樣適用於「你可以在需要時申請假期」。句子中的「如果你需要」這個部分使它聽起來像是讓人們承認他們「需要休息」的這個缺點，而人們不願意這麼做。

各個經理們應該加倍關注這個問題。過勞的人們不僅是在讓自己受苦，他們也影響著其他同事，讓所有人的動力和效率都和他們一起下降。在一個團隊的工作環境中，只有一個過勞的員工是稀有的狀況，如果說有一名員工正在為工作掙扎，那其他人很可能也是。我們（尤其是身為領導人和經理的那些人）需要真正地挖掘這背後的原因，才能讓團隊抱持快樂又有創意。

珍妮．奧德爾在他的書《如何無所事事》（How to do Nothing）提醒道，「在健康和自然生態的領域中，那些猖獗地生長的往往都是具有寄生性或致癌性的。但我們居住的這個文化中，比起週期性或能夠再生的（如再生能源），更加看重新穎性和（經濟、效益）成長……我們並不會把維護和關照看作為有效率的代名詞。」尤其是企業家們往往都會被困在這個成長思維中。雖然說有些時候還是需要投入工作和成長和，但有時也必須退後一步。一如既往地，平衡才是關鍵。這也是為什麼設定務實的目標和期望這一環節十分地重要。否則，要如何得知成長的方向、知道什麼時候已經做得夠多了呢？

所有人都是獨一無二的，而這也正是我們的價值所在。人與人之間最成功的合作是當他們可以互補、展現不同的技能、觀點及想法時。然而多數的工作場所都在假裝我們所有人能夠共用同一種模式，這又是另一個工業時期留下來的思維遺毒，而我們似乎還是不願意擺脫這種想法，即使它正在造成傷害。勞裡．赫爾戈在他的書《內向的力量：為何內心世界就是你潛藏的力量》（Introvert Power : Why Your Inner Life Is Your Hidden Strength）中寫道：「一個很好的經驗法則是，當一個環境持續讓你對自己感覺不好，那它就是一個錯誤的環境。」所有人都應該對此更有意識，並問問自己我們的環境是在幫助我們還是在妨礙我們。如果是後者，那可能是時候該離開它，或是嘗試重新塑造這個環境了，又或者是尋找一個全新的、更適合你的環境。當我們能夠靈活地變通，以自己的方式、自己的節奏、自己的時間來處理工作時，每個人都有機會充分釋放自己的潛力。

遺憾的是，我們依然生活在一個視忙碌、壓力及過度工作為榮譽勳章的社會，因為這能夠顯示我們有多大成就又多麼重要。然而，身為企業家、經理及個人，如果繼續假設生產力或效率純粹是因為我們投入了大量的時間和精力重複地做同樣的事，那麼這將會是一個危險且惡性的循環。很多時候，我們因為害怕改變而陷入平庸，或者純粹是因為太過懶散和過度舒適，因而不去質疑現狀和社會常態。

其實大可不必這樣。透過建立高層次閒暇的文化，我們可以逃離平庸，讓生活充滿成功與意義。這種文化能夠在未來的工作型態中蓬勃發展。然而，我們其實並不需要等到未來的到來，才能夠從這種文化中收穫豐厚的成果。在這本書完結前，我們想要與你分享三個成功的例子。這些人都從個人、公司及社會層面接納這些文化的變遷，並因此而取得成功。

彼特·阿登尼（錢鬍子先生）

Pete Adeney (a.k.a. Mr. Money Mustache)

美國退休人士暨金融部落客

當人們獲得財富自由時，他們通常不會停止工作。相反地，他們會更加好好地工作。我觀察到許多社會中的高成就者，世界級領袖和最多產的公司創始人，我發現他們多數都已經成功了。但是他們還是繼續工作中，因為這項工作對他們來說是有意義的。

從工作中解脫不代表結束工作

啊，退休。漫長的職業生涯盡頭的甜蜜目的地。最終，我們所有的苦勞都將得到回報，而你終於可以把時間花在你一直以來都想做的事情。但是你真的需要等到六七十歲時才能這麼做嗎？一個自稱為FIRE，財政獨立，提早退休（Financial Independence, Retire Early）的小型（但相當活躍）的運動主張你可以大可不必如此。實際上，他們相信你可以更早地退休，在你人生還有很長的歲月時。這項運動最著名的發聲者之一可能是彼特．阿登尼，他以錢鬍子先生為筆名撰寫了廣為人知的個人金融部落格。

阿登尼本人在二〇〇五年，也就是在他三十歲時就退休了。他沒有繼承一大筆的遺產，也沒有因為新創公司被併購或其他特殊原因而賺取幾百萬美金的財富。阿登尼只是一名有著普通工作的普通人。在他退休之前，他和他的妻子都是軟體工程師，倆人平均的年收入剛好低於七萬美金。不過，阿登尼和妻子與其他上班族不同的是，他們過著簡樸的生活，積極儲蓄，並將一半以上的實得工資投資於指數型基金和其他保守資產。在他們退休時，他們透過投資儲存了大約六十萬美金，並擁有一間價值約二十萬美金、無抵押貸款的房子。這些存款已經足夠維持阿登尼和他的家人一輩子的生活。

FIRE運動的核心宗旨是「4％原則」。基於相當安全的假設——長遠來看，指數型基金每年的投資報酬率是在7％至8％之間，阿登尼及FIRE社群認為，一個良好的安全的提領率是你的儲蓄中的百分之四，「這是你能夠花掉的最高百分比，這樣你才不會在你的有生之年裡提早花光你的退休積蓄。」阿登尼和他的家人一直以來都十分節儉地生活，但他們並不會因此覺得缺少了什麼。他們每一年的總消費都不超過兩萬五千美金，因此他們也可以輕鬆地維持在他們的安全提領率以內。

正如許多剛退休的人所告訴你的，完全地從工作中解脫看起來可能是留白時間的巔峰時刻，但如果不利用這段時間在其他新的活動或興趣上，那這對你來說可能反而是一個挑戰。很快地，你就不會想要整日躺在沙發上，根據阿登尼所說，離開工作並不是要點，拋開一定得工作賺錢的憂慮，在你想工作的地方、做你想做的工作才是真正的關鍵。阿登尼在退休後變得更加積極了，他寫道：「我沒辦法無所事事的坐在沙發上或是躺在沙灘上太久。休假時，我會找一些體力勞動工作來做，這讓我忙得很快樂。我發現即使只有一天是零生產力的，就足以產生不好的影響。如果我停止做事，那我想要做事的動力也會慢慢消失，過不久我就會無所事事地躺在沙發上，或在早上十一點小睡一下。對我來說，不活動會導致另人沮喪的無聊感。」

現在，阿登尼從事的眾多活動之一是透過他的部落格指導他人「我們應該如何過著既簡樸又美好的休閒生活。」但他真正享受的是多樣化的、把手弄得髒兮兮的身體活動：「我一直以來都無法理解觀看別人運動的樂趣，也無法忍受觀光景點，也不喜歡在沙灘上坐一整天（除非我真的需要建造一座巨大的沙堡）……如果你讓我獨自待上一整天……我會做木工、重量訓練、寫作、在錄音室裡演奏樂器、列出一張清單然後照著它去執行。」阿登尼熱愛的活動多數都是免費，甚是是可以生財的。這些活動都圍繞著創意、創造以及解決問題。

阿登尼提倡退休的全新定義，一種不會被年老及不活動所束縛的退休生活。你在退休之後可能還是會有另一份工作，或者開創另一個事業：「根據這個全新的定義，提早退休不代表結束工作（即使它意味著結束你現在這一份工作）。它真正的含義是讓你退出你工作中糟糕的部分，通勤、政治、劣質產品的生產，這些僅僅是因為你的老闆企圖剝削這個有利可圖的利基市場。」相反的，新形式的退休讓我們能夠創造我們真正熱愛的東西，也不需要在乎別人覺得我們做的這件事是否有用。與其認為退休與工作是對立的，我們應該問自己這個問題：「在維持你對於創造的渴望，且無須立即負擔下一筆抵押貸款的情況下，你會如何經營你的生活？」這個問題的答案將會成為你對於退休的新定義，而你可能也能夠比你之前想像的還要快達到這個目標。

練習 **評估你的消費習慣**

你是不是告訴自己，想要休息一段時間，但卻負擔不起？對你來說，提早退休可行嗎？現在可能是時候重新評估你的消費習慣了。每年的開支是多少？什麼是必需品，哪些非必需品對你造成的經濟壓力最大？你想要的是更多的東西，還是自由？我們很容易陷入一個循環，先追求更多的收入，然後花更多的錢，再下一次加薪為目標努力工作。但是，透過反思和正確的習慣，實現財富自由和提早退休其實並不是不可能的。

理查德・布蘭森

Richard Branson

英國企業家，投資者暨慈善家

認為『在辦公桌前最能夠好好地工作』是過時的想法。我從來沒有在辦公室上班過，我比較傾向於將「辛勤地工作」和「與家人共渡時光」相結合。

工作和玩樂都是生活

「我很幸運，能夠在任何時間、任何地方工作，我不把工作和玩樂看作是分開的兩件事，它們都是生活。我認為在未來，將會越來越多的人這麼做，這將會為企業、國家和個人帶來好處。如果你相信他人，把他們當作有能力的成人對待，那麼他們將會透過更有效和高效的工作來回報你。」

你在加勒比地海可能沒有擁有一座小島，可能也沒有經營一家跨國企業集團，旗下有四百多家公司，從銀行到醫療，從媒體到太空旅行的。因此，第一眼看去，擁有內克爾島並創辦了維京集團的理查德·布蘭森可能與你的生活毫不相干。但如果你忽略這些「小細節」，布蘭森實際上和我們十分有關聯。儘管他贏得了偉大的成就，並經營全球數個企業，他還是能夠騰出充足的留白時間。他也向旗下員工推廣留白時間，並鼓勵其他的領導者效仿。

布蘭森喜歡在清晨開始一天。他在凌晨五點鐘起床，然後立即開始運動（通常是網球或風帆衝浪）。家人對他來說十分重要，因此在結束運動後，他會與家人一起悠閒地吃頓早餐：「透過運動和陪伴家人的時間，我能夠以一個良好、愉悅的心態開始專注業務工作。」同樣的，他會以類似的社交和放鬆的方式結束他的一天：「我通常以和一群人一起吃頓晚餐結束一天。我們會分享我們的故事，而新的想法也是在這種場合誕生的。我通常會在十一點鐘左右上床睡覺。」在這些家庭時光之間的，就是他經營商務的時間。

因為經營著許多國際規模的公司，布蘭森常常需要與許多人聯繫。因此，他採納了連接技術的可能性，充分利用它的潛力，來賦予他極大的機動性。他也確保他是以一種嚴謹的態度使用它們的。他透過寫日記和做筆記的方式，以及充足的安靜時光來進行反思，以平衡那些科技可能帶來的干擾：「不管我在哪裡或正在做什麼（可能除了風帆衝浪或遊泳時），我總是手握著一本筆記本。一直以來，我的「生活秘訣」都寫在裡面！如果我的手中沒有一支筆能夠讓我在新想法出現時馬上把它們記錄下來，那我今天不知道會在哪裡。」布蘭森也不喜歡過多的拘泥形式，盡可能讓自己過著隨性又朝氣勃勃生活：「我不怎麼喜歡正式的會議，我傾向於透過共享一餐來緩解氣氛，或者在時間比較緊迫時，邊走邊開會。」寫日記、共享一餐或是運動，像理查德·布蘭森先生這樣的億萬富翁也會利用留白時間來進行這些事情。畢竟，他也是一名普通人。

但是布蘭森不平凡的一個方面是他對待維珍集團旗下員工的方式。他堅定地相信他的員工，並允許他們在他們覺得最好的場所和時間工作。他說道：「如果要成功地與他人共事，你們就必須信任彼此。其中一個很重要的部分就是讓他們在不需要監督的情況下完成工作。這是授權的藝術，多年以來這個做法一直為維珍集團和許多公司帶來助益。我們想要給予員工自由，讓他們在任何場所工作，並深信他們具備工作動力及專業知識，讓他們不管是在辦公桌還是廚房都能夠表現的很好。我自己本人就從來沒有在辦公室工作過，而且我永遠不會這麼做……工作生活將不再是朝九晚五的。整個世界是連接的。那些不接納這種改變的公司將錯過這其中的好處。」

布蘭森的維珍集團肯定不會錯過這個改變所帶來的優勢。「透過實踐一系列彈性工作計畫，在家上班、無限休假、整合技術和工作場所的福利，我們以對待有能力的獨立成年人的方式對待我們的員工，」他寫道。「在維珍的管理部門，我們全面地採納彈性的工作方式，我們相信如果我們給予員工更多關於怎麼上班、什麼時候上班或在哪裡上班的的選擇，這個做法會持續下去……如果我們都更聰明地工作，那就不需要長時間工作。」布蘭森也相信在不遠的將來，三或四天的週末可能會更加地廣泛和普及，而人們也將會以較少的工作時間領取更高的工資，「這樣他們就能夠負擔更多的閒暇時間。」雖然說對科技的發達造成部分人失業以及工作和休閒的比重重新分配是「難以維持平衡的行為」而有些擔憂，但他還是相信人們能夠做到這一點。如果以正確的方法使用科技並欣然接納它，我們就能夠在更短的時間裡完成更多的事，並享受更多創意時間。

透過讓你的員工在最適合他們的時間和地點工作，你將能充分激發你的公司或自身的創意。如果你設定一個嚴格的工作時間表，員工不一定能發揮最好的表現，因為這個工作時間範圍並不是適用於所有人的。利用這些神奇工具和科技來提供真正的工作彈性，像對待有能力的成年人一樣對待每個人，由他們自己決定工作與休息間最佳的平衡是怎麼樣的，給予他們發揮最佳表現的機會。

練習

接納全面的彈性／機動性／隨機應變性

每個人都是獨一無二的，這也是為什麼我們和標準化、可替代及可預測的機器有所區別的原因。與其雇用一群想法和行為都一樣的複製人，或者更糟糕的是，對待員工的方式就像對待複製人一樣，不如欣然接受團隊中每個個體的差異，讓每個人都把他們最好及最有創意的一面帶到工作中。通用於所有人的模式並不存在，而你需要接受這項事實。如果你企圖強迫他們共用同一個模式，那你只是在限制全部人創意上的可能性並降低信任。相反的，你可以利用科技為你帶來的優勢，允許你的團隊不同步地工作或遠端作業，讓所有人都能夠充分利用人類獨有的隨機應變性。

小室淑惠＆新井沙羅

Yoshie Komuro and Sarah Arai

日本工作與生活平衡顧問

定義你生活的價值的不是你的工作，而是你的家人！
——小室淑惠

試著想像你理想的工作和生活，然後試著朝它更邁進一步。想像你的孩子仰頭看著你，想著「當大人是一件很棒的事」。我想要鼓勵每個人過著這樣的生活，讓我們的孩子充滿希望，期待成為大人——新井沙羅

找到生活最好的模樣

Karoshi 是一個在日文中意為「過勞死」的詞彙，這個詞誕生於一九七〇年代，自此便逐漸滲透上班族文化，這一現象最近達到了一個新的高峰。於二〇一五年一名年輕的上班族自殺，與其他幾起和過勞對身心健康影響相關的死亡事件發生後，大眾和政府終於開始關注這個問題。政府對此一問題的研究並得出以下結論：日本有20%的工人面臨過勞死的風險，這是一個相當驚人的數字。而且，除了死亡這個極端的狀況之外，過勞對生產力、創意和生活滿意度的影響正在嚴重地削弱日本經濟。因此，有些人決心改變這種狀況。

在大學期間，小室淑惠在美國待了一年，負責照顧一位單身媽媽的孩子，這個經驗讓他大開眼界：美國產假和他日本產假之間有著極大的差異。在育兒假期間，美國媽媽可以利用這段時間學習，當她回到工作崗位時，還得到加薪和升職。對於當時的日本婦女來說，生孩子通常意味著你必須完全放棄你的事業，而少數重新回到職場的人則被分配到較為低階的職位上。那次經歷啟發了小室，回到日本後，他於畢業後任職於知名化妝品牌資生堂，並在公司內部發起了一個「就業計畫」，以支持和鼓勵婦女重返職場。這項計畫非常地成功，得到巨大的迴響。在二〇〇四年，他被《日經新聞》評選為「年度女性」。兩年後，小室成立了自己的公司，工作與生活平衡，將她的理念從資生堂推廣到全國。

在最一開始時，WLB 將公司理念聚焦於婦女在不必放棄事業的情況下也能夠成家、扶養孩子。但後來小室意識到，這個問題的根源遠不僅如此。她自己親身經歷了這個問題，在他丈夫有了第一個孩子後，她的丈夫經常在凌晨二點才下班回家，因此小室必須承擔大部分的育兒壓力。剛開始，她對丈夫十分不滿，但很快地，她發現丈夫如此辛勤地工作也不是一件容易的事。幸運的是，她的丈夫願意試著改變他的工作方式，讓這對夫妻能夠以更平等的方式扶養孩子，家庭氣氛也更和樂融融。這樣的轉變使他意識到「在日本的公司中，員工心理健康與壓力伴隨而來的問題也持續增加。」

WLB 諮詢服務的目標族群為所有工作人士，在工作和生活間取得更好的平衡是迫切需要的，對於知識型工作者來說更是如此。小室說：「與製造業不同的是，日本的上班族每小時的生產力極低。在工作與生活間的取得平衡對於上班族培養創意是至關重要的，尤其如果他們想要轉換到新型產業。」儘管日本一直都有辛勤工作的形象，但實際上，日本是世界上生產力水平最低的國家之一，世界上沒有其他地方像日本一樣，忙碌生活如此普遍，甚至被視為理所當然。而缺乏工作外的私人時間也意味著員工不會給公司帶來新的想法，而缺乏想法和創意的員工試圖用努力工作和更長的工時來彌補，於是私人生活與創意又再被壓縮，進而導致一個負面循環。要終止這個負面循環，首先得了解減少工時反而能讓你更有效率地工作。

雖然該公司的名為「工作與生活平衡」（Work–Life Balance），「與其說是平衡，更多的是協同效應。」新井沙羅在與我們通話時解釋道。「不管是正面還是負面，工作和生活是相互影響的，這種影響就是協同效應。」「工作和生活相對立的想法是一個常見的誤解。「如果你工作時間太長，這代表著你沒有任何私人生活。反過來說，如果你花太多時間在你的私人生活上，這代表你沒有努力工作。但這是一種誤解。」你其實可以同時兼顧兩者：有價值的工作和滿意的生活。新井是目前在 WLB 工作的三十多名顧問之一，雖然他大多時間都在日本長大，但他的父親來自紐西蘭，因此他在年輕時就接觸了其他國家文化和思維方式。比較其他國家和日本的工作情況，新井認為「在日本工作對我來說不是一個憧憬的未來，因此我決定在其他國家工作和生活。」

但是當新井還在上大學時，她的母親因癌症去世了。儘管過去花了許多時間和與母親相處，但她仍然後悔沒有花更多時間與陪伴母親。而他意識到，由於人口迅速高齡化以及現今的工作文化，日本的許多人都有同樣的遺憾。而就在這時候，新井偶然看到了小室寫的一本書，覺得「這就是日本需要改變的地方。如果成年人能夠享受工作和生活，這也代表著更多快樂的孩子，這樣的日本才是我想生活的地方。」與其被動地等待它的發生，新井決定為此變革做出貢獻，最終加入了 WLB，成為該公司最初期的成員之一。

傾聽內心的聲音

WLB 的團隊幫助了上千家公司，從四名員工的企業一直到有數萬名員工的跨國公司。儘管客戶都來自不同領域，但方法基本上都是一樣的。他們首先要求公司挑選幾個團隊，通常每個團隊有十個人左右，他們每天緊密地合作。然後，他們會和每個團隊開會，詢問對方理想的工作風格是什麼樣的，並幫助他們定義所謂的目標形象。包括可以怎麼享受工作、如何互相支持，以及如何花更多時間與家人相處。最後，新井解釋：「一旦團隊的目標形象達成一致，我們就會幫助他們一步一步往這個理想的目標形象邁進。」

一開始時，他們建議的每個改變可能看起來都是小事。像是整理工作場所、在每封電子郵件最後加上註腳，提醒他人自己正在為了改善工作與生活的平衡而努力著、不在深夜或週末發送電子郵件，或者只是單純地對彼此更友善。根據新井的說法，「在許多日本公司，人們非常疲憊，而且經常被告誡『你不應該這樣工作』或『這是你必須做的』，他們最終停止思考，說一步做一步，更不可能在工作上主動提出新想法和嘗試不同的事情。而這會影響生產力、創意和幸福感。「即使只是一小步，如果能夠鼓勵員工去做他們認為對自己、對公司或對客戶最好的事情，這個工作文化就會開始改變。」

而小小的改變誘發了更大的革新：正如新井所說的，「當員工意識到自己能夠做出這些小改變，這會鼓勵他們準備好面對更大的挑戰。」這種更大的挑戰可能包括改變與客戶的溝通和合作方式，以減少他們的工作負擔，也讓客戶更滿意。或者他們可能會去找高層主管，提出讓公司的文書處理或會議政策更加有效率的方式。同樣地，每個行動都不會太大，但一旦人們感覺到他們可以做出改變，並被賦予表達意見的權力，動力就會跟著來了。」

隨著這些團隊改變了他們的行為，他們的工作時間減少 30%，也感到更有精力，更快樂。這些團隊中的員工開始談論這個話題，結果就是，他們的同事為此感到羨慕，想要跟著實踐他們的做法。這也就種下了留白時間的種子。新井指出：「漸漸地，更多的小團隊加入這個運動，隨著時間的推移，這將改變公司的工作文化。」WLB 也注意到另一個關鍵點，每個員工的人際關係都提升了。「如果你與你的團隊夥伴的關係更好，生產力就會跟著提升。」

高效率團隊的關鍵在於「團隊夥伴之間彼此信任，在心理上覺得能夠安全地表達意見，和平衡、對等溝通。」不是那種只有一個人在說話，其他人沉默的情景。每個人都該大聲說出自己的想法。而在 WLB，他們言行一致，高度重視人與人之間的關係。他們非常注意溝通方式，並建立了鼓勵人們互相合作、支持的制度。他們還定期舉行會議，作為一個團隊思考如何更好、更快樂、更有效地工作。每天早上，他們以安排自己的工作時程來開始一天，然後在他們所謂的「晨信」（朝メール）中與團隊夥伴們分享。因此，每個人都知道誰做什麼，什麼時候做，以及事情進展如何。「人們可以互相支持，如果有事情發生，也可以互相替補。如果有問題，我們可以互相幫助彼此解決。如果在工作上有成功的進展，我們則一起歡欣鼓舞。」

除了與公司合作，WLB 還試圖在社會上產生更大的影響。小室的努力已經促進了日本法律制度的改變。二〇一九年三月，日本終於通過了一項法律，將加班時間限制在每月四十五小時和每年三百六十小時（除了某些例外）。這些改變正逐漸讓日本社會重新思考傳統工作方式。這些問題中有一些可能是日本獨有的，但在其他國家也能看到類似的趨勢。新井希望「我們現在在日本進行的改變可以成為其他國家的榜樣，特別是那些正處於人口紅利期的國家，因為他們很有可能在人口結構和市場上經歷類似的轉變。」新井最後說道：「我只是希望人們更加幸福，享受生活。讓人享受的事物有很多，所以如果我們不享受生活，那就是一種浪費！」讓我們一起遵循新井的建議，充分利用工作和生活的協同效應，享受工作時間，當然還有休息時間。

練習

定義你的「目標形象」

你理想的工作和生活方式是什麼樣子的？獨自思考這個問題，如果可以的話，也和你日常工作的團隊夥伴一起思考。一旦你為自己和你的團隊建立了這一目標形象，你們就可以朝著它努力，每個小改變都是一小步。套用用新井的話說：「有一個明確的目標形象，知道自己理想的工作方式和生活會是什麼樣子，是非常重要的。只有這樣，你才能看到這個目標形象和你目前生活的不同。你也就更清楚什麼是必須改變的。」

備註：

- 在經濟學上，人口紅利（英語：demographic dividend）是指因為勞動人口在總人口中的比例上升，所伴隨的經濟成長效應。它通常發生在人口轉型時期晚期，此時因為生育率下降，使得受撫養的青幼年人口減少
- 協同效應又稱加乘性（英語：synergy）、協助作用（英語：synergism）、協助效應、協同作用或加成作用、加乘作用，指「一加一大於二」的效應。例如商業環境，市場或企業併購或合併，有可能產生互補不足，雙劍合璧的協同效應。

建立你的休息態度

伯特蘭・羅素在一九三二年表示：「閒暇是文明的根本」，我們希望你現在已經完全同意他的觀點。但我們應該特別注意的是這句話的第二部分：「在以往，少數人的閒暇時光是建立在許多人的辛勤勞動上才有辦法實現。但他們的勞動是有價值的，不是因為工作是好的，而是因為閒暇是好的。有了現代科技，我們有可能在不阻礙文明發展的情況下公平地分配閒暇時光。」羅素這個說法在當時可能算是前衛的，但現在，約莫一個世紀後，我們發現自己處在人工智能可以真正接管「許多人的辛勤勞動」的時代。由於科技的發展，在歷史上第一次，每個人都將能夠加入有閒階級。現在是時候了，在亞里士多德的高層次閒暇理想上重建社會。而這一次，每個人都可以參與其中。

我們相信人工智慧不會奪走我們的工作，也不會威脅或削弱人類的價值。老實說，我們認為，情況將與之恰恰相反。是的，人工智慧將改變目前工作型態，但工作機會仍然會繼續存在，甚至還能創造的新的工作種類，將以人類獨有的特質為中心，如創意和同理心。而這些技能不是建立在忙碌之上，而是建立在有效率的工作和對身心滋養的休息的平衡循環上。

我們的壓力過大，過勞，瞎忙，真的已經太久了。最糟糕的是，我們沒有創造力，與些能帶來巨大影響的想法的東西失去了連結。如果不改變，我們要嘛把自己工作到死，要嘛隨著人工智慧機器人的到來而被淘汰。真正富有成效的知識工作是與忙碌相反的，它需要更努力、更深思熟慮的方法，它需要你更認真看待留白時間。現在是時候了，作為個人和領導者，我們應該意識到這一點。

即使我們了解到它的重要性，休息時間也不會神奇地出現，尤其是當目前的工作如此忙碌。但我們有責任為它騰出時間，並捍衛這個世界試著從你身上奪走的留白時間。這有點違反直覺，它需要你花更多的心思來規劃留白時間，保護它不受工作的侵擾；它需要你對假設提出質疑，並將良好的流程落實到位。它需要你建立良好的常規和習慣來培養自律。我們的休息態度必須和我們的工作態度一樣健全。

在未來的工作中，休息態度的含義遠遠不僅是公司休假政策或週末休息。它是承認我們不能也不應該像是機器人一樣，而是欣然接受自己對停機和脫離工作需求，並為休息態度所帶來的人類獨有技能感到自豪（先前提到的創意、同理等）。與其把留白時間看作是脫離工作的休息時光，不如把它看作是工作和整個生活的一個重要部分。我們對於激發創意和了不起的點子的方法（策略），取決於賦予自己的思緒時間和空間來醞釀和漫遊。我們的休息態度是最終發現和解鎖最深層的創意和人類潛力的方式。

我們相信，那些致力於將同理心和創意、搭配有助益的練習和習慣養成的個人或公司，他們的核心理念和個人哲學將會成長茁壯。在不久的將來，這可能也是唯一可行的方法。忙碌的工作很容易自動化，無論人們投入多少時間，犧牲多少生活品質，沒有人能在這些常規工作上超越人工智慧。而另一方面，創意和同理心將在未來很長一段時間內，仍然會是人類獨有的特質。那些了解這些技術以及新型科技工具的人，不會把人工智慧視為阻礙或是對手，而是將其作為一項有利的技術，以將人性提升到新的水平。

對工作和休閒的節奏採取更健康的態度能賦予我們這樣的能力，以及刻意地練習留白時間。因此，我們建議你現在就開始。

你值得擁有自己的留白時間，你值得擁有自己的休息態度，你值得同時擁有高品質的生活和高品質的工作。我們需要新的工作方式。我們需要一張白紙重新開始。我們需要偉大又大膽的想法，保持冷靜，更聰明地工作。我們需要回到亞里士多德的高層次閒暇，創造更多的留白時間，將它花在有意義的事物上。作為一個社會，我們需要共同成為伯特蘭·羅素認為對文明有重大貢獻的有閒階級。我們需要更多像本書中提到的那些領導者和創造者。而所有人都應該加入他們的行列。

我們需要你，親愛的讀者，成為有創意、有影響力的、有同情心的、充分休息的、快樂的人，來帶領我們進入未來的工作型態。

參考文獻

留白時間

Aristotle. *Aristotle's Politics: Writings from the Complete Works: Politics, Economics, Constitution of Athens*. Edited by Jonathan Barnes and Melissa Lane. Princeton, NJ: Princeton University Press, 2017.

"Aristotle on Work vs. Leisure," The Noble Leisure Project. Accessed March 20, 2020. https://blogs.harvard.edu/nobleleisure/aristotle-on-work-vs-leisure/.

Fried, Jason, and David Heinemeier Hansson. *It Doesn't Have to Be Crazy at Work*. New York: Harper Business, 2018.

Miller, Bruce B. *Your Life in Rhythm: Less Stress, More Peace, Less Frustration, More Fulfillment, Less Discouragement, More Hope*. McKinney: Dadlin, 2016.

Minerd, Matthew. "Leisure: The Basis of Everything?" Homiletic & Pastoral Review, January 20, 2017. https://www.hprweb.com/2017/01/leisure-the-basis-of-everything/.

Newport, Cal. *Digital Minimalism: Choosing a Focused Life in a Noisy World*. Penguin Business, 2020.

Oshin, Mayo. "Einstein's Most Effective Life Hack Wasn't about Productivity." Quartz at Work. Accessed March 20, 2020. https://qz.com/work/1494627/einstein-on-the-only-productivity-tip-youll-ever-need-to-know/.

Pieper, Josef. *Leisure the Basis of Culture*. Indianapolis: Liberty Fund, 2010.

Russell, Bertrand. "In Praise of Idleness." *Harper's Magazine*, October 1932. https://harpers.org/archive/1932/10/in-praise-of-idleness/.

Sahlins, Marshall. "Hunter-Gatherers: Insights from a Golden Affluent Age." *Pacific Ecologist*, no. 18 (January 1, 2009): 3–9.

Sipiora, Phillip, and James S. Baumlin, eds. *Rhetoric and Kairos: Essays in History, Theory, and Praxis*. Albany, NY: SUNY Press, 2002.

Taleb, Nassim Nicholas. *The Bed of Procrustes: Philosophical and Practical Aphorisms*. Reprint edition. New York: Random House Trade Paperbacks, 2016.

Thompson, E. P. "Time, Work-Discipline, and Industrial Capitalism." *Past & Present*, no. 38 (1967): 56–97.

休息的價值何時被遺忘

Aarstol, Stephan. *The Five-Hour Workday: Live Differently, Unlock Productivity, and Find Happiness*. Lioncrest Publishing, 2016.

"Bertrand Russell," Wikipedia. Last modified April 13, 2020. https://en.wikipedia.org/wiki/Bertrand_Russell.

"Burn-out an 'Occupational Phenomenon': International Classification of Diseases," WHO. Accessed March 23, 2020. http://www.who.int/mental_health/evidence/burn-out/en/.

Davis, Pete, and Jon Staff. "People Fought for Time off from Work, so Stop Working so Much." Fast Company, February 23, 2019. https://www.fastcompany.com/90309992/people-fought-for-time-off-from-work-so-stop-working-so-much.

Doukas, Dimitra, and E. Paul Durrenberger. "Gospel of Wealth, Gospel of Work: Counterhegemony in the U.S. Working Class." *American Anthropologist* 110, no. 2 (2008): 214–24.

Fogg, B.J. *Persuasive Technology: Using Computers to Change What We Think and Do*. San Francisco: Morgan Kaufmann, 2003. https://doi.org/10.1016/B978-1-55860-643-2.X5000-8.

Graeber, David. *Bullshit Jobs: A Theory*. New York: Simon & Schuster, 2018.

Huffington, Arianna. "Burnout Is Now Officially a Workplace Crisis." Thrive Global, June 3, 2019. https://thriveglobal.in/stories/burnout-is-now-officially-a-workplace-crisis/.

———. “Don’t Call It A Vacation: Thrive Time Is the Key to Sustainable Success.” Thrive Global, July 12, 2019. https://thriveglobal.com/stories/vacation-time-off-pto-prevent-stress-burnout-arianna-huffington/.
———. “Microsteps: The Big Idea That’s Too Small to Fail, According to Science.” Thrive Global, February 27, 2019. https://thriveglobal.com/stories/microsteps-big-idea-too-small-to-fail-healthy-habits-willpower/.
Katz, Emily Tess. “The Moment Arianna Knew She Had To Change Her Life.” HuffPost, March 25, 2014. https://www.huffingtonpost.com/2014/03/25/arianna-huffington-fainting_n_5030365.html.
Newport, Cal. *Deep Work: Rules for Focused Success in a Distracted World*. New York: Grand Central Publishing, 2016.
Petersen, Anne Helen. “How Millennials Became the Burnout Generation.” BuzzFeed News, January 5, 2019. https://www.buzzfeednews.com/article/annehelenpetersen/millennials-burnout-generation-debt-work.
Russell, Bertrand. “In Praise of Idleness.” *Harper’s Magazine*, October 1932. https://harpers.org/archive/1932/10/in-praise-of-idleness/.
Saad, Linda. “The ‘40-Hour’ Workweek is Actually Longer – by Seven Hours.” Gallup.com, August 29, 2014. https://news.gallup.com/poll/175286/hour-workweek-actually-longer-seven-hours.aspx.
Schroeder, Doris. *Work Incentives and Welfare Provision: The “Pathological” Theory of Unemployment*. Oxford and New York: Routledge, 2018.
“The 5-Day Week in the Ford Plants.” *Monthly Labor Review* 23, no. 6 (December 1926): 1162–66.
“The Nobel Prize in Literature 1950,” NobelPrize.org. Accessed March 21, 2020. https://www.nobelprize.org/prizes/literature/1950/summary/.
Weber, Max. *The Protestant Ethic and the Spirit of Capitalism*. Edited by R. H. Tawney. Translated by Talcott Parsons. Mineola, NY: Dover Publications, 2003.

醞釀創意

Bennett, Arnold. *How to Live on 24 Hours a Day*. London: New Age Press, 1908.
Currey, Mason. *Daily Rituals: How Great Minds Make Time, Find Inspiration, and Get to Work*. New York: Picador, 2014.
Eiduson, Bernice T. “Scientists and Their Psychological World.” *Engineering and Science* 26, no. 5 (February 1, 1963): 22–30.
Epstein, David. *Range: Why Generalists Triumph in a Specialized World*. New York: Riverhead Books, 2019.
Goldsmith, Margie. “Google A.I. Engineer/Rapper Wants Kids to Know It’s Cool to Be a Genius.” Forbes, January 21, 2019. https://www.forbes.com/sites/margiegoldsmith/2019/01/21/google-a-i-engineerrapper-wants-kids-to-know-its-cool-to-be-a-genius/.
Hallowell, Edward M. *CrazyBusy: Overstretched, Overbooked, and About to Snap! Strategies for Handling Your Fast-Paced Life*. New York: Ballantine Books, 2007.
Harford, Tim. *A Powerful Way to Unleash Your Natural Creativity*. TED Video, 2018. https://www.ted.com/talks/tim_harford_a_powerful_way_to_unleash_your_natural_creativity.
———. “Multi-Tasking: How to Survive in the 21st Century.” *Financial Times*, September 3, 2015. https://www.ft.com/content/bbf1f84a-51c2-11e5-8642-453585f2cfcd.
Huxley, Aldous. *Music at Night and Other Essays*. London: Flamingo, 1994.
———. *The Divine Within: Selected Writings on Enlightenment*. New York: Harper Perennial, 2013.
Jacobsen, Annie. *The Pentagon’s Brain: An Uncensored History of DARPA, America’s Top-Secret Military Research Agency*. New York: Back Bay Books, 2016.
Kerst, Friedrich. *Beethoven: The Man and the Artist, As Revealed in His Own Words*. Edited by Henry Edward Krehbiel. New York: Dover Publications, 2011.

Koestler, Arthur. *Act of Creation*. New York: Macmillan Company, 1966.

Mejia, Zameena, and Mary Stevens. "This Engineer Was a Homeless Teen – Now He's a Rapper Who Also Works at Google." CNBC, January 8, 2019. https://www.cnbc.com/2019/01/04/google-engineer-went-from-homeless-to-rapper-and-ai-computer-scientist--.html.

Newport, Cal. *Deep Work: Rules for Focused Success in a Distracted World*. New York: Grand Central Publishing, 2016.

Rolland, Romain. *Beethoven the Creator*. Translated by Ernest Newman. New York: Garden City Publishing, 2007.

Tchaikovsky, Modeste. *The Life and Letters of Peter Ilich Tchaikovsky*. Edited by Rosa Newmarch. Honolulu, HI: University Press of the Pacific, 2004.

"The Nobel Prize in Physics 1964," NobelPrize.org. Accessed March 23, 2020. https://www.nobelprize.org/prizes/physics/1964/townes/facts/.

Tory, Brandon. "How Being an Apple and Google Engineer, and a Rapper, Are All the Same. #Multidream." Medium, October 18, 2018. https://medium.com/@brandontory/multidream-256d88cf8c3e.

———. "M U L T I D R E A M." brandontory. Accessed March 23, 2020. https://www.brandontory.com/multidream.

Townes, Charles. Adventures of a Scientist: Conversation with Charles Townes. Interview by Harry Kreisler, February 15, 2000. http://globetrotter.berkeley.edu/people/Townes/townes-con0.html.

Wallas, Graham. *The Art of Thought*. London: Solis Press, 2014.

用心休息

Bakker, Arnold B., Ana I. Sanz-Vergel, Alfredo Rodríguez-Muñoz, and Wido G. M. Oerlemans. "The State Version of the Recovery Experience Questionnaire: A Multilevel Confirmatory Factor Analysis." *European Journal of Work and Organizational Psychology* 24, no. 3 (May 4, 2015): 350–59. https://doi.org/10.1080/1359432X.2014.903242.

Bell, Eric Temple. *Men of Mathematics*. New York & London: Simon & Schuster, 1986.

Carr, Michelle. "How to Dream Like Salvador Dali." Psychology Today, February 20, 2015. https://www.psychologytoday.com/blog/dream-factory/201502/how-dream-salvador-dali.

Ericsson, K. Anders, Ralf T. Krampe, and Clemens Tesch-Römer. "The Role of Deliberate Practice in the Acquisition of Expert Performance." *Psychological Review* 100, no. 3 (1993): 363–406. https://doi.org/10.1037/0033-295X.100.3.363.

Frenzel, Max F., Bogdan Teleaga, and Asahi Ushio. "Latent Space Cartography: Generalised Metric-Inspired Measures and Measure-Based Transformations for Generative Models." *ArXiv:1902.02113 [Cs, Stat]*, February 6, 2019. http://arxiv.org/abs/1902.02113.

Fried, Jason. "Workplace Experiments." Signal v. Noise by Basecamp, March 5, 2008. https://signalvnoise.com/posts/893-workplace-experiments.

Immordino-Yang, Mary Helen, Joanna A. Christodoulou, and Vanessa Singh. "Rest Is Not Idleness: Implications of the Brain's Default Mode for Human Development and Education." *Perspectives on Psychological Science* 7, no. 4 (July 1, 2012): 352–64. https://doi.org/10.1177/1745691612447308.

Kierkegaard, Soren. *Either/Or: A Fragment of Life*. Edited by Victor Eremita. Translated by Alastair Hannay. London & New York: Penguin Classics, 1992.

———. *The Concept of Anxiety*. Macon, GA: Mercer, 1985.

Liu, Luke. "What Is Crop Rotation?" WorldAtlas, April 25, 2017. https://www.worldatlas.com/articles/what-is-crop-rotation.html.

Pang, Alex Soojung-Kim. *Rest: Why You Get More Done When You Work Less*. New York: Basic Books, 2018.

Pascal, Blaise. *Pensées*. Translated by A. J. Krailsheimer. Penguin Classics. London & New York: Penguin Books, 1995.

Penfield, Wilder. *The Second Career and Other Essays and Addresses*. Boston: Little Brown, 1963.
Poincaré, Henri. *The Foundations of Science: Science and Hypothesis, The Value of Science, Science and Method*. Translated by George Bruce Halsted. New York: Science Press, 1929.
Raichle, Marcus E., Ann Mary MacLeod, Abraham Z. Snyder, William J. Powers, Debra A. Gusnard, and Gordon L. Shulman. "A Default Mode of Brain Function." *Proceedings of the National Academy of Sciences of the United States of America* 98, no. 2 (January 16, 2001): 676–82.
Servick, Kelly. "How Exercise Beefs Up the Brain." Science | AAAS, October 10, 2013. https://www.sciencemag.org/news/2013/10/how-exercise-beefs-brain.
Sonnentag, Sabine. "Psychological Detachment from Work During Leisure Time: The Benefits of Mentally Disengaging from Work." *Current Directions in Psychological Science* 21, no. 2 (April 1, 2012): 114–18. https://doi.org/10.1177/0963721411434979.
Westerborg, Dennis Van. *Quotes That Breathe*. Whimprint Books, 2016.

運動使腦袋保持新鮮

Barba, Christine. "'Re-Sculpt' Your Brain With Exercise and Lower Dementia Risk by up to 90 Percent, Says Neuroscientist Wendy Suzuki." Being Patient, March 27, 2019. https://www.beingpatient.com/wendy-suzuki-exercise-brain/.
Pang, Alex Soojung-Kim. *Rest: Why You Get More Done When You Work Less*. New York: Basic Books, 2016.
Psi Quantum. "PsiQuantum." Accessed April 8, 2020. https://psiquantum.com/.
Servick, Kelly. "How Exercise Beefs Up the Brain." Science, October 10, 2013. https://www.sciencemag.org/news/2013/10/how-exercise-beefs-brain.
Suzuki, Wendy. "The Brain-Changing Benefits of Exercise." TED Video. November, 2017. https://www.ted.com/talks/wendy_suzuki_the_brain_changing_benefits_of_exercise/transcript.
Waitzkin, Josh. *The Art of Learning: An Inner Journey to Optimal Performance*. New York: Free Press, 2008.
Zahabi, Firas. "JRE MMA Show #32 with Firas Zahabi." *The Joe Rogan Experience Podcast*, June 19, 2018. https://www.youtube.com/watch?reload=9&v=xDsoWp743gM.

和自己相處

Aristotle. *Aristotle's Politics: Writings from the Complete Works: Politics, Economics, Constitution of Athens*. Edited by Jonathan Barnes and Melissa Lane. Princeton, NJ: Princeton University Press, 2017.
Bratman, Gregory N., J. Paul Hamilton, Kevin S. Hahn, Gretchen C. Daily, and James J. Gross. "Nature Experience Reduces Rumination and Subgenual Prefrontal Cortex Activation." *Proceedings of the National Academy of Sciences of the United States of America* 112, no. 28 (July 14, 2015): 8567–72. https://doi.org/10.1073/pnas.1510459112.
Cain, Susan. *Quiet: The Power of Introverts in a World That Can't Stop Talking*. New York: Broadway Books, 2013.
Cott, Jonathan. *Conversations with Glenn Gould*. Chicago, IL: University of Chicago Press, 2005.
Dunbar, R.I.M. "The Social Brain: Mind, Language, and Society in Evolutionary Perspective." *Annual Review of Anthropology* 32, no. 1 (2003): 163–81. https://doi.org/10.1146/annurev.anthro.32.061002.093158.
Etherwood. "Etherwood's Facebook Page." Facebook, October 4, 2016. https://www.facebook.com/etherwood/photos/a.492668237465654/1154606401271831/?type=1&theater.
———. "Most Wanted: Etherwood Dreams of A Mobile VW Studio." fabric london, June 12, 2015. https://www.fabriclondon.com/blog/view/most-wanted-etherwood-dreams-of-a-mobile-vw-studio.

Flint, Kate. "Reading Uncommonly: Virginia Woolf and the Practice of Reading." *The Yearbook of English Studies* 26 (1996): 187–98. https://doi.org/10.2307/3508657.
Harris, Michael. "Need to Inspire Creativity? Give Daydreaming A Shot." Discover Magazine, May 16, 2017. https://www.discovermagazine.com/mind/need-to-inspire-creativity-give-daydreaming-a-shot.
———. *Solitude: In Pursuit of a Singular Life in a Crowded World*. New York: Thomas Dunne Books, 2017.
Hirst, Jake. "Etherwood Returns with New Music..." UKF, October 23, 2017. https://ukf.com/news/etherwood-returns-new-music/20578.
Hunt, Melissa G., Rachel Marx, Courtney Lipson, and Jordyn Young. "No More FOMO: Limiting Social Media Decreases Loneliness and Depression." *Journal of Social and Clinical Psychology* 37, no. 10 (November 8, 2018): 751–68. https://doi.org/10.1521/jscp.2018.37.10.751.
Klinenberg, Eric. *Going Solo: The Extraordinary Rise and Surprising Appeal of Living Alone*. London & New York: Penguin Books, 2013.
Long, Christopher R., and James R. Averill. "Solitude: An Exploration of Benefits of Being Alone." *Journal for the Theory of Social Behaviour* 33, no. 1 (2003): 21–44. https://doi.org/10.1111/1468-5914.00204.
Mellor, Felicity. "The Power of Silence." Physics World, April 3, 2014. https://physicsworld.com/a/the-power-of-silence/.
Newport, Cal. *Digital Minimalism: Choosing a Focused Life in a Noisy World*. New York: Portfolio, 2019.
Sivers, Derek. "About." Derek Sivers. Accessed April 8, 2020. https://sivers.org/about.
———. "No 'yes.' Either 'HELL YEAH!' or 'No.'" Derek Sivers, August 26, 2009. https://sivers.org/hellyeah.
———. "Parenting: Who Is It Really For?" Derek Sivers, July 26, 2017. https://sivers.org/pa.
———. "Relax for the Same Result." Derek Sivers, October 2, 2015. https://sivers.org/relax.
———. "Subtract." Derek Sivers, December 5, 2018. https://sivers.org/subtract.
———. "Workspiration with Derek Sivers." Workspiration, January 29, 2014. https://workspiration.org/derek-sivers.
Thoreau, Henry David. *Walden*. Princeton, NJ: Princeton University Press, 2004.
Waytz, Adam. "2014: What Scientific Idea Is Ready for Retirement?: Humans Are By Nature Social Animals." Edge, 2014. https://www.edge.org/response-detail/25395.
Wozniak, Steve, and Gina Smith. *IWoz: Computer Geek to Cult Icon: How I Invented the Personal Computer, Co-Founded Apple, and Had Fun Doing It*. New York: W. W. Norton & Company, 2006.

有意識的反思

"A Stoic Response to Rejection." Daily Stoic. August 28, 2017. https://dailystoic.com/stoic-response-rejection/.
Aquinas, Thomas. *The Summa Theologica of St. Thomas Aquinas*. Translated by Fathers of the English Dominican Province. New York: Christian Classics, 1981.
Aurelius, Marcus. *Meditations*. Translated by Martin Hammond. London: Penguin Classics, 2006.
Epictetus. *Discourses and Selected Writings*. Edited by Robert Dobbin. London: Penguin Classics, 2008.
Godin, Seth. "Do Less." Porchlight Books, August 24, 2004. https://www.porchlightbooks.com/blog/changethis/2004/Do-Less.
———. *Small Is the New Big: And 183 Other Riffs, Rants, and Remarkable Business Ideas*. New York: Portfolio, 2006.
Godin, Seth and Tim Ferriss. "How Seth Godin Manages His Life - Rules, Principles, and Obsessions." *The Tim Ferriss Show*, February 10, 2016. https://tim.blog/2016/02/10/seth-godin/.
Holiday, Ryan. *Obstacle Is the Way*. London: Profile Books, 2015.

Jenkins, Tom. "One of the World's Best Chefs Gives His Cooks Three Days Off a Week." Fine Dining Lovers, September 8, 2017. https://www.finedininglovers.com/article/one-worlds-best-chefs-gives-his-cooks-three-days-week.

Kondō, Marie. "Marie's Top 5 Productivity Tips." KonMari: The Official Website of Marie Kondo, February 4, 2019. https://konmari.com/marie-kondo-productivity-tips/.

———. *The Life-Changing Magic of Tidying Up: The Japanese Art of Decluttering and Organizing*. Berkeley: Ten Speed Press, 2014.

McKeown, Greg. "The Simplest Way to Avoid Wasting Time." Greg McKeown, October 2, 2014. https://gregmckeown.com/simplest-way-avoid-wasting-time/.

Milner, Rebecca. "How I Get It Done: Organizational Guru Marie Kondo." The Cut, March 6, 2018. https://www.thecut.com/2018/03/marie-kondo-lifechanging-magic-tidying-up-interview.html.

Nilsson, Magnus. "Magnus Nilsson Speaking at Food on the Edge 2017." Food on The Edge, February 1, 2018. https://www.youtube.com/watch?v=UOOa0Eqv6hs.

Pieper, Josef. *Leisure: The Basis of Culture*. San Francisco: Ignatius Press, 2009.

Scattergood, Amy. "The Story behind Why Magnus Nilsson Is Closing Fäviken." Los Angeles Times, May 6, 2019. https://www.latimes.com/food/la-fo-magnus-nilsson-faviken-restaurant-sweden-closing-20190506-story.html.

Stubblebine, Tony. "Replace Your To-Do List With Interstitial Journaling To Increase Productivity." Medium, September 8, 2017. https://medium.com/better-humans/replace-your-to-do-list-with-interstitial-journaling-to-increase-productivity-4e43109d15ef.

The School of Life. "Thomas Aquinas," November 13, 2014. https://www.theschooloflife.com/thebookoflife/the-great-philosophers-thomas-aquinas/.

Witts, Sophie. "Noma 2.0 to Reduce Opening Hours and Raise Prices to Reduce Staff Stress." Big Hospitality, November 15, 2017. https://www.bighospitality.co.uk/Article/2017/11/15/Noma-2.0-to-reduce-opening-hours-and-raise-prices-to-reduce-staff-stress.

像個孩子一樣玩樂

Beard, Alison. "Life's Work: An Interview with Alice Waters." *Harvard Business Review*, May 1, 2017. https://hbr.org/2017/05/alice-waters.

Brown, Stuart L. "Consequences of Play Deprivation." *Scholarpedia* 9, no. 5 (May 7, 2014): 30449. https://doi.org/10.4249/scholarpedia.30449.

Frenzel, Max F., David Jennings, and Terry Rudolph. "Quasi-autonomous quantum thermal machines and quantum to classical energy flow." *New Journal of Physics* 18 (February 10, 2016): 023037. https://doi:10.1088/1367-2630/18/2/023037.

Gopnik, Alison. *The Philosophical Baby: What Children's Minds Tell Us About Truth, Love and the Meaning of Life*. London: Bodley Head, 2009.

———. *What Do Babies Think?* TED Video, July, 2011. https://www.ted.com/talks/alison_gopnik_what_do_babies_think.

Gopnik, Alison, Andrew N. Meltzoff, and Patricia K. Kuhl. *The Scientist in the Crib: What Early Learning Tells Us About the Mind*. New York: William Morrow Paperbacks, 1999.

Hallowell, Edward M. *Shine: Using Brain Science to Get the Best from Your People*. Harvard, MA: Harvard Business Press, 2011.

"Hermann Hesse – Facts." NobelPrize.org. Accessed April 10, 2020. https://www.nobelprize.org/prizes/literature/1946/hesse/facts/.

Hesse, Herman. *My Belief: Essays on Life and Art*. New York: Farrar Straus & Giroux, 1974.

Hilbert, Matthias. *Hermann Hesse und sein Elternhaus - Zwischen Rebellion und Liebe: Eine biographische Spurensuche*. Stuttgart: Calwer Verlag GmbH, 2005.

Kinchin, Juliet, and Aidan O'Connor. *Century of the Child: Growing by Design 1900-2000*. New York: The Museum of Modern Art, New York, 2012.

Page, Karen, and Andrew Dornenburg. *The Flavor Bible: The Essential Guide to Culinary*

Creativity, Based on the Wisdom of America's Most Imaginative Chefs. New York: Little, Brown and Company, 2008.

Pollan, Michael. *How to Change Your Mind: What the New Science of Psychedelics Teaches Us About Consciousness, Dying, Addiction, Depression, and Transcendence*. New York: Penguin Press, 2018.

Potts, Rolf. *Vagabonding: An Uncommon Guide to the Art of Long-Term World Travel*. New York: Villard Books, 2002.

Stuart, Mel. *Willy Wonka & the Chocolate Factory*. Paramount Pictures, 1971.

Waters, Alice. "Interview with Chef, Author and Slow Food Advocate Alice Waters." Julie Ann Wrigley Global Institute of Sustainability, March 20, 2019. https://sustainability.asu.edu/news/archive/interview-with-chef-author-and-slow-food-advocate-alice-waters.

Watts, Alan. *Does It Matter?: Essays on Man's Relation to Materiality*. Novato, CA: New World Library, 2010.

———. *Psychotherapy East and West*. Novato, CA: New World Library, 1989.

———. *Wisdom of Insecurity: A Message for an Age of Anxiety*. London: Rider, 1987.

豐富行囊的旅行

Chambers, Veronica. "Lupita Nyong'o Talks Us Movie, Black Panther, and Working with Jordan Peele." Marie Claire, February 5, 2019. https://www.marieclaire.com/celebrity/a26102917/lupita-nyongo-us-interview-2019/.

Drew, Kimberly. "For the Love of Lupita Nyong'o." Vanity Fair, September 3, 2019. https://www.vanityfair.com/hollywood/2019/09/lupita-nyongo-cover-story.

Gayduk, Jane. "Beyond Stunts with Stefan Sagmeister." Sixtysix Magazine, July 10, 2019. https://sixtysixmag.com/stefan-sagmeister/.

Iyer, Pico. "Why We Travel." Salon, March 18, 2000. https://www.salon.com/2000/03/18/why/.

Kazantzakis, Nikos. *Zorba the Greek*. Translated by Peter Bien. New York: Simon & Schuster, 2014.

Kuralt, Charles. *A Life on the Road*. New York: Ballantine Publishing Group, 1990.

Melville, Herman. *Moby Dick*. Ware, Hertfordshire: Wordsworth Editions Ltd, 1993.

Potts, Rolf. *Vagabonding: An Uncommon Guide to the Art of Long-Term World Travel*. New York: Villard Books, 2002.

Sagmeister, Stefan. "Answers." Sagmeister Inc. Accessed April 13, 2020. http://sagmeister.com/answers/.

The Power of Time Off. TED Video, July, 2009. https://www.ted.com/talks/stefan_sagmeister_the_power_of_time_off.

Tzu, Lao. *Tao Te Ching: A New English Version*. Translated by Stephen Mitchell. New York: Harper Perennial Modern Classics, 2006.

擺脫科技制約

Bloomberg. "Brunello Cucinelli Insists on Balance at His Business." The Business of Fashion, November 5, 2015. https://www.businessoffashion.com/articles/news-analysis/italian-fashion-brunello-cucinelli.

Bosker, Bianca. "The Binge Breaker." *The Atlantic*, November 2016. https://www.theatlantic.com/magazine/archive/2016/11/the-binge-breaker/501122/.

Carr, Nicholas. *The Shallows: What the Internet Is Doing to Our Brains*. New York: W. W. Norton & Company, 2011.

"Center for Humane Technology: Realigning Technology with Humanity." Center for Humane Technology. Accessed April 13, 2020. https://humanetech.com/.

Charnov, Eric L. "Optimal Foraging, the Marginal Value Theorem." *Theoretical Population Biology* 9, no. 2 (April 1, 1976): 129–36. https://doi.org/10.1016/0040-5809(76)90040-X.

Cucinelli, Brunello. "A Fair Working Life." Brunello Cucinelli, June 12, 2012. https://www.brunellocucinelli.com/en/il-giusto-lavoro.html.

———. "Code of Ethics of Brunello Cucinelli," June 20, 2011. investor.brunellocucinelli.com/yep-content/media/Code_of_Ethics.pdf.
Fromm, Erich. *The Anatomy of Human Destructiveness*. New York: Holt Paperbacks, 1992.
Fuchs, Eberhard, and Gabriele Flügge. "Adult Neuroplasticity: More than 40 Years of Research." *Neural Plasticity* 2014 (2014). https://doi.org/10.1155/2014/541870.
Gazzaley, Adam, and Larry D. Rosen. *The Distracted Mind: Ancient Brains in a High-Tech World*. Cambridge, MA: MIT Press, 2017.
Harris, Tristan. "Essays." Tristan Harris, May 19, 2016. https://www.tristanharris.com/essays.
———. "How Technology Is Hijacking Your Mind — from a Magician and Google Design Ethicist." Medium, October 16, 2019. https://medium.com/thrive-global/how-technology-hijacks-peoples-minds-from-a-magician-and-google-s-design-ethicist-56d62ef5edf3.
———. "Is Technology Amplifying Human Potential, or Amusing Ourselves to Death?" Daily Good, June 17, 2015. http://www.dailygood.org/story/1063/is-technology-amplifying-human-potential-or-amusing-ourselves-to-death-/.
Kim, Tammy D., Gahae Hong, Jungyoon Kim, and Sujung Yoon. "Cognitive Enhancement in Neurological and Psychiatric Disorders Using Transcranial Magnetic Stimulation (TMS): A Review of Modalities, Potential Mechanisms and Future Implications." *Experimental Neurobiology* 28, no. 1 (February 2019): 1–16. https://doi.org/10.5607/en.2019.28.1.1.
Lendved, Nolan. "Lynda Barry at NASA: Drawing to Infinity and Beyond." Wisconsin Institute for Discovery, June 9, 2016. https://wid.wisc.edu/lynda-barry-at-nasa/.
Leroy, Sophie. "Why Is It So Hard to Do My Work? The Challenge of Attention Residue When Switching between Work Tasks." *Organizational Behavior and Human Decision Processes* 109, no. 2 (July 1, 2009): 168–81. https://doi.org/10.1016/j.obhdp.2009.04.002.
Li, Yunyun, Fang Liu, Qin Zhang, Xinghua Liu, and Ping Wei. "The Effect of Mindfulness Training on Proactive and Reactive Cognitive Control." *Frontiers in Psychology* 9 (June 20, 2018). https://doi.org/10.3389/fpsyg.2018.01002.
Malik, Om. "Brunello Cucinelli." On my Om, April 27, 2015. https://om.co/2015/04/27/brunello-cucinelli-2/.
Mandolesi, Laura, Francesca Gelfo, Laura Serra, Simone Montuori, Arianna Polverino, Giuseppe Curcio, and Giuseppe Sorrentino. "Environmental Factors Promoting Neural Plasticity: Insights from Animal and Human Studies." *Neural Plasticity* 2017 (2017). https://doi.org/10.1155/2017/7219461.
Mandolesi, Laura, Arianna Polverino, Simone Montuori, Francesca Foti, Giampaolo Ferraioli, Pierpaolo Sorrentino, and Giuseppe Sorrentino. "Effects of Physical Exercise on Cognitive Functioning and Wellbeing: Biological and Psychological Benefits." *Frontiers in Psychology* 9 (April 27, 2018). https://doi.org/10.3389/fpsyg.2018.00509.
Newport, Cal. *Deep Work: Rules for Focused Success in a Distracted World*. New York: Grand Central Publishing, 2016.
———. *Digital Minimalism: Choosing a Focused Life in a Noisy World*. New York: Portfolio, 2019.
Postman, Neil. *Technopoly: The Surrender of Culture to Technology*. New York: Vintage, 1993.
Rosen, L. D., A. F. Lim, J. Felt, L. M. Carrier, N. A. Cheever, J. M. Lara-Ruiz, J. S. Mendoza, and J. Rokkum. "Media and Technology Use Predicts Ill-Being among Children, Preteens and Teenagers Independent of the Negative Health Impacts of Exercise and Eating Habits." *Computers in Human Behavior* 35 (June 2014): 364–75. https://doi.org/10.1016/j.chb.2014.01.036.
Shlain, Tiffany. "Do Yourself a Favor: Unplug This Shabbat." The Forward, March 2, 2017. https://forward.com/scribe/364784/do-yourself-a-favor-unplug-this-shabbat/.
Shlain, Tiffany and John Fitch. "Tech Shabbats With Tiffany Shlain." *Time Off*, June 10, 2018. https://anchor.fm/timeoff/episodes/Tech-Shabbats-With-Tiffany-Shlain-e1kcjd.
Skinner, B. F. *Science and Human Behavior*. Oxford, England: Macmillan, 1953.
Stenfors, Cecilia U. D., Stephen C. Van Hedger, Kathryn E. Schertz, Francisco A. C. Meyer, Karen

E. L. Smith, Greg J. Norman, Stefan C. Bourrier, et al. "Positive Effects of Nature on Cognitive Performance Across Multiple Experiments: Test Order but Not Affect Modulates the Cognitive Effects." *Frontiers in Psychology* 10 (2019). https://doi.org/10.3389/fpsyg.2019.01413.

Thoreau, Henry David. *Walden*. Princeton, NJ: Princeton University Press, 2004.

Zanto, Theodore P., and Adam Gazzaley. "Neural Suppression of Irrelevant Information Underlies Optimal Working Memory Performance." *The Journal of Neuroscience* 29, no. 10 (March 11, 2009): 3059–66. https://doi.org/10.1523/JNEUROSCI.4621-08.2009.

未來的工作型態

Aarstol, Stephan. "How to Make a 5-Hour Workday Work for You." Entrepreneur, July 27, 2016. https://www.entrepreneur.com/article/279772.

———. "My Company Implemented a 5-Hour Workday — and the Results Have Been Astounding." Thrive Global, October 3, 2018. https://thriveglobal.com/stories/my-company-implemented-a-5-hour-workday-and-the-results-have-been-astounding/.

———. *The Five-Hour Workday: Live Differently, Unlock Productivity, and Find Happiness*. Lioncrest Publishing, 2016.

Adeney, Pete. "About." Mr. Money Mustache, April 27, 2014. https://www.mrmoneymustache.com/about/.

———. "Great News – Early Retirement Doesn't Mean You'll Stop Working." Mr. Money Mustache, April 16, 2015. https://www.mrmoneymustache.com/2015/04/15/great-news-early-retirement-doesnt-mean-youll-stop-working/.

———. "Seek Not to Be Entertained." Mr. Money Mustache, September 20, 2017. https://www.mrmoneymustache.com/2017/09/20/seek-not-to-be-entertained/.

———. "The 4% Rule: The Easy Answer to 'How Much Do I Need for Retirement?'" Mr. Money Mustache, May 29, 2012. https://www.mrmoneymustache.com/2012/05/29/how-much-do-i-need-for-retirement/.

Borges, Jorge Luis. *The Library of Babel*. Translated by Andrew Hurley. Boston: David R. Godine Publisher Inc, 2000.

Branson, Richard. "Flexible Working Is Smart Working." Text. Virgin, February 3, 2015. https://www.virgin.com/richard-branson/flexible-working-smart-working.

———. "Give People the Freedom of Where to Work." Text. Virgin, February 25, 2013. https://www.virgin.com/richard-branson/give-people-the-freedom-of-where-to-work.

———. "My (Usual) Daily Routine." Text. Virgin, April 7, 2017. https://www.virgin.com/richard-branson/my-usual-daily-routine.

———. "Proof That Flexible Working Works." Text. Virgin, April 26, 2019. https://www.virgin.com/richard-branson/proof-flexible-working-works.

———. "The Way We All Work Is Going to Change." Text. Virgin, December 12, 2018. https://www.virgin.com/richard-branson/way-we-all-work-going-change.

Fujimoto, Taro. "Work-Life Balance More Important than Ever." Japan Today, March 9, 2009. https://japantoday.com/category/features/executive-impact/work-life-balance-more-important-than-ever.

Gloria, Kristine. "Artificial Intimacy: A Report on the 4th Annual Aspen Roundtable on Artificial Intelligence." The Aspen Institute, 2020. https://csreports.aspeninstitute.org/documents/AI2020.pdf.

Helgoe, Louise. *Introvert Power: Why Your Inner Life Is Your Hidden Strength*. Naperville, IL: Sourcebooks, 2013.

"Impact." Deepmind. Accessed April 22, 2020. https://deepmind.com/impact.

"Japan Debuts Legal Cap on Long Work Hours under Labor Reform Law, but for Now Only Big Firms Affected." Japan Times, April 1, 2019. https://www.japantimes.co.jp/news/2019/04/01/business/japan-debuts-legal-cap-long-work-hours-labor-reform-law-now-big-firms-affected/#.XdtM8S-Q3zI.

Kay, Alan C. "Predicting the Future." *Stanford Engineering* 1, no. 1 (Autumn 1989): 1–6.
Komuro, Yoshie. "Life Balance." TEDx Talks, June 29, 2012. https://www.youtube.com/watch?v=2Y4E2uCuJaE.
Kreider, Tim. *We Learn Nothing: Essays*. New York: Simon & Schuster, 2013.
Lee, Kai-Fu. *AI Superpowers: China, Silicon Valley, and the New World Order*. Boston: Houghton Mifflin Harcourt, 2018.
———. "Automation Will Force Us to Realize That We Are Not Defined by What We Do." Quartz, October 10, 2018. https://qz.com/1383648/automation-will-remind-us-that-we-are-not-defined-by-what-we-do/.
———. "We Are Here to Create." Edge. Accessed April 22, 2020. https://www.edge.org/conversation/kai_fu_lee-we-are-here-to-create.
Markoff, John. "Business Technology; Talking to Machines: Progress Is Speeded - The New York Times." *The New York Times*, July 6, 1988. https://www.nytimes.com/1988/07/06/business/business-technology-talking-to-machines-progress-is-speeded.html.
Metz, Cade. "In Two Moves, AlphaGo and Lee Sedol Redefined the Future." *Wired*, March 16, 2016. https://www.wired.com/2016/03/two-moves-alphago-lee-sedol-redefined-future/.
Odell, Jenny. *How to Do Nothing: Resisting the Attention Economy*. Brooklyn, NY: Melville House, 2019.
Purtill, Corinne. "A Former Symbol of Silicon Valley's 'Crush It' Culture Now Regrets Working So Much." Quartz at Work, December 9, 2018. https://qz.com/work/1488217/a-former-symbol-of-silicon-valleys-crush-it-culture-now-regrets-working-so-much/.
Russell, Bertrand. "In Praise of Idleness." *Harper's Magazine*, October 1932. https://harpers.org/archive/1932/10/in-praise-of-idleness/.
Schawbel, Dan. "Shark Tank Roundtable – Their Best and Worst Deals." Forbes, June 4, 2012. https://www.forbes.com/sites/danschawbel/2012/06/04/shark-tank-roundtable-their-best-and-worst-deals/#6938437f9ca7.
Schwab, Klaus. "Globalization 4.0 - What Does It Mean?" World Economic Forum, November 5, 2018. https://www.weforum.org/agenda/2018/11/globalization-4-what-does-it-mean-how-it-will-benefit-everyone/.
Silver, David. "AlphaZero and Self Play (David Silver, DeepMind)." *AI Podcast*, April 4, 2020. https://www.youtube.com/watch?v=e77NkSjnyH4&feature=youtu.be.
"Standup Paddle Boarding Careers at Tower." Tower Paddle Boards. Accessed April 22, 2020. https://www.towerpaddleboards.com/v/tower-careers.htm.
Tromp, John. "Counting Legal Positions in Go." John Tromp. Accessed April 22, 2020. https://tromp.github.io/go/legal.html.
Zuckerman, Andrew. "Kai-Fu Lee on the Power of A.I. to Transform Humanity." Time Sensitive. Accessed April 22, 2020. https://www.timesensitive.fm/episode/kai-fu-lee-power-artificial-intelligence-transform-humanity/.

國家圖書館出版品預行編目 (CIP) 資料

留白時間：無用之用的休息態度/麥克斯.法蘭佐(Max Frenzel), 約翰.菲茨(John Fitch) 著, 鈴木まりや 繪；黃于洋譯. -- 初版. -- 臺北市：沐光文化股份有限公司, 2021.11
面； 公分
譯自：Time Off : a practical guide to building your rest ethic and finding success without the stress
ISBN 978-986-99425-6-0(平裝)

1. 自我實現 2. 生活指導

177.2　　110015999

留白時間 Time Off

作　　者 Max Frenzel 麥克斯・法蘭佐
John Fitch 約翰・菲茨
繪　　者 鈴木まりや
譯　　者 黃于洋
封面設計 Bianco Tsai
內頁設計 游萬國
總 編 輯 陳毓葳
社　　長 林仁祥
出 版 者 沐光文化股份有限公司
發　　行 沐光文化股份有限公司
台北市大安區安和路 2 段 92 號地下 1 樓
電話：(02)2805-2748
E-mail：sunlightculture@gmail.com
印　　製 呈靖彩藝有限公司 **電話**：(03)322-7195
總 經 銷 大和書報股份有限公司
電話：(02)8990-2588 **傳真**：(02)2299-7900
地址：新北市五股工業區五工五路 2 號
E-mail：liming.daiho@msa.hinet.net
定　　價 350 元
初版一刷 2021 年 11 月

缺頁或裝訂錯誤請寄回本社更換。

Time Off © 2020 John Fitch and Max Frenzel. Original English language edition published by Time Off LLC 1502 Newning Ave, Austin, TX 78704, United States. Illustrations by Mariya Suzuki. Arranged via Licensor's Agent: DropCap Inc. All rights reserved.
Complex Chinese translation rights arranged through The PaiSha Agency.